CLUB MUSIK 1

Lehrwerk für die Sekundarstufe I

von
Gerhard Wanker · Bernhard Gritsch · Maria Schausberger

unter Mitarbeit von
Uwe Reiners

HELBLING
Innsbruck • Esslingen • Bern-Belp

Inhalt

Zeichenerklärung

▶	Arbeitsaufgabe		Arbeitsblatt
	Hörbeispiel		Multimedia CD-ROM Musikquiz, Lernspiele, multimediale Spiel-mit-Sätze und Hörpartituren
	Vokales Warm-up auf das jeweilige Lied abgestimmte vokale Aufwärmübungen zu den Bereichen Lockerung, Atmung, Sprechen und Singen		Videobeispiel

Symbole für körpereigene Instrumente

- **■** = mit den Fingern schnipsen
- **|** = in die Hände klatschen
- **↓** = mit den Händen auf die Oberschenkel klopfen (patschen)
- **↓** = mit einer Hand auf den Handrücken der anderen Hand tippen
- **** = mit der rechten Hand auf die linke Schulter tippen
- **/** = mit der linken Hand auf die rechte Schulter tippen
- **↓↑** = dirigieren
- **||** = in die Hände des Partners klatschen
- **⅄** = aufstehen
- **⊓** = hinsetzen

- **L** = mit dem rechten Fuß sanft stampfen
- **⌐** = mit dem linken Fuß sanft stampfen
- **☺** = mit dem Kopf nicken
- **☺** = Kopf kurz nach rechts drehen
- **☺** = Kopf kurz nach links drehen
- = mit beiden Händen vor dem Kopf nach rechts wischen
- = mit beiden Händen vor dem Kopf nach links wischen
- = ganze Drehung um die eigene Achse
- **Y** = beide Arme in die Höhe strecken

Spiel-mit-Satz: Buchstabennotation

jeweiliger Klangbaustein erklingt (z. B. c)

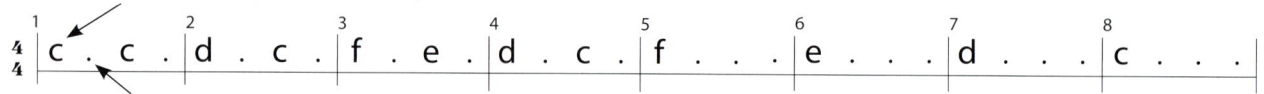

Pause

Spiel-mit-Sätze in Buchstabennotation können mit einzelnen Klangbausteinen ausgeführt werden. Es kann aber auch ein komplettes Stabspiel für die Ausführung (waagrecht zu lesen) verwendet werden. Die Basstöne können z. B. von einem Bassstabspiel oder Keyboard/Klavier gespielt werden.

Spiel-mit-Satz: Boomwhackers

Boomwhackerschlag (z. B. Ton a)

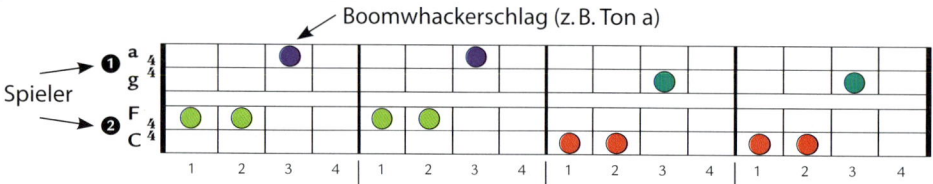

Boomwhackers werden auf die Oberschenkel oder in die Hand (bei einer Röhre pro Spieler) geschlagen. Die Farben der Punkte entsprechen jenen der Boomwhackers. Mit aufgesteckter Basskappe (= Oktavator) klingt das Rohr eine Oktave tiefer.

Quiz-Box

Nach einem oder mehreren Kapiteln ist das Wesentliche des jeweiligen Lerninhalts in Form von Fragen in der Quiz-Box zusammengefasst. Alle diese und weitere Fragen können im Computer-Lernspiel Musikquiz (Multimedia-DVD) beantwortet werden.

HALLO, WER BIST DU?

Playback zu *Hallo, wer bist du?*

Text und Musik: Gerhard Wanker
© Helbling

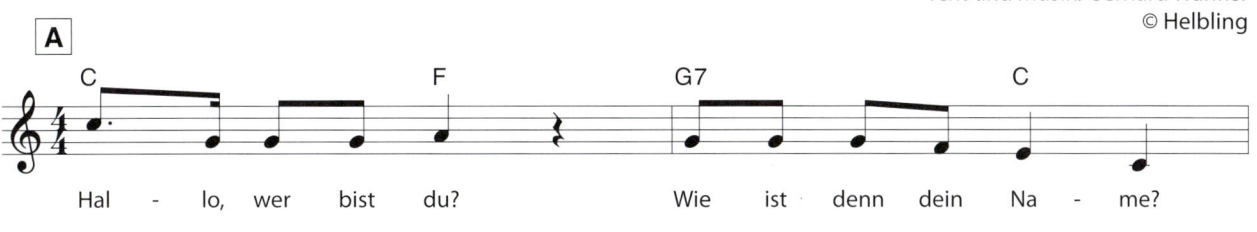

Hal - lo, wer bist du? Wie ist denn dein Na - me?

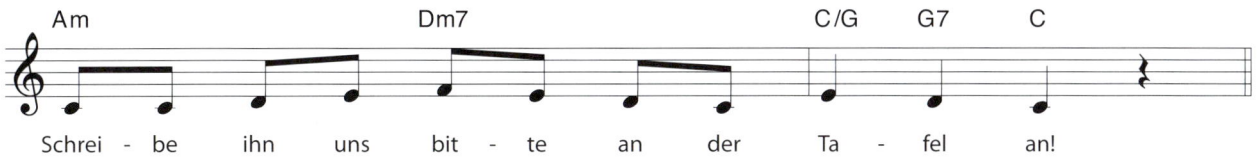

Schrei - be ihn uns bit - te an der Ta - fel an!

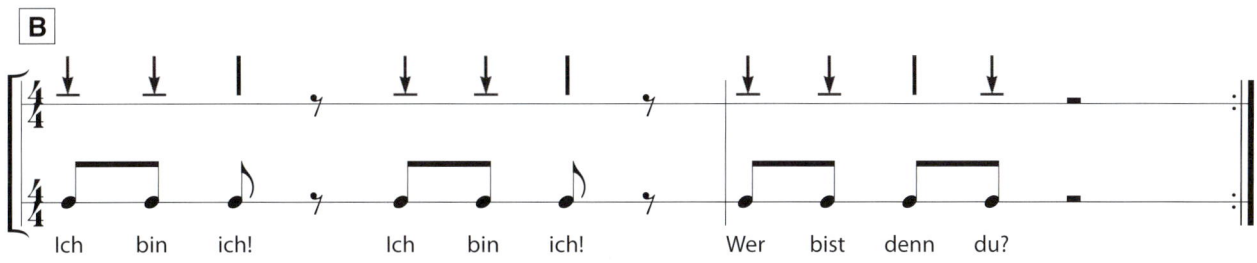

Ich bin ich! Ich bin ich! Wer bist denn du?

↓ = mit den Händen auf die Oberschenkel patschen | = in die Hände klatschen

▶ Vorübung

Geht zur Musik (Hörbeispiel A1) durch den Raum.

Teil A: Hört auf die Melodie und singt mit.

Teil B: Sprecht den Rhythmus und führt ihn mit körpereigenen Instrumenten aus.

▶ Durchführung

Teil A: Singt gemeinsam das Lied.

Teil B: Während zwei Schüler ihre Namen an die Tafel schreiben, wird von allen anderen Teil B ausgeführt.

Die Teile A und B werden wiederholt, bis alle Namen an der Tafel stehen.

2 Unsere Stimme

Mit der Stimme verfügt jeder Mensch über sein ganz persönliches Instrument, mit dem er nicht nur sprechen, sondern auch singen kann. Im Gegensatz zu anderen Instrumenten hat man die Stimme immer bei sich und kann sie zu jeder Gelegenheit benutzen. Um die Stimme gekonnt einsetzen zu können, braucht auch sie wie jedes andere Instrument regelmäßiges Training. Dabei spielen Atmung, Tonerzeuger und Resonanzkörper eine ganz besondere Rolle.

◆ Atmung

Beim Singen atmet man in den Brust- und Bauchraum.

▶ Ihr könnt die Bauchatmung bei folgender Übung gut beobachten:

Beugt im Stehen den Oberkörper weit nach vorne und legt eure Hände in die Seiten. Wenn ihr nun langsam durch die Nase einatmet, spürt ihr, dass sich der Bauchraum durch die einströmende Luft vergrößert.

▶ Atmet nun bei aufrechter Haltung in den Bauch und lasst dabei die Schultern locker hängen.

Der wichtigste Muskel für die Atmung ist das Zwerchfell. Es liegt quer im Körper und trennt Brust- und Bauchraum. Es senkt sich beim Einatmen (der Bauch geht nach außen) und hebt sich beim Ausatmen (der Bauch geht nach innen).

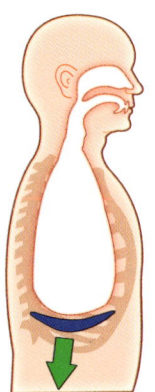 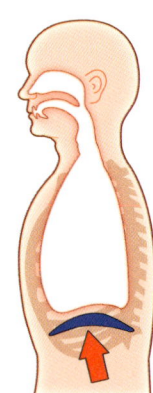

▶ Überprüft die Bewegungen des Zwerchfells, indem ihr gähnt. Beim Gähnen holt man tiefer Luft als beim normalen Atmen. Das Zwerchfell senkt sich dabei und der Bauchraum wird größer.

Zwerchfell bei Einatmung   Zwerchfell bei Ausatmung

◆ Tonerzeuger

Tonerzeuger sind die Stimmlippen. Sie befinden sich im Kehlkopf. Im Ruhezustand sind die Stimmlippen geöffnet. Beim Sprechen oder Singen verengen sie sich und beginnen zu schwingen. Dies ergibt einen Ton.

Schnitt durch den Kehlkopf

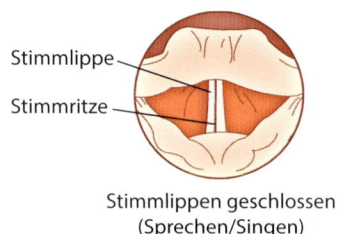

Stimmlippe
Stimmritze

Stimmlippen geschlossen
(Sprechen/Singen)

 ▶ Ihr könnt die Schwingungen beim Sprechen/Singen spüren, wenn ihr mit der Hand den Kehlkopf leicht berührt.

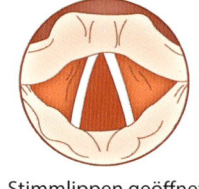

Stimmlippen geöffnet
(Atmung)

◆ Resonanzkörper

Ein Ton entsteht, wenn ein Körper (z. B. Stimmgabel, Saite) in Schwingung versetzt wird. Wenn diese Schwingungen an andere Körper (Resonanzkörper, resonare = klingen) weitergegeben werden, klingt der Ton lauter und voller.

▶ Berührt leicht den Resonanzkörper eines Klaviers oder einer Gitarre, während das Instrument gespielt wird, und spürt die Schwingungen.

Versuch

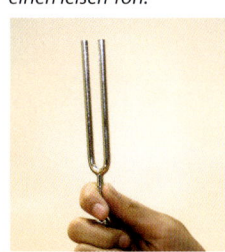

Wenn eine Stimmgabel in der Luft zum Schwingen gebracht wird, hört man einen leisen Ton.

Wird die Stimmgabel jedoch auf einem Tisch aufgesetzt, ist der Ton lauter. Der Tisch wirkt als Resonanzkörper.

Auch euer Körper schwingt beim Sprechen oder Singen mit und wirkt somit als Resonanzkörper.

▶ **Überprüft es:**

- Sprecht einige Male das Wort „Murmeltier". Findet dabei durch Abtasten von Kopf, Hals und Oberkörper jene Körperstellen heraus, die mitschwingen.
- Notiert diese Körperstellen in euer Heft.

OLD MAC DONALD

Playback zu *Old Mac Donald*

A2

Traditional

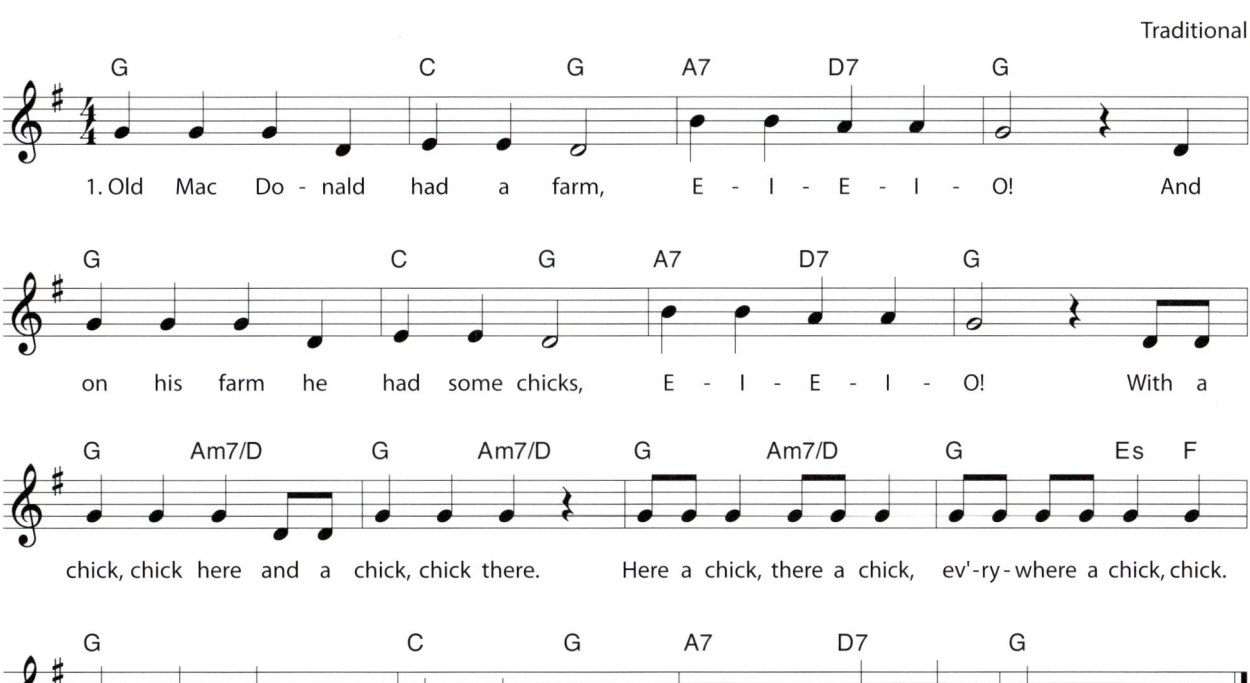

2. … And on his farm he had some ducks …
   With a quak, quak here …

3. … And on his farm he had some pigs …
   With an oink, oink here …

4. … And on his farm he had some cows …
   With a moo, moo here …

5. … And on his farm he had some dogs …
   With a wow, wow here …

Lockerung:
- Stellt euch vor, ihr seid Tiere auf einem Bauernhof: Es hat geregnet. Schüttelt das Wasser nacheinander von den Beinen, von den Hüften, vom Rücken, von den Schultern, von den Armen, vom Kopf und vom ganzen Körper ab.
- Stellt euch dann fest auf eure Beine, haltet Kopf und Rücken gerade, hebt das Brustbein und lasst die Arme locker hängen.

Atmung:
- Atmet kräftig aus und saugt dann die frische, saubere Luft nach dem Regen durch die Nase ein. Haltet beim Einatmen ein Nasenloch zu, atmet durch den Mund aus und wieder durch die Nase ein, wobei ihr das andere Nasenloch zuhaltet. Die Luft strömt so in den Brust- und Bauchraum, eure Bauchdecke hebt und senkt sich dabei.

Sprechen:
- Nun freuen sich alle Tiere auf gutes Futter: Das Wasser läuft euch im Mund zusammen. Feuchtet mit euren Zungen die Lippen mit kreisenden Bewegungen an.
- Lasst euch die feinen Gräser schmecken. Kaut kräftig und schmatzt laut.
- Nach der Mahlzeit gebt ihr satte, zufriedene Laute von euch: mmh, aah, yeah, moo etc.
- Jedes einzelne Tier macht auf sich aufmerksam: Alle machen das Kücken: chick – chick – chick, die Ente: quak – quak – quak, das Schwein: oink – oink – oink, die Kuh: moo – moo – moo, den Hund: wow – wow – wow.

Singen:
- Singt den folgenden Liedteil auf Englisch: (laut, leise, traurig, lustig usw.).

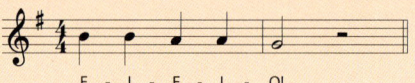

Spiel-mit-Satz zu *Old Mac Donald*

■ = schnipsen | = klatschen   ↓ = patschen

Multimedialer Spiel-mit-Satz

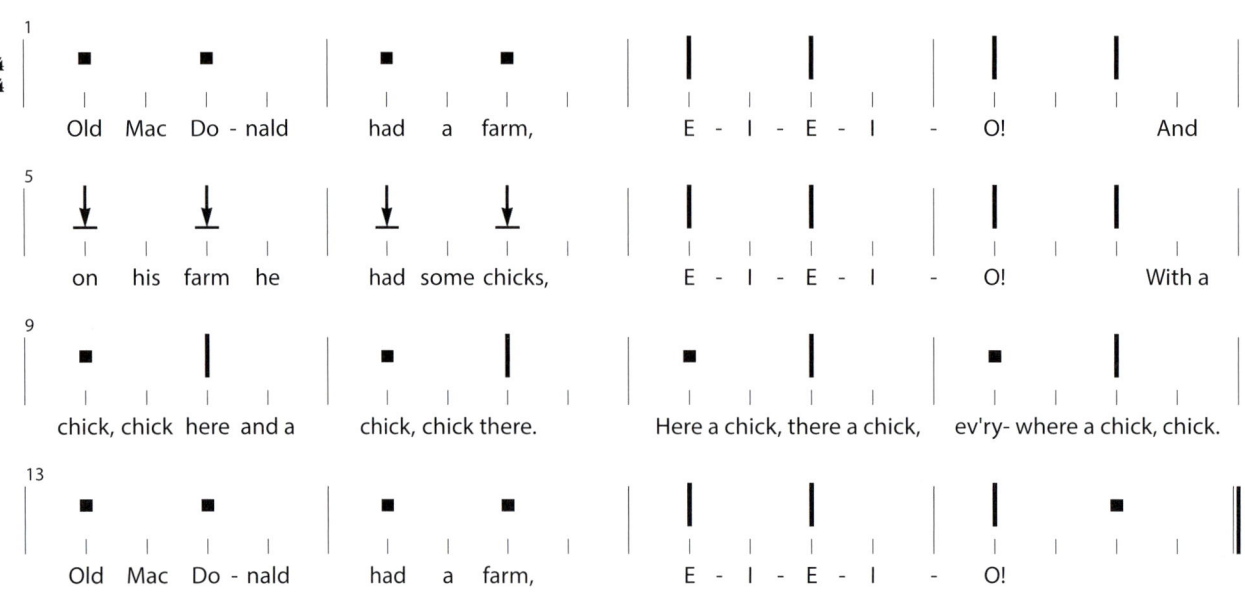

Quiz-Box 2

- Beim Singen atmet man in den Brust- und …
- Der wichtigste Muskel für die Atmung ist das …
- Wohin bewegt sich das Zwerchfell beim Ausatmen?
- Welcher Körperteil erzeugt beim Sprechen und Singen den Ton?
- Die Stimmlippen befinden sich …
- Was heißt „resonare"?

◆ **Mehr Fragen im MUSIKQUIZ**

Notenhals
Notenkopf

Fähnchen

Balken

◆ Notenwerte und Pausen

NOTENWERTE						PAUSEN
1	2	3	4			
o					Ganze	▬
♩		♩			Halbe → Hut	▬
♩	♩	♩	♩		Viertel	𝄽
♫	♫	♪	♪	♪	♪	Achtel	𝄾
♬♬	♬♬	♬♬♬♬			Sechzehntel	𝄿

▶ Klatscht die Notenwerte o, ♩, ♩, ♪. Zählt jedes Mal bis „4" ein.

▶ Bildet vier Gruppen. Jede Gruppe klatscht einen Notenwert (o, ♩, ♩, ♪).
Spielt diese hintereinander oder gleichzeitig und verwendet für diese Übung auch passende
Instrumente.

◆ Moved notes: Notenwerte-Bewegungsspiel

Playback zu *Moved notes*

A3

▶ **Vorübung**

Spielt zum Hörbeispiel A3 mit körpereigenen Instrumenten:

♩ = ↓   leicht auf die Oberschenkel patschen

♩ = | klatschen

♪ = ↓   mit einer Hand auf den Handrücken der anderen tippen

▶ Durchführung

Bildet drei Gruppen. Die Gruppen stellen sich an verschiedenen Orten im Raum hintereinander in einer Reihe auf. Der Erste jeder Gruppe bekommt ein Instrument:

Gruppe	Notenwert	Instrument
A	𝅗𝅥 Halbe	Becken
B	♩ Viertel	Handtrommel
C	♪ Achtel	Claves

▶ Jede Gruppe hört auf die Melodie von *Moved notes* und geht jeweils im richtigen Rhythmus dazu (z. B. Gruppe A geht, wenn sich die Melodie in Halben bewegt und bleibt stehen, wenn sich der Notenwert in der Melodie ändert). Der Erste jeder Gruppe spielt sein Instrument zum Geh-Rhythmus und führt die Gruppenmitglieder durch den Raum.

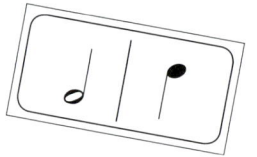

◆ Notenwerte-Domino

Arbeitsblatt *Notenwerte-Domino*

▶ Erstellt auf einem Blatt 15 Dominokarten und schneidet sie aus. (Achtung: Das erste Symbol der nachfolgenden Karte muss gleich sein wie das zweite der vorherigen!)
Verwendet dazu folgende Symbole, wobei ihr manche mehrfach verwenden müsst:

▶ 2 Spielmöglichkeiten

- Legt die Dominokarten folgerichtig aneinander (Einzel- oder Partnerarbeit).

- Drei Spieler: Zwei bekommen je sieben Dominokärtchen. Der dritte beginnt, mit der übrig gebliebenen Dominokarte die Dominostraße zu legen. Er holt sich von den beiden anderen Mitspielern die jeweilige Anschlusskarte, indem er z. B. sagt: „Ich brauche bitte von dir eine Viertelnote." So entsteht eine Dominostraße.

Beispiel:

Lernspiel Notenwerte- und Pausen-Memory

Quiz-Box 3

- Wie heißt der senkrechte Strich einer Note?
- Wie nennt man die Linie, die zwei Notenhälse miteinander verbindet?
- Wie viele Fähnchen hat eine Sechzehntelnote?

- Wie viele Achtelnoten enthält eine Halbe Note?
- Wie viele Achtelnoten enthält eine Viertelnote?
- Wie viele Sechzehntelnoten passen in eine Achtelnote?

◆ **Mehr Fragen im MUSIKQUIZ**

◆ Wir lernen Instrumente kennen

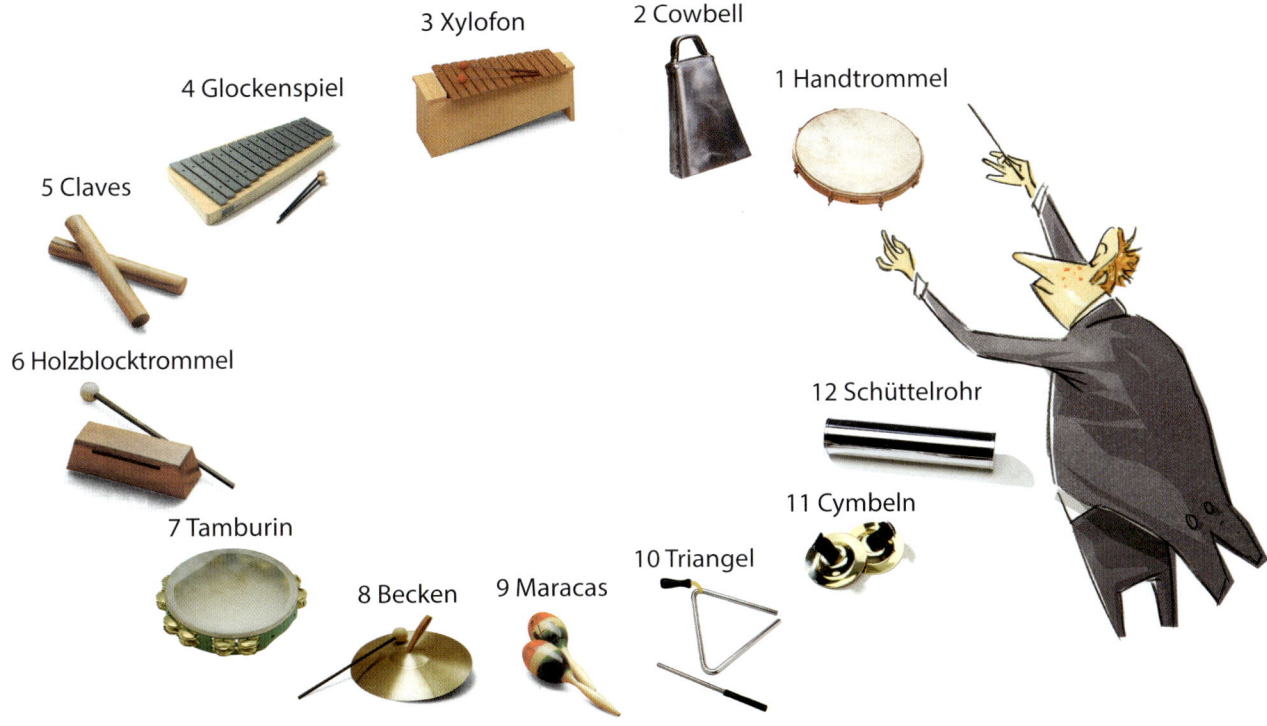

3 Xylofon

2 Cowbell

4 Glockenspiel

1 Handtrommel

5 Claves

6 Holzblocktrommel

12 Schüttelrohr

11 Cymbeln

7 Tamburin

10 Triangel

8 Becken   9 Maracas

▶ Wir spielen auf den oben abgebildeten Instrumenten

- Auf Zeichen des Spielleiters spielen alle gleichzeitig:
  laut, leise, lauter werdend, leiser werdend, schnell, langsam …

- Ein Rhythmus wandert durch alle Instrumente:
  a) Ein Instrument beginnt mit einem gleichbleibenden Rhythmus, die anderen Instrumente
     kommen nach und nach dazu.
  b) Es spielt jeweils nur ein Instrument einen bestimmten Rhythmus.
     Ein Dirigent (musikalischer Leiter) zeigt an, welches Instrument spielen soll.

- Jedes Instrument hat eine Nummer. Spielt nach einer vorher festgelegten Zahlenkombination.

◆ Instrumenten-Erkennungsspiel

Playback zu *Instrumenten-Erkennungsspiel*

A4

Im Hörbeispiel A4 hört ihr die oben abgebildeten Instrumente. Sie erklingen nacheinander und sind
durch Pausen voneinander getrennt.

▶ In den Pausen soll immer jenes Instrument gespielt werden, das vorher im Hörbeispiel A4
   zu hören ist.

HEY, HEY

Playback zu *Hey, hey*

Musik: Gerhard Wanker
Text: Maria Schausberger, Gerhard Wanker, Gerd Linke
© Helbling

A

C | Am | F | C | F | Am | G

Hey, hey! Wir ma-chen Mu-sik,___ wir sin-gen und spie-len da-zu.___

C | Am | F | C | F | Am | G | C

Hey, hey! Es gibt was für dich,___ das hat es in sich, si-cher-lich.___

B

G | Em | Am D7 G | G | Em | Am D7 G

1. Hör auf die Trom-mel___ und auf die Cow-bell,___
2. Hör auf das Be-cken___ und auf die Ma-ra-cas,
3. Hör auf die Cym-beln___ und auf das Schüt-tel-rohr,

G | Em | Am D7 G | G | Em | Am D7 G

jetzt kommt das Xy-lo-fon___ und auch das Glo-cken-spiel.
jetzt kommt die Tri-an-gel___ und auch die Cla-ves.___
jetzt kommt die Holz-block-trom-mel und auch das Tam-bu-rin.

A

C | Am | F | C | F | Am | G

Hey, hey! Das war schon ganz toll,___ das klang wun-der-voll, war kein Trick.___

C | Am | F | C | F | Am | G

Hey, hey! Wir spie-len das Stück___ und lie-ben Mu-sik, ja Mu-sik!

1.–3.
C

4.
As | B | C | D | E

___ ___ Mu-sik, Mu-sik!

- Ahmt mit eurer Stimme den Klang der angegebenen Rhythmusinstrumente nach und spielt sie pantomimisch dazu. Führt dabei den Rhythmus auf einem Atem aus und atmet in der Pause ein.

	ausatmen - einatmen
Trommel/Pauke:	dm dm dm dm dm dm dm dm dm
Claves:	ta ta-ka ta-ka ta ta ta ta
Maracas:	tsik tsi-ki tsi-ki tsik tsik tsik tsik

- Singt die einzelnen Takte des Teils B und achtet dabei auf eine deutliche Artikulation. Eine gleichbleibende Tonhöhe erreicht ihr, indem ihr während des Singens mit beiden Händen ein fiktives Gummiband auseinanderzieht und somit den Körper in Spannung haltet.

1. Hör auf die Trom - mel____
2. Hör auf das Be - cken____
3. Hör auf die Cym - beln____

und auf die Cow - bell.____
und auf die Ma - ra - cas.
und auf das Schüt - tel - rohr.

Dreharbeiten in einem Fernsehstudio

Das Lied *Hey, hey* wird für eine „Fernsehsendung" aufgezeichnet.

Der Regisseur (künstlerischer Leiter) gibt zu den Teilen A und B folgende Anweisungen:

Zum Teil A
„Alle singen die Melodie und winken dabei in die Kamera."

Zum Teil B
„Jeder Spieler, dessen Instrument im Text genannt wird, kommt bei seiner Textstelle groß ins Bild.

Dafür muss er sein Rhythmusinstrument für die Zuschauer bestens ins Bild bringen.

Alles klar? Dann – Kamera ab!"

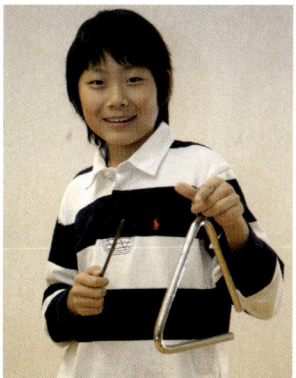

▶ Befolgt die Regieanweisungen und spielt die Fernsehaufnahme einmal durch.

Quiz-Box 4

- Aus welchem Material bestehen die Klangstäbe eines Xylofons?
- Welcher Körperteil bezeichnet auch ein Musikinstrument?
- Wie nennt man den musikalischen Leiter eines Orchesters?
- Wie nennt man den künstlerischen Leiter einer Fernseh-, Film- oder Theaterproduktion?

◆ Mehr Fragen im MUSIKQUIZ

5 Wir hören zu

Wenn ihr Spitzenleistungen vollbringen wollt (z. B. bei einer Schularbeit, im Sport oder am Instrument), müsst ihr euch oft lange vorbereiten und auf eine Aufgabe richtig einstellen. Das bedeutet, dass ihr alles unternehmt, um euch auf eine Sache – so gut es geht – zu konzentrieren.

Beim bewussten Musikhören ist es auch notwendig, sich darauf richtig einzustellen. Dadurch ist es möglich, verschiedene Musikarten bewusster erleben und intensiver genießen zu können.

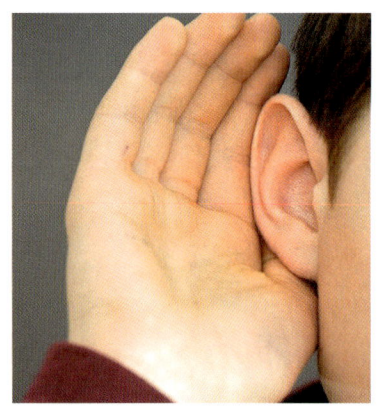

▸ ▪ Setzt euch bequem auf euren Stuhl und versucht, nur so viel Kraft für eure Muskeln aufzuwenden, wie ihr für das Sitzen braucht. Legt eure Hände auf die Oberschenkel, schließt die Augen, wandert mit euren Gedanken durch den Körper und kontrolliert nochmals, ob ihr locker und angenehm sitzt. Beginnt bei euren Schultern, wandert in eure Arme und Hände und weiter in die Beine bis zu den Füßen. Nehmt euch für diese Kontrollwanderung Zeit.

▪ Versucht, mit geschlossenen Augen in einem Zeitraum von einer Minute alles, was ihr hört, bewusst wahrzunehmen. Öffnet nach diesem Hörvorgang eure Augen und wartet noch ca. fünf Sekunden. Schreibt auf, was ihr gehört habt und berichtet darüber.

◆ Auf der Suche nach Klängen und Geräuschen

▸ Spielt „Hör-Detektiv" und notiert die Reihenfolge der Hörbeispiele als Zahlenfolge in euer Heft.

Klänge und Geräusche

A6–23

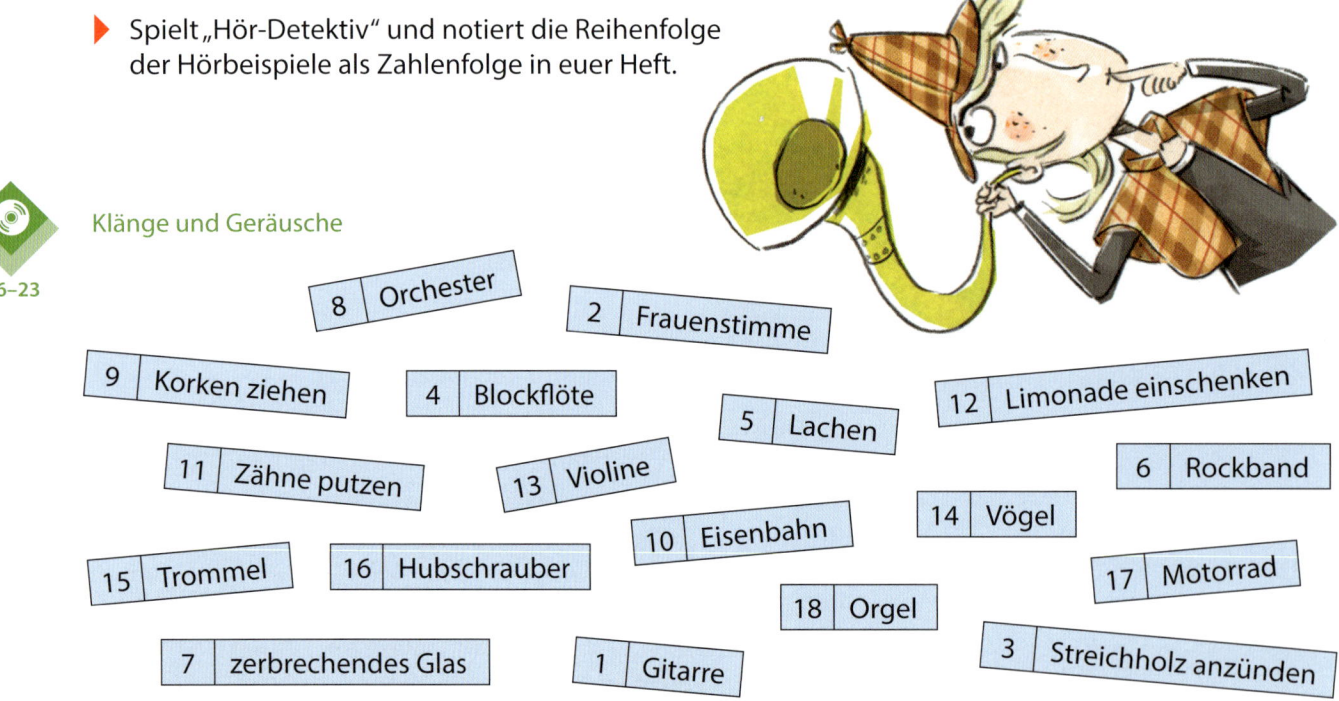

8 | Orchester
2 | Frauenstimme
9 | Korken ziehen
4 | Blockflöte
12 | Limonade einschenken
5 | Lachen
11 | Zähne putzen
13 | Violine
6 | Rockband
15 | Trommel
16 | Hubschrauber
10 | Eisenbahn
14 | Vögel
17 | Motorrad
18 | Orgel
7 | zerbrechendes Glas
1 | Gitarre
3 | Streichholz anzünden

▸ Bildet Dreiergruppen, wählt ein Geräusch aus den obigen Hörbeispielen aus und findet eine Möglichkeit, es mit der Stimme oder Instrumenten nachzuahmen.

▸ Spielt euer Geräusch der Klasse vor. Können die anderen erkennen, um welches Geräusch es sich handelt?

◆ Hör-Orientierungslauf

Beim Hör-Orientierungslauf lasst ihr euch von Tönen führen.

▶ Vorübung

Jemand gibt mit der Stimme oder einem Instrument hohe und tiefe Töne vor:

- Beim hohen Ton zeigen alle mit der rechten Hand nach rechts.
- Beim tiefen Ton zeigen alle mit der linken Hand nach links.

▶ Orientierungslauf für alle

Ausgangsstellung
Alle stehen frei verteilt im Raum und blicken in die gleiche Richtung.

Jemand gibt die Töne vor (hoch, tief).

Stabspiel:

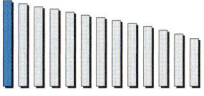 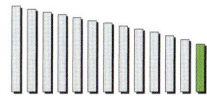

tiefer Ton	kein Ton	hoher Ton
Hört ihr einen tiefen Ton, dreht ihr euch mit kleinen Schritten am Platz nach links.	Hört ihr keinen Ton, geht ihr mit kleinen Schritten geradeaus.	Hört ihr einen hohen Ton, dreht ihr euch mit kleinen Schritten am Platz nach rechts.

▶ Jemanden musikalisch durch den Raum führen

Im Raum werden „Hindernisse" (Stühle, Tische, Personen, Schultaschen usw.) aufgebaut. Einem Schüler werden die Augen verbunden. Ein anderer Schüler führt ihn musikalisch mit einem Instrument oder mit der Stimme durch den Raum. Nach den obigen musikalischen Anweisungen soll er so geführt werden, dass er auf kein Hindernis stößt.
(Wenn die Stimme als musikalischer Führer eingesetzt wird, können auch mehrere/alle singend jemanden führen.)

Symbole (Zeichen) für das Musizieren mit dem eigenen Körper (Bodypercussion):

■ = mit den Fingern schnipsen	⊓ = hinsetzen
	= in die Hände klatschen	⋏ = aufstehen
↓ = mit einer Hand auf den Handrücken der anderen Hand tippen	Y = beide Arme in die Höhe strecken
↓ = mit den Händen auf die Oberschenkel klopfen (patschen)	L = mit dem rechten Fuß sanft stampfen
↘ = mit der rechten Hand auf die linke Schulter tippen	⌐ = mit dem linken Fuß sanft stampfen
↗ = mit der linken Hand auf die rechte Schulter tippen	☐ = leeres Feld = keine Aktion

Echo-Spiel mit körpereigenen Instrumenten

▶ ### 4 Schläge Vorgabe – 4 Schläge Echo

Ein Lehrer oder Schüler macht vor – die anderen Schüler machen nach (Echo)

1.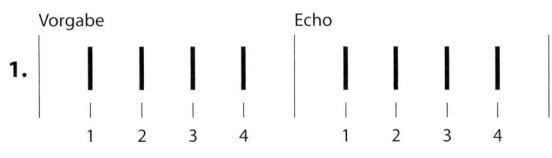

2.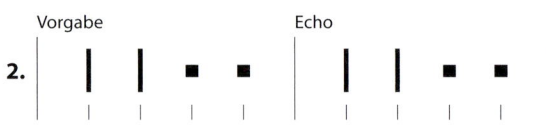

3.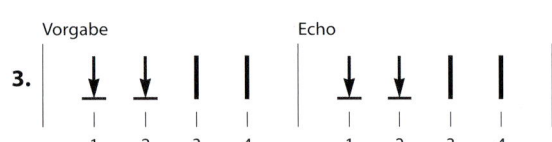

4.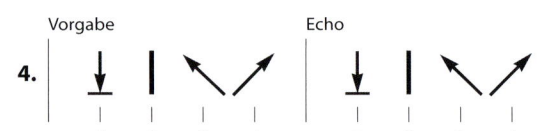

5.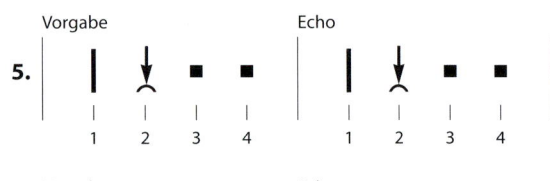

6.

7.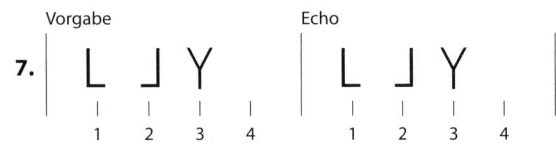

8.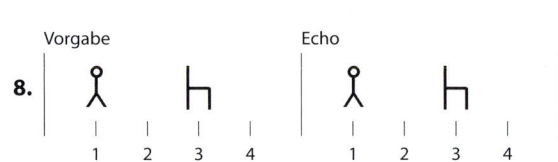

▶ Erfindet selbst eine Bodypercussion mit vier oder acht Schlägen und notiert sie in euer Heft. Jeder führt seine Lösung vor, die anderen machen sie nach.

▶ Alle sitzen oder stehen im Kreis: Einer nach dem anderen gibt aus dem Stegreif ein Beispiel in der Länge von vier oder acht Schlägen vor, die anderen spielen das Echo.

◆ Spiel-mit-Satz zu *Piccadilly-Marsch*

Multimedialer Spiel-mit-Satz E. Satie, *Piccadilly-Marsch*

A24

Einrichtung: Gerhard Wanker
© Helbling

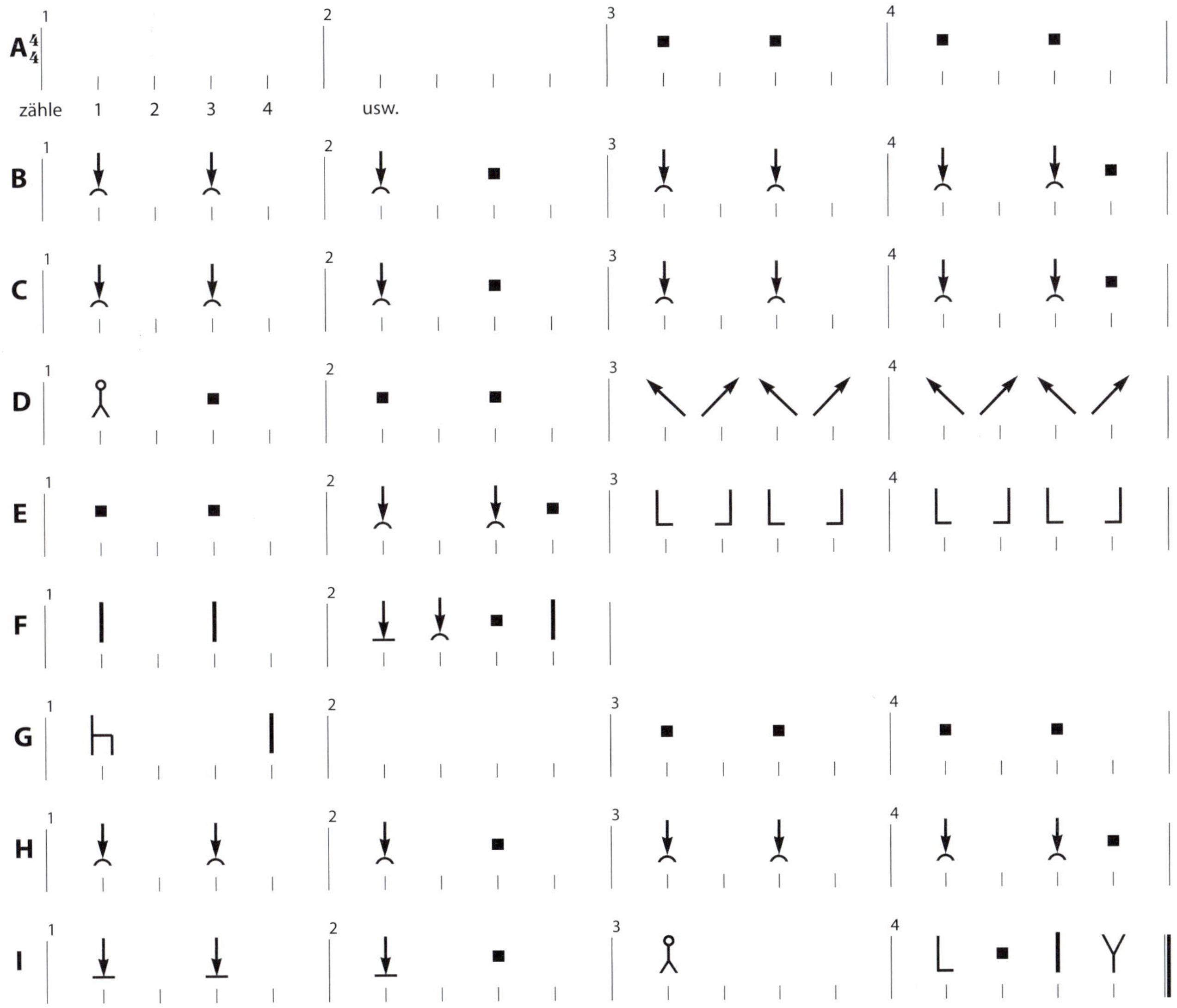

Arbeitsblatt *Piccadilly-Marsch*

▶ Erfindet für die Zeilen G bis I
eine eigene, zur Musik passende
Bodypercussion und schreibt
sie auf. Ihr könnt auch neue
Aktionen erfinden.

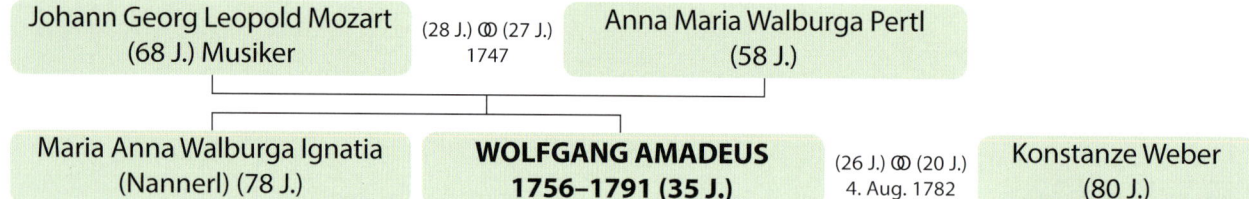

7 Wolfgang Amadeus Mozart

Stammbaum

Johann Georg Leopold Mozart (68 J.) Musiker	(28 J.) ⚭ (27 J.) 1747	Anna Maria Walburga Pertl (58 J.)	
Maria Anna Walburga Ignatia (Nannerl) (78 J.)	**WOLFGANG AMADEUS 1756–1791 (35 J.)**	(26 J.) ⚭ (20 J.) 4. Aug. 1782	Konstanze Weber (80 J.)

◆ Aus meinen Erinnerungen

1756   Ich wurde als letztes von sieben Kindern am 27. Januar in Salzburg geboren.

5 Jahre   Ich schrieb meine erste Komposition, ein Menuett für Klavier.

Mozart als Kind

A25

W. A. Mozart, 1. Menuett in G-Dur

6 Jahre   Mit Vater und Schwester Nannerl ging ich für drei Wochen auf Konzertreise nach München.

Reisespiel

▶ Vorübungen

- Übt den $^3/_4$-Takt des Menuetts, indem ihr auf dem ersten Schlag jedes Takts leicht mit dem Fuß aufstampft.

- Beim nächsten Hördurchgang stellt ihr euch vor, dass ihr vor einer Plakatwand (siehe Spiel rechts) steht. Pro Takt zeichnet ihr in der Luft waagrecht oder senkrecht eine Stricheinheit des Rasters, wobei die Richtung immer gewechselt werden muss.

▶ Spiel

Die Fahrt von Salzburg nach München wird in zwei Etappen (1. und 2.) zurückgelegt, ebenso die Rückfahrt (3. und 4.). Zu jeder Etappe hört man eine Zeile des 1. Menuetts (Hörbeispiel A26–29).

- „Fahrt" eure Route von Salzburg bis zum 1. Etappenziel mit dem Finger nach, indem ihr zur Musik der 1. Zeile des Menuetts für jeden Takt eine Stricheinheit verwendet (Richtung immer wechseln). Plant die Route so, dass ihr am Ende der Musik genau am 1. Etappenziel ankommt.

- Führt die nächsten drei Etappen ebenso aus wie die erste. Die Musik wechselt: 2. Etappe = 2. Notenzeile; 3. Etappe = 3. Notenzeile; 4. Etappe = 4. Notenzeile

W. A. Mozart, 1. Menuett in G-Dur – Notenzeilen 1–4

A26
A27
A28
A29

7 Jahre   Die „große Europareise" stand bevor. Sie sollte dreieinhalb Jahre dauern. Wir besuchten u. a. München, Brüssel und Paris, wo wir fünf Monate blieben. Ich komponierte viel und gab Konzerte.

8 Jahre   Ich reiste mit meiner Familie von Paris weiter nach London, wo ich mit neun Jahren meine 1. Sinfonie schrieb (Spiel-mit-Satz siehe S. 20).
Nach 15 Monaten verließen wir London und begaben uns nach Den Haag: Wir blieben sechseinhalb Monate, nicht zuletzt deshalb, weil Nannerl und ich eine schwere Krankheit überstehen mussten.

10 Jahre   Von Den Haag ging es über Amsterdam und Brüssel wieder nach Paris. Weitere Konzerte gab ich u. a. in Lyon und Genf. Im November kehrten wir über München wieder nach Salzburg zurück.

13–16 Jahre Dreimal reiste ich nach Italien, hatte bei Konzerten in verschiedenen Städten großen Erfolg und wurde in Rom sogar vom Papst empfangen. Viel Zeit meines Lebens verbrachte ich in Kutschen, die Reisen waren beschwerlich und die Tage ausgefüllt von früh bis spät.

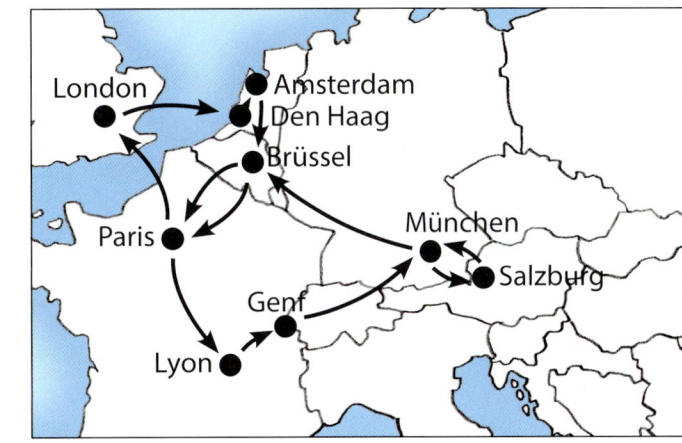

▶ Verfolgt auf der Karte die „große Europareise" der Familie Mozart.

◆ Sinfonie

Eine **Sinfonie** ist ein Werk für Orchester und besteht meist aus drei bis vier Teilen, die man Sätze nennt.

Spiel-mit-Satz zu Mozarts 1. Sinfonie, 3. Satz

A30

W. A. Mozart, Sinfonie Nr. 1, 3. Satz

Multimedialer Spiel-mit-Satz

Einrichtung: Gerhard Wanker
© Helbling

Tagesablauf auf der Reise

▶ Stellt einen Tag im Leben Mozarts pantomimisch zum Hörbeispiel A30 dar: Ein Spielleiter schildert einen möglichen Tagesablauf, indem er die unten angegebenen Stationen einbaut, während alle anderen diese in Szene setzen. (Stationen können öfter genannt oder auch neu erfunden werden.)

Ein Tag im Leben W. A. Mozarts – Stationen
Koffer in die Kutsche tragen – Verabschiedung von Mutter und Schwester – mit der Kutsche fahren – in der Kutsche üben – ins Quartier laufen – fürs Konzert umziehen – zur Kutsche laufen – mit der Kutsche fahren – in den Konzertsaal laufen – das Publikum begrüßen – das Konzert spielen – vor dem Publikum verbeugen – Publikum applaudiert

26 Jahre   Gegen den Willen meines Vaters heiratete ich Konstanze Weber.

35 Jahre   30. September 1791: Die *Zauberflöte* wurde in Wien uraufgeführt. Ich schreibe jetzt an einem *Requiem* (Totenmesse), ein Auftragswerk, das ich so rasch wie möglich beenden will.

Zeitungsmeldung vom 5. 12. 1791:

Heute verstarb der Komponist Wolfgang Amadeus Mozart

Sein letztes Werk – ein Requiem – konnte er nicht mehr vollenden.

Quiz-Box 7

- In welcher Stadt wurde Wolfgang Amadeus Mozart geboren?
- Wie heißt Wolfgang Amadeus Mozarts Schwester mit Spitznamen?
- In welchem Lebensjahr komponierte Wolfgang Amadeus Mozart seine 1. Sinfonie?

- Was ist eine Sinfonie?
- Wie nennt man die einzelnen musikalischen Teile einer Sinfonie?
- Wie heißt das letzte Werk von Wolfgang Amadeus Mozart, das er nicht vollenden konnte?
- Wie alt wurde Wolfgang Amadeus Mozart?

◆ **Mehr Fragen im MUSIKQUIZ**

◆ Sonate

Die **Sonate** ist eine mehrsätzige Instrumentalkomposition.

A31

W. A. Mozart, Sonate in C-Dur, KV 545, 1. Satz – Beginn

Mozart komponierte die Klaviersonate in C-Dur, KV 545, mit 32 Jahren in Wien.

- Die Angabe C-Dur gibt die Tonart bekannt.

- Die Buchstaben „KV" stehen für „Köchelverzeichnis": Der Name verweist auf den österreichischen Gelehrten Ludwig Köchel (1800–1877/77 J.), der nach dem Tod Mozarts dessen Werke in einem Verzeichnis neu geordnet hat.

W. A. Mozart: Sonate in C-Dur, KV 545, 1. Satz – Beginn

Im Notenbild oben seht ihr den Beginn der Klaviersonate: Je zwei Notenzeilen sind miteinander verbunden. Die obere Zeile spielt der Pianist mit der rechten, die untere mit der linken Hand.

▶ Verfolgt beim Hören das Notenbild mit dem Finger.

▶ Haltestellen-Spiel: Der Lehrer drückt plötzlich auf Stopp. An welcher Stelle des obigen Notenbeispiels stoppt das Stück?

Spiel-mit-Satz zu Mozarts Sonate in C-Dur, KV 545, 1. Satz – Beginn

Multimedialer Spiel-mit-Satz   Benötigte Klangbausteine: c, d, e, f, g, a, h

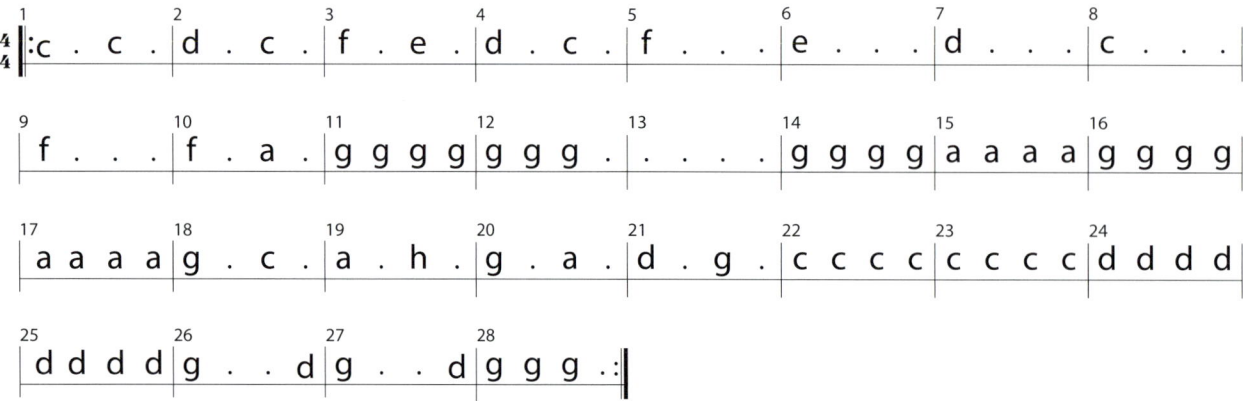

Bei der Aussprache des Vokals „O" sind die Lippen leicht vorgezogen und bilden eine kreisförmige Öffnung. Die Zahnreihen sind geöffnet, die Zungenspitze liegt an den unteren Schneidezähnen, der Zungenrücken ist leicht gewölbt, der Kiefer sitzt etwas tiefer als beim „U".

O-Training

A32

▶ Sprecht die Wörter des Hörbeispiels nach.

langes „O"	kurzes „O"
oder	Otter
Ofen	offen
Oper	Opfer
Ostern	Osten
Chor	Korn
Dose	Topf
Fohlen	folgen
Mode	Motte
Pfote	Pforte
Sohn	sonnen
Schote	Schotte
Ton	Tonne
Wohl	Wolle

Playback zu O-Reim

A33

▶ Sprecht den *O-Reim* zum Playback und führt dabei das lang und das kurz gesprochene „O" richtig aus.

O-REIM

Text: Gerd Linke
© Helbling

Un - serm   O - ber, dem Herrn Scho - ber, passt die   Ho - se   e - her   lo - se.

Nur zur   Not   trägt Frau Roth,   wie be - foh - len,   ho - he   Soh - len.

Im - mer   flot - ter   trotz Ge - stot - ter   liest Herr   Zot - ter   Har - ry

Pot - ter!   Wun - der - voll,   wenn sie soll,   spielt Frau Boll   in Dur und Moll!

9 Metrum

Unter **Metrum** versteht man gleichmäßige Schläge, die alle gleich betont sind.

▶ Klopft allein oder in der Gruppe gleichmäßige Schläge, ohne schneller zu werden.

◆ Metronom

Der Wiener **Johann Nepomuk Mälzel** erfand im Jahr 1816 ein Gerät, mit dem gleichmäßige Schläge erzeugt werden können. Mit Hilfe eines verschiebbaren Gewichts auf dem Pendel lässt sich die Schlaggeschwindigkeit einstellen.

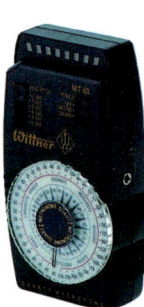

M.M. ♩ = 60 bedeutet: Nach Mälzels Metronom sind 60 Schläge in einer Minute als Tempo für die Viertelnote zu wählen.

Die Tempoangabe steht am Beginn eines Stücks.

▶ Klopft im Tempo eines Sekundenzeigers. Das entspricht dem Tempo M.M. ♩ = 60.

◆ Kanon

Ein **Kanon** ist ein mehrstimmiges Musikstück, bei dem die Stimmen nacheinander mit der gleichen Melodie einsetzen.

METRUM-KANON

Einrichtung: Gerhard Wanker
© Helbling

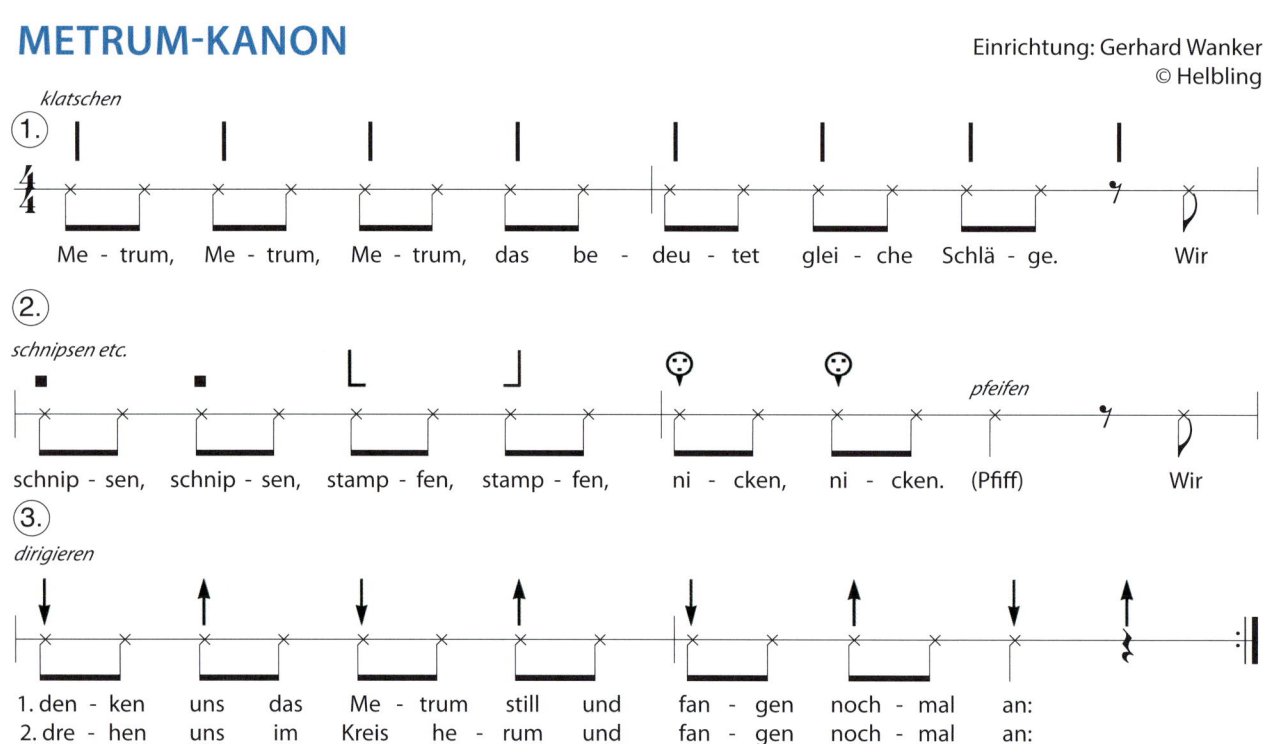

▶ Sprecht den Kanon einstimmig und führt die über dem Text stehenden Zeichen | ■ L ⌐ ☺ ↓ ↑ dazu aus.

▶ Führt den Kanon dreistimmig aus:

- nur Text sprechen
- nur mit körpereigenen Instrumenten spielen
- Text sprechen und mit körpereigenen Instrumenten begleiten

▶ Erklärt in eigenen Worten das Prinzip eines Kanons.

Vorschläge für eine Bewegungsgestaltung (2. Strophe)

Einstimmig

Aufstellung

Ausführung

1. Zeile: 4 Schritte li beginnend in die Kreismitte, 4 Schritte zurück
2. Zeile: Bewegungen nach dem Text
3. Zeile: mit 8 Schritten re beginnend um die eigene Achse nach re drehen

Im dreistimmigen Kanon

Aufstellung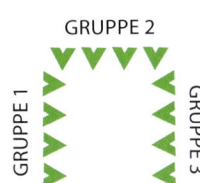

Ausführung

1. Zeile: 4 Schritte li beginnend in die Kreismitte, 4 Schritte zurück
2. Zeile: Bewegungen nach dem Text
3. Zeile: mit 8 Schritten re beginnend um die eigene Achse nach re drehen

◆ Übungen mit der Metrumzeile

▶ Übung 1

Klatscht die Punkte in gleichmäßigem Tempo. Lasst dabei ein Metronom mitlaufen und orientiert euch daran.

Metrumzeile	•	•	•	•	•	•	•	•	•	•	•	•
Zählzeile	1	2	3	4	5	6	7	8	9	10	11	12

▶ Übung 2

Klopft die Metrumzeile nun mit dem Fuß und klatscht an den Stellen, die mit einem Markierungszeichen (/) versehen sind, in die Hände.

Markierungszeile	/	/	/		/		/				/	/
Metrumzeile	•	•	•	•	•	•	•	•	•	•	•	•
Zählzeile	1	2	3	4	5	6	7	8	9	10	11	12

Arbeitsblatt Metrum

Für weitere Übungen könnt ihr das Arbeitsblatt benutzen.

▶ Übung 3

Klatscht zuerst Rhythmuszeile 1, dann Rhythmuszeile 2.
Lasst das Metrum in den Füßen mitlaufen.

Zur Information:
Rhythmuszeile 1: Die Markierungszeichen aus Übung 2 sind mit Notenwerten ausgefüllt.
Rhythmuszeile 2: Die Markierungszeichen aus Übung 2 sind in Viertelnoten und entsprechenden Pausen geschrieben.

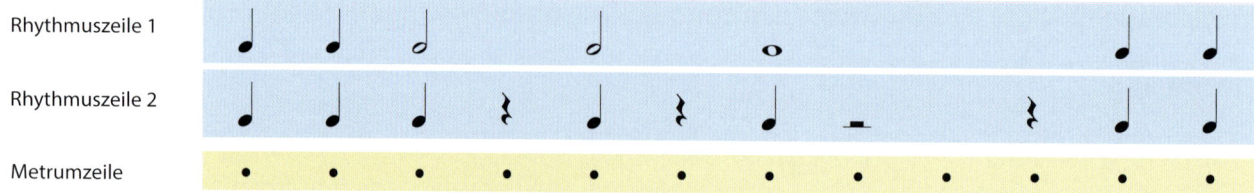

Spielt Rhythmuszeile 1 auch mit Instrumenten. Jedem Notenwert wird ein Instrument zugeordnet. Welche Instrumente sollen für kurze (♩), welche für lange Töne (𝅗𝅥, 𝅝) verwendet werden?

▶ Übung 4

a) Spielt jede Zeile einzeln: Klatscht die grünen Punkte, die roten Punkte sind Pausen.

b) Probiert eine zweistimmige Aufführung: Die erste Gruppe spielt Zeile 1, die zweite Gruppe Zeile 2. Benutzt unterschiedliche Körperklänge pro Gruppe (Klatschen, Schnipsen, Patschen usw.).

c) Bildet zwei Gruppen und findet für jede Farbe einen eigenen Körperklang. Eine Gruppe spielt die roten, die andere die grünen Punkte.

d) Führt alle Zeilen des Quadrats nacheinander mit Körperklängen aus. Durch Drehen des Quadrats entstehen neue Rhythmen, die ihr auch kombinieren könnt.

Mit „Point of view" könnt ihr noch viele weitere Spielideen ausprobieren und neue Rhythmen entdecken:

- Bildet Rhythmus-Schlangen. Diese finden neue Wege durch das Quadrat.

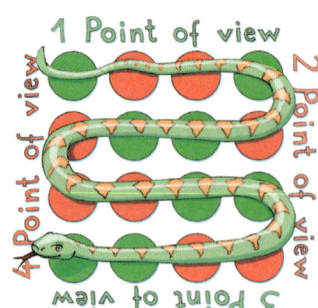

- Bildet vier Gruppen. Jede Gruppe dreht das Buch so, dass die Nummer der eigenen Gruppe oben liegt, und entscheidet sich dann für einen Körperklang. Spielt die jeweiligen Rhythmen gleichzeitig.

- Die Gruppen setzen nacheinander im Kanon ein.

- Nehmt verschiedene Percussioninstrumente hinzu.

- Legt besondere Spielregeln fest: das Buch nach vier Durchgängen drehen, den Rhythmus rückwärts spielen usw.

I LIKE TO EAT/DRINK

Playback zu *I like to eat/drink*

Traditional aus Amerika

A34

schnipsen

F   C/E   Dm   Am7   B   C   F

Handtrommel

I like— to eat choco-late, be - cause it tastes so good. Yum! Yum! Yum!

F   C/E   Dm   F/C   B   C7   F

I like— to grow strong - er, get e-nough sleep and eat good food! Yum!

Weitere Strophen: I like to eat: apples, cherries, peanuts, mangos … because they taste so good …
I like to drink: water, coffee, black tea, limo … because it tastes so good …

▶ Überlegt euch selbst noch andere Speisen und Getränke. Jeder kommt einmal als Solist an die Reihe. Der Solist singt die ersten zwei Takte, dann singen alle.

- Bei der Obsternte: Streckt euch beim Pflücken der Äpfel und legt die Äpfel behutsam auf die Erde. Dabei beim Strecken einatmen und beim Hinlegen der Äpfel langsam ausatmen.
- Wer fleißig Obst erntet, darf auch von den Früchten kosten. Vor dem Zubeißen den Apfel säubern, indem der Staub mit kurzen, kräftigen Luftstößen weggeblasen wird (Luftstrom vom Zwerchfell steuern!).
- Durch die Nase einatmen und den Duft der Äpfel riechen. Beim Ausatmen durch Laute zu erkennen geben, dass der Apfelgeruch angenehm ist (Mmh, Aah …).
- Den Apfel essen und große und kleine, schnelle und langsame Kaubewegungen machen, denn: „Gut gekaut, ist halb verdaut!"
- Sich freudig zurufen: „I like to eat apples!" oder „Yum! Yum! Yum!"
- Zwei Stellen des Lieds üben, dabei auf den richtigen Rhythmus und die richtige Tonfolge achten:

I like— to eat ap - ples / cher - ries / pea - nuts / man - gos

strong - er, get e-nough sleep and eat good food!

▶ Während des Singens das Metrum, z. B. auf dem Tisch, mit Schlagstäben etc. mitklopfen:

Melodische Begleitung zum Lied

Quiz-Box 9

- Als Metrum bezeichnet man in der Musik …
- Wie heißt das für Musiker hilfreiche Gerät, das gleichmäßige Grundschläge erzeugt?
- Wer erfand im Jahr 1816 das Metronom?

- Was bedeutet M.M. ♩= 80?
- Wie heißt ein mehrstimmiges Musikstück, bei dem die Stimmen nacheinander mit der gleichen Melodie einsetzen?

◆ **Mehr Fragen im MUSIKQUIZ**

27

10 Ludwig van Beethoven

Stammbaum

Johann van Beethoven (52 J.) Musiker	Maria Magdalena Keverich verw. Leym (40 J.) Kammerzofe

(27 J.) ⚭ (21 J.) 1767

LUDWIG VAN BEETHOVEN 1770–1827 (56 J.)

Beethoven war nicht verheiratet und hatte keine Nachkommen.

Beethovens Vorfahren:
- Beethovens Großvater stammte aus Belgien und brachte es bis zum Hofkapellmeister in Bonn.
- Sein Vater war Sänger in der Bonner Hofkapelle.

Schlagzeilen aus seinem Leben

Ludwig van Beethoven

Ludwig ist das zweite von sechs Kindern. Seine Geburtsstadt ist Bonn am Rhein.

Seit seinem vierten Lebensjahr erhält er von seinem Vater Klavierunterricht und lernt auch Violine.

Mit 13 Jahren spielt er schon beruflich Orgel.

Mit 21 Jahren zieht er von Bonn nach Wien um.

Mit 30 Jahren beginnt sein Gehörleiden. Er komponiert trotz völliger Taubheit (ab 45 J.) weiter.

Mit 56 Jahren stirbt er in Wien.

◆ Für Elise

Für Elise heißt eine Klavierkomposition, die Ludwig van Beethoven mit 40 Jahren geschrieben hat (1810). Das leicht spielbare Stück gehört zu seinen bekanntesten und beliebtesten Werken. Das Hauptmotiv wird häufig wiederholt und ist daher sehr einprägsam.

L. v. Beethoven, *Für Elise*

A35

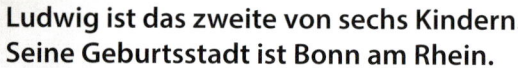

Poco moto

pp

▶ Spielt den Spiel-mit-Satz zu *Für Elise* mit zwei chinesischen Essstäbchen.

Zeichenerklärung ⬆ mit dem dicken Ende der Essstäbchen auf die Tischfläche klopfen   ⬇ mit der Spitze der Essstäbchen auf die Tischfläche klopfen   ✕ Essstäbchen kreuzweise aufeinander schlagen

Spiel-mit-Satz zu *Für Elise*

Musik: Ludwig van Beethoven · Einrichtung: Gerhard Wanker · © Helbling

Multimedialer Spiel-mit-Satz

◆ ## Achtung Aufnahme

Ihr seid der Moderator einer Fernsehsendung und gestaltet die „Live-Übertragung" eines Konzerts.
Auf dem Programm steht der 1. Satz aus der 8. Sinfonie von Ludwig van Beethoven.

▶ Bereitet euch auf die Ansage (Beginn der Sendung) sowie auf die Absage (Schluss der Sendung)
dieses Musikstücks vor. Hört den 1. Satz öfter an, macht euch Notizen und vergleicht sie anschließend
mit den Aufzeichnungen eurer Mitschüler.

Anregungen für Notizen

- Welche Art von Sendung moderiert ihr?
- Findet einen eigenen Titel für die Sendung.
- Für welche Besetzung (Blasmusik, Band, Chor, Orchester) ist dieses Stück geschrieben?
- Erklärt den Zuschauern die Instrumente, die ihr hört.
- Schildert euren persönlichen Höreindruck.

▶ Spielt die „Live-Übertragung" einmal durch.
Ort: Konzertsaal.
Einige Schüler führen durch die Sendung. Die anderen hören aufmerksam zu.
Rotlicht – Achtung, Aufnahme!

L. v. Beethoven, Sinfonie Nr. 8, 1. Satz – Ausschnitt

A36

Quiz-Box 10

- Wie heißt der Geburtsort von Ludwig van Beethoven?
- Wie alt war Beethoven, als er von Bonn nach Wien zog?

- An welcher Krankheit litt Ludwig van Beethoven?
- Wie lautet der Titel eines berühmten Klavierstücks von Ludwig van Beethoven?

◆ Mehr Fragen im MUSIKQUIZ

◆ Tonhöhen

Es gibt **fünf Notenlinien** und **vier Zwischenräume**.

Die Tonhöhe einer Note kann aufgrund ihrer Position im 5-Liniensystem und mit Hilfe des Notenschlüssels festgestellt werden.

Violin- oder G-Schlüssel

Am Beginn einer Notenzeile steht der **Violin- oder G-Schlüssel**.
Er gibt an, dass sich die Note g¹ auf der zweiten Notenlinie befindet.

Noten, die außerhalb des 5-Liniensystems liegen, schreibt man mit Hilfslinien.

◆ Oktavräume

Den Abstand vom 1. zum 8. Ton einer Tonleiter nennt man **Oktave**.
(Der 8. Ton ist gleichzeitig der 1. Ton der nächsten Oktave.)

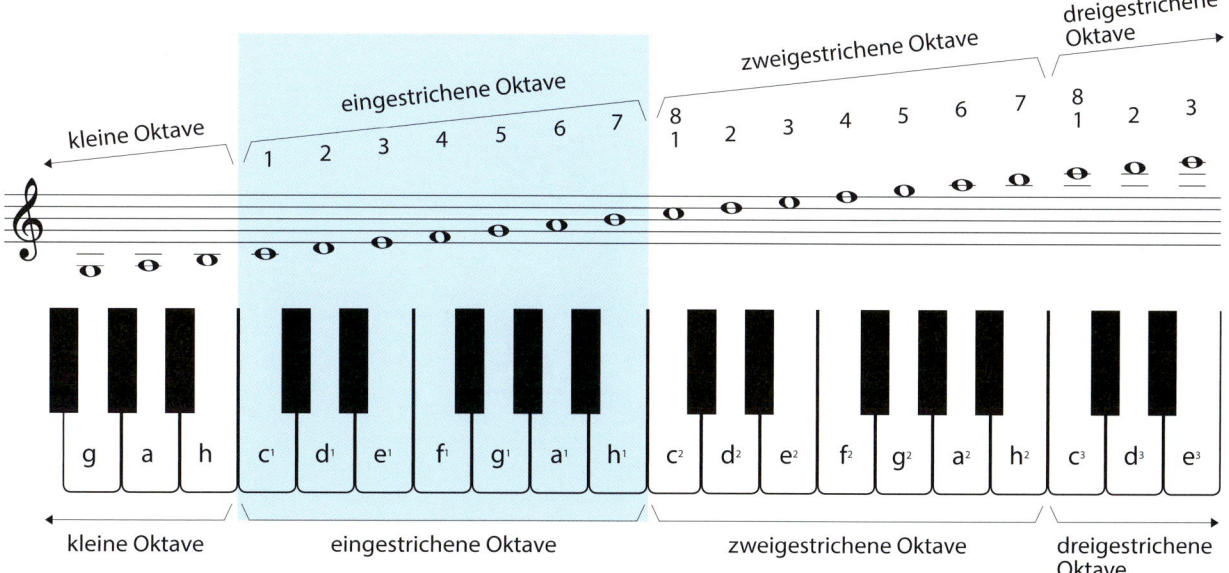

▶ Spielt die angegebenen Noten auf einem Klavier.
Aus wie vielen Oktaven besteht der Tonumfang eines Klaviers?

▶ Benennt die folgenden Noten:

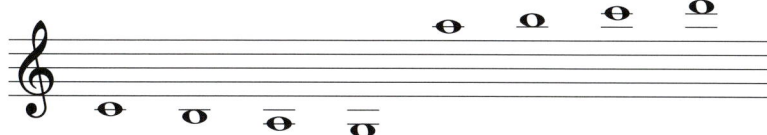

Lernspiel Notennamen-Memory

◆ C-Dur-Tonleiter

Die **C-Dur-Tonleiter** besteht aus den Tönen c - d - e - f - g - a - h - c.

Klaviatur

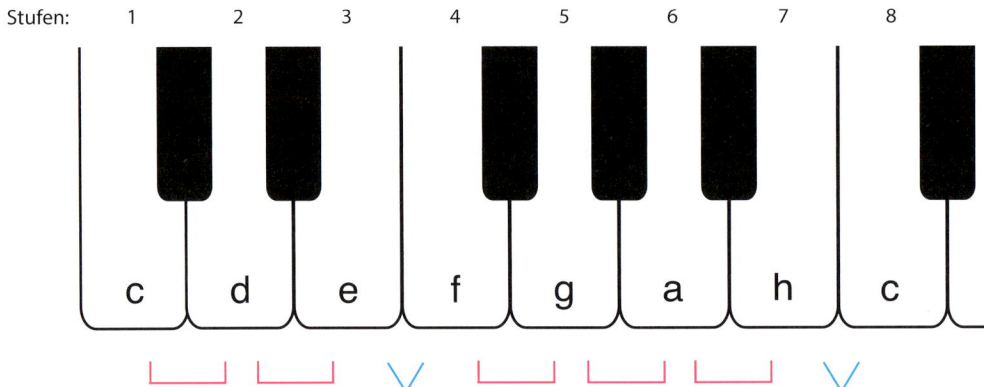

Spielt man die C-Dur-Tonleiter auf dem Klavier, braucht man dafür nur die weißen Tasten.

Halbtonschritte und Ganztonschritte

Man unterscheidet Halbtonschritte ∨ und Ganztonschritte ⌊___⌋ .
Natürliche Halbtonschritte befinden sich zwischen e – f und h – c.

Ihr könnt sie euch mit dem Wort ⌈ C H E F ⌉ leicht merken.

Die C-Dur-Tonleiter in Treppenform

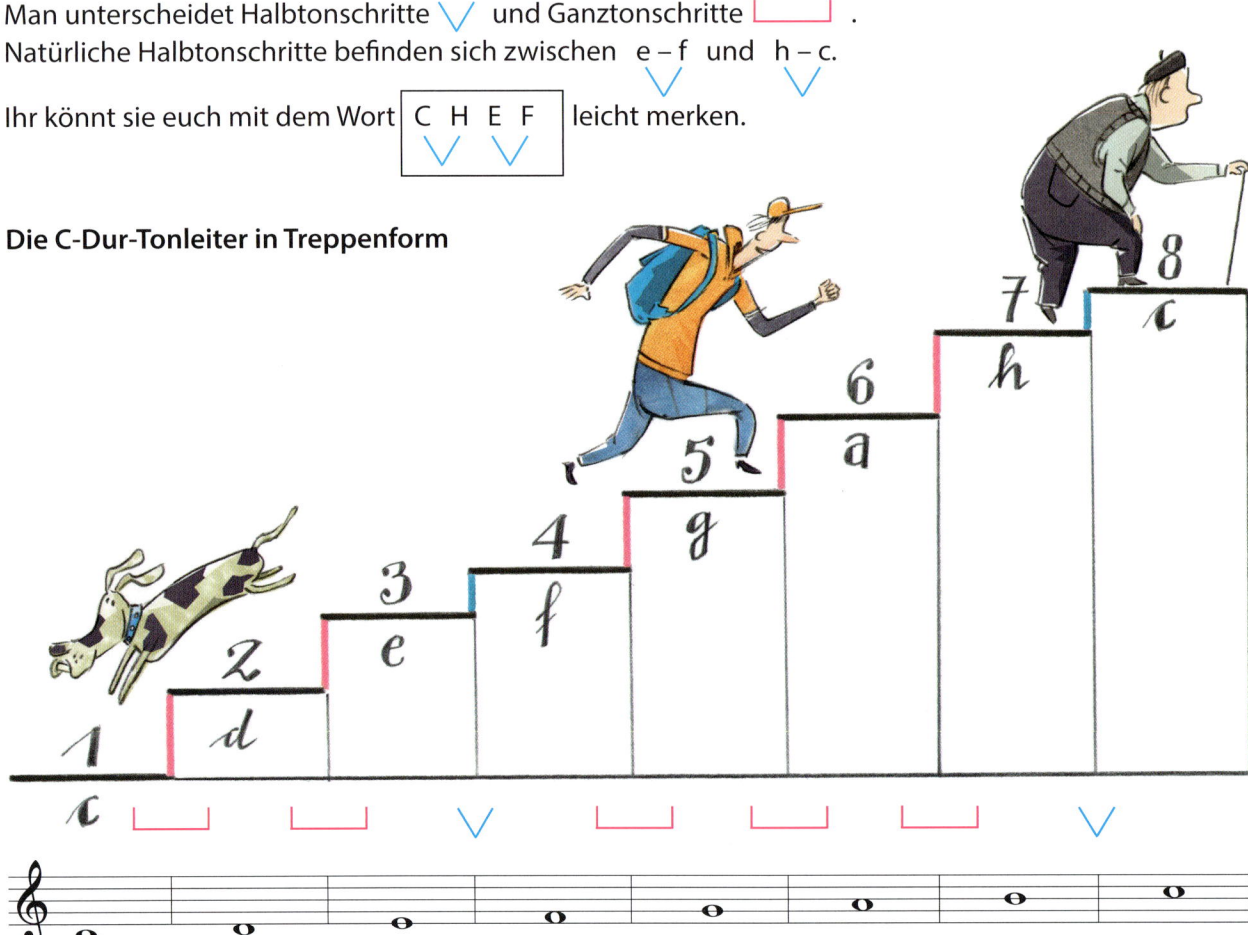

▶ Singt und spielt die C-Dur-Tonleiter auf Instrumenten.

NOTENNAMEN-KANON

Text und Musik: Gerhard Wanker
© Helbling

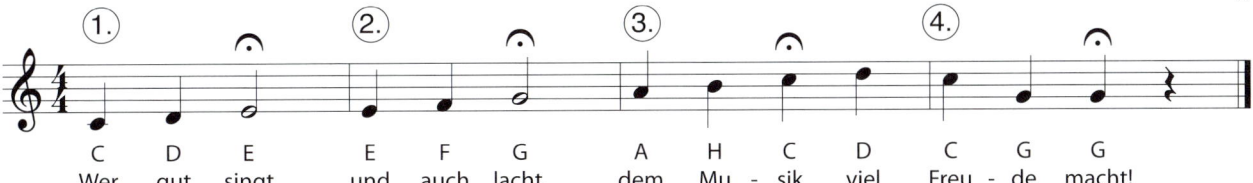

C	D	E	E	F	G	A	H	C	D	C	G	G
Wer	gut	singt	und	auch	lacht,	dem	Mu	-	sik	viel	Freu - de	macht!

Als **Ostinato** bezeichnet man eine immer wiederkehrende musikalische Figur.

Ostinato vokal/instrumental

ding ding dong

NOTENNAMEN-KANON Swing-Fassung

Text und Musik: Gerhard Wanker
© Helbling

Sing mit mir,—— swing mit mir,—— schu-wi-du-wi-du-wi-du-wi-du-wap-ba!——

Ostinato vokal/instrumental

schu-wi-du——

SCALE SONG

G. Wanker, *Scale song*

A37

▶ Singt oder spielt mit Stabspielen/Melodieinstrumenten den *Scale song* zum Hörbeispiel A37. Verwendet beim Singen die Notennamen als Text. Wenn ihr euch noch unsicher seid, könnt ihr die Notennamen vorher in euer Heft notieren.

Musik und Arrangement: Gerhard Wanker
© Helbling

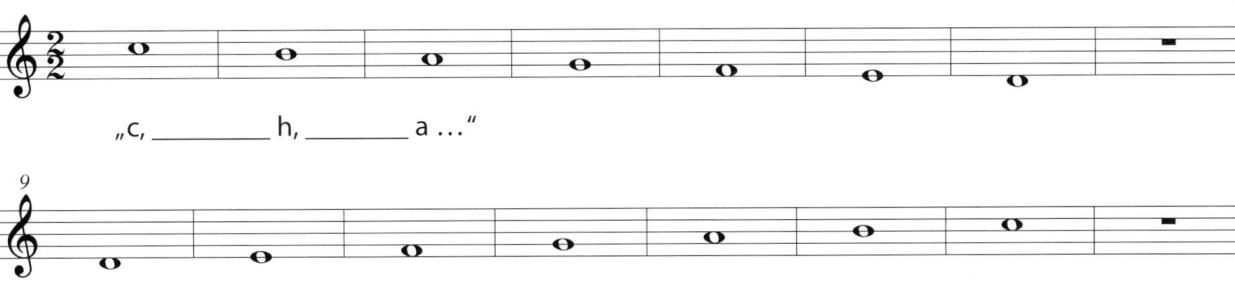

„c, ———— h, ———— a . . .“

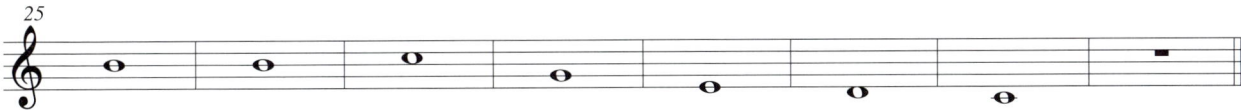

Multimedialer Spiel-mit-Satz

12 Lautstärke in der Musik

◆ Dynamische Zeichen

▶ **Macht euch zu folgenden Fragen Gedanken:**

- Bei welchen Gelegenheiten wünscht ihr euch laute bzw. leise Musik?
- Welche Wirkung hat laute bzw. leise Musik auf euch?

In der Musik heißen die Ausdrücke für die Lautstärke **dynamische Zeichen**.

In der folgenden Tabelle findet ihr die wichtigsten Ausdrücke für die Bezeichnung der Lautstärke in der Musik. Sie werden meist abgekürzt in italienischer Sprache angegeben.

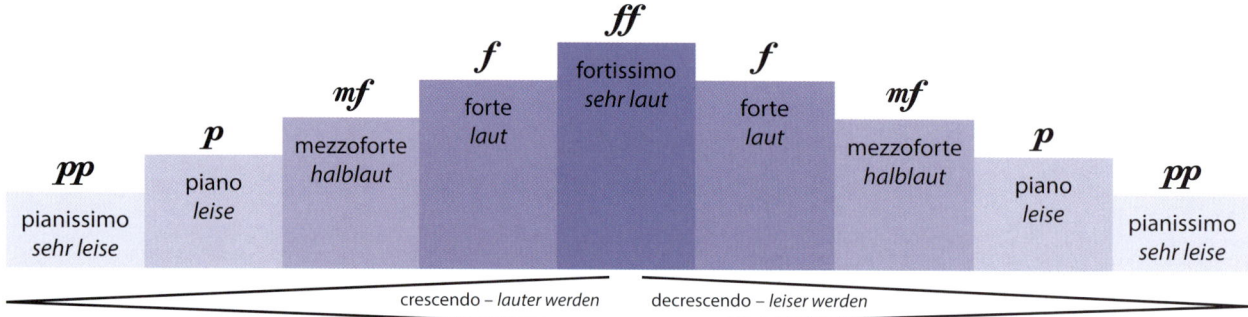

◆ Dynamik-Karussell

Eine „Runde" mit dem *Dynamik-Karussell* dauert eine Minute. Die ersten 40 Sekunden sind vorgegeben. Bei der Ausführung können mehrere „Runden" gefahren werden, danach geht es wieder von vorne los.

▶ Überlegt euch in Gruppen für die letzten 20 Sekunden selbst eine Gestaltung und führt sie der Klasse vor.

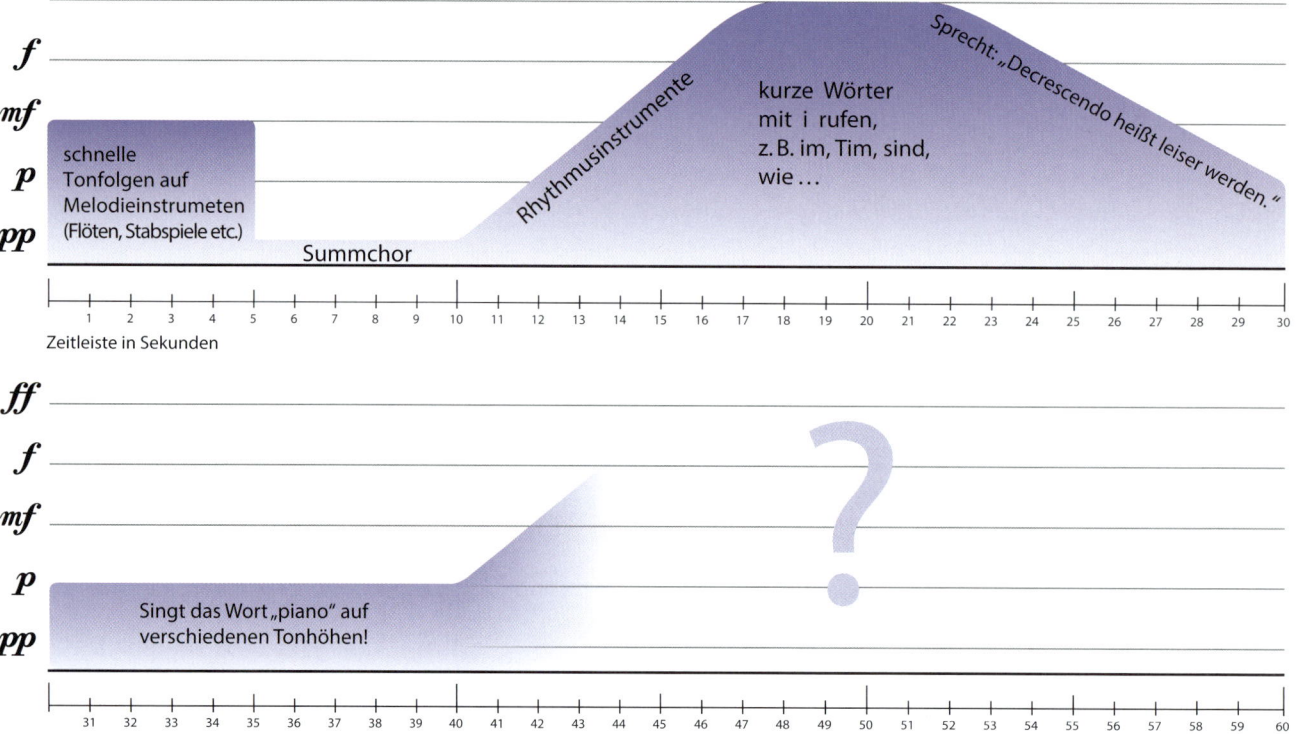

◆ Dynamische Verläufe

Komponisten gestalten ihre Musik mit dynamischen Entwicklungen und Gegensätzen.

Anton Bruckner (1824–1896 / 72 J.): Sinfonie Nr. 7, 4. Satz

Am Beginn des 4. Satzes seiner 7. Sinfonie (Hörbeispiel A38) verwendet der österreichische Komponist Anton Bruckner mehrere dynamische Zeichen.

A. Bruckner, Sinfonie Nr. 7, 4. Satz – Beginn

A38

▶ Verfolgt beim Hören des Beginns des 4. Satzes den dynamischen Verlauf und orientiert euch an der Zeitleiste (Sekundeneinteilung).

Multimediale Hörpartitur

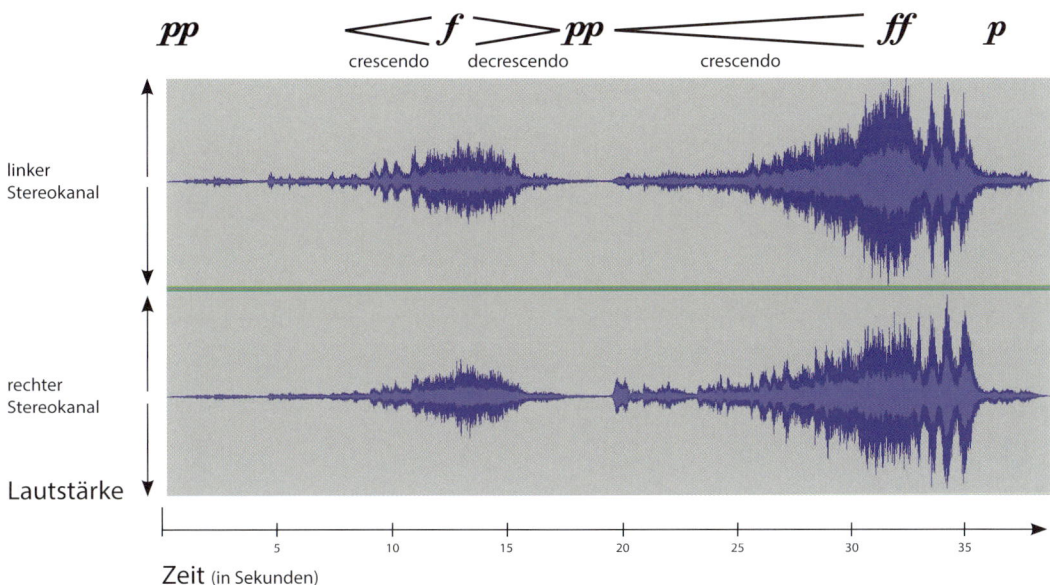

◆ Dynamik dirigieren

Antonín Dvořák

Antonín Dvořák (1841–1904/62 J.)

Dvořák ist ein wichtiger tschechischer Komponist. Auf seinen Reisen nahm er viele Einflüsse der Musik anderer Länder auf (z. B. Sinfonie Nr. 9 *Aus der Neuen Welt*).

Slawischer Tanz op. 46, Nr. 8

Im *Slawischen Tanz* Nr. 8 (Hörbeispiel A39) verarbeitete er – wie in vielen seiner Werke – tschechische Nationalweisen und setzte Lautstärkenunterschiede kunstvoll ein.

A. Dvořák, *Slawischer Tanz* op. 46, Nr. 8

A39

▶ Hört den *Slawischen Tanz* und dirigiert dazu. Reagiert dabei auf die einzelnen Lautstärken (laute Stellen = große Dirigierbewegungen, leise Stellen = kleine Dirigierbewegungen).

GAR FINSTER IST'S IM TIEFEN WALD

Playback zu *Gar finster ist's im tiefen Wald*

Text und Musik: Wilfried Fischer
© Schott Music GmbH & Co KG, Mainz

A40

p Dm ... Dm ... *f* A *gliss.*
Gar fins - ter ist's im tie - fen Wald! U - hu - i! U -

A *gliss.* *p* Dm ... Dm ... *f*
hu - i! Wo der Ge - spens - ter Auf - ent - halt! U -

A *gliss.* A *gliss.* *mf* Dm
hu - i! U - hu - i! Ge - spens - ter hier und

C ... B ... A
Geis - ter dort, es ra - schelt leis' an je - dem Ort! Ge -

Gm ... Gm ... Dm
fahr und Angst und Gru - sel - schreck, die droh'n im Wald an

Dm ... *f* A *gliss.* *ff* A *gliss.*
je - dem Eck. U - hu - i! U - hu - i!

▶ Achtet beim Singen des Lieds besonders auf die dynamischen Zeichen.

- Um Mitternacht ist Geisterstunde: Ihr seid die Gespenster und läutet die Glocke. In Schrittstellung fasst ihr mit beiden Armen das Glockenseil, zieht kräftig nach unten und schwingt wieder in die Ausgangsstellung zurück (zwölfmal). Den Glockenton nachahmen: „Bim-bam …".

- Die Gespenster versammeln sich und atmen einige Male kräftig durch den Mund aus und durch die Nase wieder ein.

- Flüstert den Satz „Gar finster ist's im tiefen Wald!" mit deutlicher Artikulation mehrere Male hintereinander und steigert bei jeder Wiederholung die Lautstärke von pianissimo bis fortissimo.

- Singt gespenstische Glissandotöne von oben nach unten auf „hu, hi, ho" und bewegt gleichzeitig eure Arme und Hände vor dem Körper von unten nach oben.

- Singt dann die Tonfolge „U-hu-i!" mehrere Male hintereinander und geht beim hohen Ton in die Knie.

Begleitsatz für Stabspiele zu *Gar finster ist's im tiefen Wald*

Benötigte Klangbausteine: d, e, f, g, a

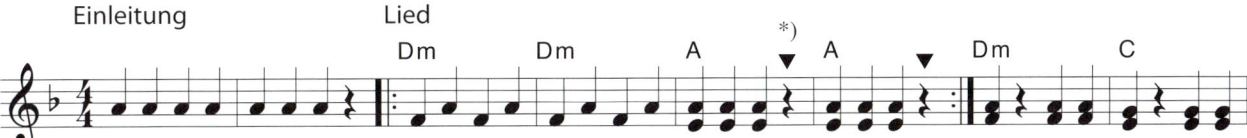

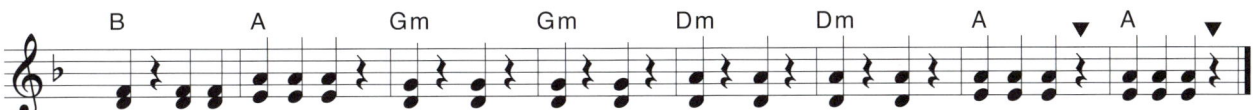

*) Ratsche/Maracas/Triangel

◆ Hörquiz

▶ In den Hörbeispielen A41–46 hört ihr Ausschnitte aus Musikstücken in verschiedenen Lautstärkegraden (pp, p, mf, f, ff). Notiert für jedes Hörbeispiel den Lautstärkegrad in euer Heft.

Beispiel:
Hörbeispiel A41: p

Hörbeispiele für Lautstärke

A41–46

▶ Bringt eure Lieblings-CD mit und stellt an einem Stück dar, wie die Lautstärke darin gestaltet wird.

Quiz-Box 11

- Aus wie vielen Linien besteht traditionell das Notensystem?
- Welches Zeichen steht am Anfang einer Notenzeile?
- Wie heißen die Töne der C-Dur-Tonleiter von unten nach oben?
- Wie lautet der 7. Ton der C-Dur-Tonleiter?
- Die natürlichen Halbtonschritte befinden sich zwischen e–f und …
- Wie nennt man den Abstand vom 1. zum 8. Ton einer Tonleiter?

Quiz-Box 12

- Was bedeutet „pp" in der Musik?
- Wie lautet die italienische Bezeichnung für „leise?"
- Was bedeutet die Abkürzung „f" in der Musik?
- Was heißt „fortissimo"?
- Wie lautet der Fachausdruck für eine allmähliche Steigerung der Lautstärke in der Musik?
- Was bedeutet „decrescendo"?
- Worauf bezieht sich in der Musik der Begriff „Dynamik"?

◆ **Mehr Fragen im MUSIKQUIZ**

13 Zweiteilige Liedform

Viele Lieder oder Musikstücke bestehen aus zwei Teilen:

Die beiden Teile sind meist gleich lang und unterscheiden sich musikalisch deutlich voneinander. Einen solchen Aufbau nennt man **zweiteilige Liedform**. Betrachtet dazu das folgende Lied.

FRÖHLICH IST DIE WEIHNACHTSZEIT

Playback zu *Fröhlich ist die Weihnachtszeit*

Musik: Volkslied aus Russland
Textübertragung: Hans Baumann
© Karl Heinrich Moeseler Verlag, Wolfenbüttel

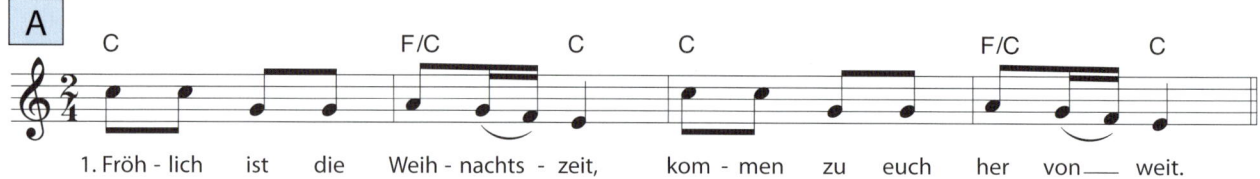

2. Haustor und der Gartenzaun
sind in Farben rot und blau.
Auf dem Zaun für jedes Kind
schöne goldne Kugeln sind.

3. Sind drei Fenster in dem Haus,
schaut der Himmel selbst heraus.
Vater, der inmitten sitzt,
wie die goldne Sonne blitzt.

4. Heller als der Silbermond
ist die Mutter, die dort wohnt.
Alle ihre Kinderlein
sind so hell wie Sternenschein.

Begleitsatz zu *Fröhlich ist die Weihnachtszeit*

◆ Deutscher Tanz

Der Deutsche Tanz ist ein schneller Drehtanz im $3/4$-Takt. Er ist Mitte des 18. Jahrhunderts in Süddeutschland und Österreich aufgekommen und war um 1800 der Modetanz in Wien. Wolfgang Amadeus Mozart, Ludwig van Beethoven und Franz Schubert haben Deutsche Tänze für viele Tanzveranstaltungen in Wien komponiert.

Franz Schubert (1797–1828/31 J.)

Franz Schubert wurde in Wien geboren. Er wirkte in seinem kurzen Leben auch hauptsächlich in dieser Stadt.
Neben zahlreichen Instrumentalwerken machten ihn vor allem seine Lieder berühmt.
Er liebte Zusammenkünfte mit Dichtern, Malern und Freunden, die man als „Schubertiaden" bezeichnet.
Viele seiner Klavierstücke zeigen die zweiteilige Liedform, so auch der folgende *Deutsche Tanz*.

Franz Schubert

A48

F. Schubert, *Deutscher Tanz* op. 33/3

aus: *Sechzehn Deutsche Tänze* op. 33/3

▶ Dieser Tanz besteht aus den Teilen A und B . Beide Teile werden wiederholt, was im Notenbild durch das Wiederholungszeichen |: :| angegeben wird. In welcher Reihenfolge erklingen die Teile? Schreibt sie in euer Heft.

▶ Spielt den Rhythmus des Tanzes mit körpereigenen Klängen. Verwendet unterschiedliche Klänge für die unterschiedlichen Teile.

Quiz-Box 13

- Die musikalische Form mit den Teilen A und B nennt man …
- Welchen Vornamen hat der Komponist Schubert?

- Die Zusammenkünfte von Dichtern, Malern und Freunden Schuberts nennt man …
- Welche Komponisten außer Franz Schubert haben Deutsche Tänze geschrieben?

◆ **Mehr Fragen im MUSIKQUIZ**

Tanzbeschreibung zu *Deutscher Tanz*, op. 33/3

A48

F. Schubert, *Deutscher Tanz* op. 33/3

Aufstellung

in 2 Reihen gegenüber,
Blick zueinander

Grundschritt Teil A

flach	hoch	hoch	flach	hoch	hoch
li	re	li	re	li	re

flach: Gehschritt vorwärts
hoch: Gehschritt vorwärts auf den Fußballen

Takt 1–2
rechtsschultrig aneinander vorbei auf den Platz des Gegenübers
(Partner zeigen einander die Rücken)

Takt 3–4
über li Schulter halbe Drehung am Platz

Takt 5–8
wie T. 1–4 zurück zur Ausgangsstellung
(letzter Takt: re flach vor und li unbelasteter Beistellschritt)

B

Aufstellung

wie Teil A mit
Handfassung der
re Hände

Grundschritt Teil B

flach	hüpf	flach	hüpf
li	li	re	re

flach: Gehschritt vorwärts
hüpf: kleiner Sprung in die Luft

Takt 9–12
paarweise 2x Grundschritt im Uhrzeiger um die Paarachse; dann Handwechsel auf li

Takt 13–16
paarweise 2x Grundschritt gegen den Uhrzeiger um die Paarachse zur Ausgangsstellung
(letzter Takt: re flach vor und li unbelasteter Beistellschritt)

Unter **Takt** versteht man die Gruppierung von Notenwerten zu einer Einheit. Es gibt unterschiedliche **Taktarten**, je nachdem, wie viele Noten/Pausen eines Notenwerts in einen Takt passen.
Beim Musizieren wird die Taktart hörbar, weil der erste Schlag einer Einheit betont wird.

▶ Klatscht die zwölf Viertelnoten in 2er-, 3er-, 4er- und 6er-Einheiten und betont die erste Note jeder Einheit (> = Betonungszeichen). Zählt dabei mit.

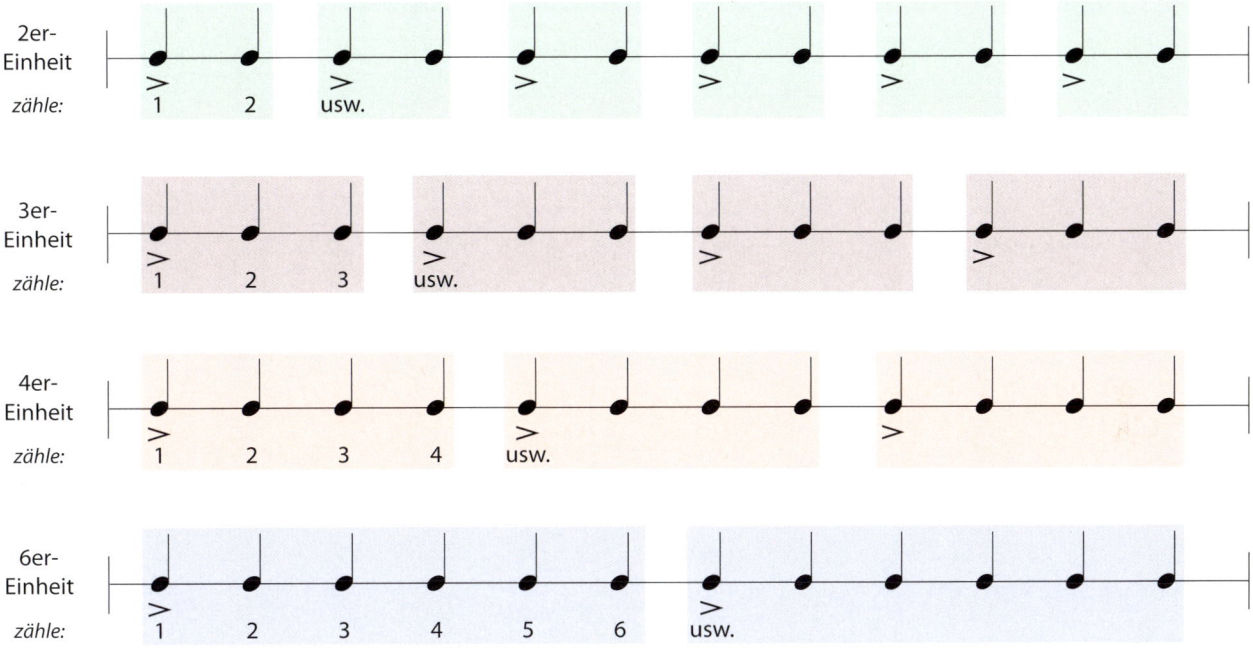

In einem $\frac{4}{4}$-Takt wird der Wert von vier Viertelnoten zusammengefasst.

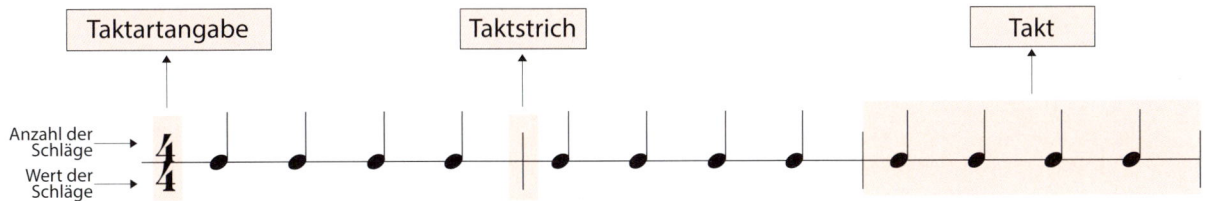

▶ Übertragt die folgende Notenzeile in euer Heft und ergänzt sie zu einer Taktzeile im ³/₄-Takt:
- Notiert zu Beginn die Taktartangabe.
- Setzt die Taktstriche richtig.

▶ Klatscht den ³/₄-Takt und betont den ersten Schlag in jedem Takt.

Takt-Spiele

Städteflug

Findet zwei-, drei- und viersilbige Städtenamen und verwendet sie als Taktmerkwörter für die drei Taktzeilen.

Zum Beispiel: $^4/_4$: Bratislava $^3/_4$: Liverpool $^2/_4$: Mailand

▶ **Einfache Spielform**

Sprecht die Städtenamen, klatscht die einzelnen Taktzeilen und betont den ersten Schlag (Betonungszeichen >) in jedem Takt. Das Tempo ist für jede Zeile gleich.

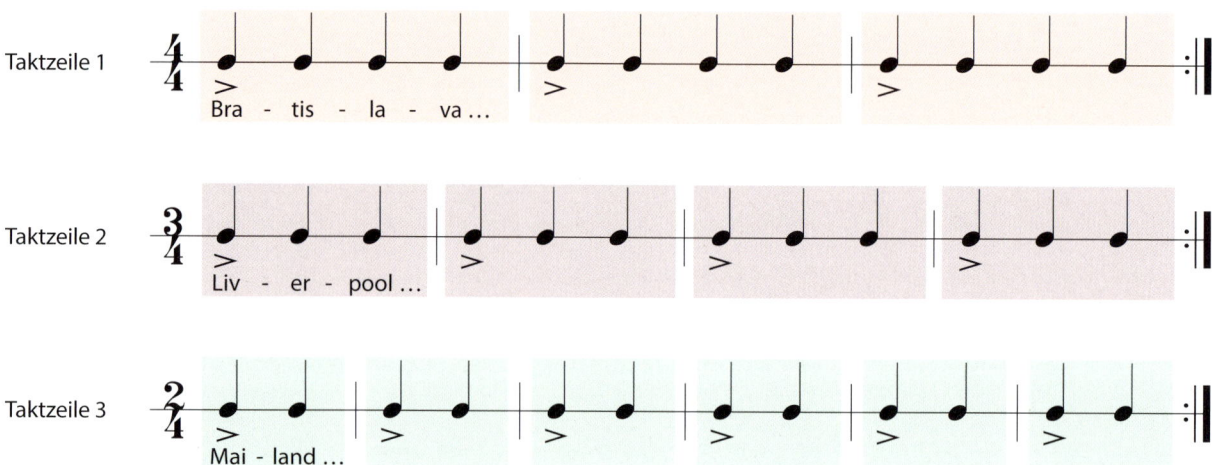

▶ **Weitere Spielformen**

Einteilung in drei Gruppen. Jeder Gruppe wird eine Stadt als Zielflughafen für den Städteflug zugeordnet. Jede Gruppe wiederholt ständig ihre Zeile.
Achtung: Das Tempo ist für jede Zeile gleich!

1. Die Taktmerkwörter in den Zeilen 1–3 werden gleichzeitig von allen Gruppen gesprochen, wobei jeweils die erste Silbe eines Merkworts betont wird.

2. Von den Taktmerkwörtern wird jeweils nur die erste Silbe auf verschiedenen Tonhöhen oder in verschiedenen Lautstärken gesprochen/gesungen. Die restlichen Silben leise sprechen oder nur denken.

3. Bewegt euch frei durch den Raum, sprecht jeweils nur die Anfangssilbe der Taktmerkwörter und bringt dabei den ersten Schlag jedes Takts durch eine große Bewegung zum Ausdruck.

4. Wie 3., jedoch ohne Ton (die Taktmerkwörter werden nur innerlich als Orientierungshilfe mitgesprochen).

5. Erfindet weitere Spielmöglichkeiten.

▶ **Wörter-Mix**

Findet für die nächste Zeile andere Taktmerkwörter. Verwendet dabei neben Hauptwörtern auch Zeitwörter oder Eigenschaftswörter. Mixt die verschiedenen Wortgattungen.
Sprecht und spielt eure Lösungen.

Unter dem Sammelbegriff **Poptanz** versteht man Bewegungsfolgen zu Popsongs. Sie setzen in der Regel den rhythmischen Charakter und bestimmte Textaussagen der Songs choreografisch, d. h. in bewusst gestaltete Bewegungsfolgen um. Ein besonderes Merkmal vieler Popsongs ist die starke Betonung des ihnen zugrundeliegenden „Beats" (Grundschlag oder Puls).

◆ Warm-up: Feel the Beat!

▶ Macht die folgenden Aufwärmübungen zusammen in der Gruppe auch zu Musik.

Warm-up 1: „KlaSchniPaSta": Alle klatschen, schnipsen, patschen und stampfen in einer vorher festgelegten Reihenfolge auf die Zählzeiten 1, 2, 3, 4 im gleichen Tempo. Denkt euch dann in Kleingruppen eine eigene Reihenfolge (z. B. Schnipsen, Klatschen, Schnipsen, Stampfen) im gleichmäßigen Beat aus. Stellt sie anschließend der Klasse vor.

Warm-up, *Vortänzer*

Warm-up 2: „Vortänzer": Geht hintereinander in mehreren Gruppen im Beat der Musik durch den Raum. Wer vorne geht, erfindet Bewegungen, die die nachlaufenden Mitschüler mitmachen. (Beine, Arme, ganzer Körper, immer im Beat). Wechselt die Vortänzer, indem sie sich nach einer bestimmten Zeit hinten anschließen.

Warm-up

A49

Warm-up 3: „Freeze": Alle gehen im Grundschlag der Musik durch den Raum. Der Lehrer ruft eine gerade Zahl, alle erstarren im „Freeze" (ein Einfrieren in der Bewegung) für die Dauer der genannten Grundschläge. Danach gehen alle wie zuvor weiter.

Tanzbausteine

Tanzbausteine sind das Grundmaterial, aus dem sich zu Popsongs Choreografien entwerfen lassen.
Natürlich kann jeder Tanzbaustein variiert, ausgebaut und durch andere ergänzt werden.
Die folgenden vier Bausteine zeigen euch beispielhaft einige Grundfiguren.

SCHRITT

| 4 Schritte vor | Schritt, 1 | Schritt, 2 | Schritt, 3 | ran 4 |
| 4 Schritte zurück | Schritt, 5 | Schritt, 6 | Schritt, 7 | ran 8 |

SEIT

| 4 Seitschritte nach rechts (auf Zählzeit 2 kreuzt das linke Bein vor dem rechten) | Seit, 1 | kreuz, 2 | seit, 3 | ran 4 |
| 4 Seitschritte zurück | Seit, 5 | kreuz, 6 | seit, 7 | ran 8 |

BLITZ

| Die Arme abwechselnd nach vorne strecken und dabei zweimal schnell hintereinander die Finger spreizen | Blitz re. 1 | Blitz li. 2 | Blitz re. 3 | Blitz li. 4 |

DREH

| Ganze Drehung am Platz mit 4 Schritten | Dreh, 1 | dreh, 2 | dreh, 3 | dreh 4 |

SCHNIPS

| Beide Arme nach rechts werfen und zweimal schnipsen, dann das Gleiche nach links | Schnips, re. 1 | schnips, re. 2 | schnips, li. 3 | schnips li. 4 |

▶ Übt die Bausteine so lange, bis ihr sie auf Zuruf problemlos ausführen könnt.

Der Aufbau eines Popsongs

Popsongs sind in der Regel nach einem klaren „Bauplan" gegliedert. Die typischen Abschnitte heißen
Intro (Einleitung), Strophe, Bridge (Zwischenteil), Refrain, Outro (Schlussteil).
Dabei bestehen die Abschnitte fast ausschließlich aus viertaktigen Einheiten, sind also vier, acht, zwölf
oder sechzehn Takte lang.

◆ Lemon Tree

Fools Garden, *Lemon Tree*

Aufbau/Form:

Intro	Strophe 1	Strophe 2	Refrain (2x)	Bridge 1
8 Takte	12 Takte	12 Takte	16 Takte	8 Takte

Strophe 3	Bridge 2	Strophe 4	Refrain (2x)	Refrain und Outro
12 Takte	8 Takte	12 Takte	16 Takte	12 Takte

▶ Verfolgt die Abschnitte beim Hören des Stücks durch Mitzählen der Takte. Meldet euch, wenn ein neuer Formteil beginnt.

Fools Garden

1991 in Pforzheim gegründet, erreichte *Fools Garden* innerhalb weniger Jahre Weltberühmtheit. Ihr Song *Lemon Tree* wurde in über 40 Sprachen übersetzt und über sechs Millionen Mal verkauft. 1996 wurde *Fools Garden* als erfolgreichste Nachwuchsband mit verschiedenen Auszeichnungen geehrt.

Choreografie

▶ Die folgende Choreografie besteht aus den Tanzbausteinen der vorherigen Seite.

- Erfindet für die Bridge 2 einen eigenen Baustein.
- Tanzt dann die Choreografie.

Abschnitt	Textanfang	Tanzbausteine
Intro	Instrumental	Schnips (8 Takte)
Strophe 1	I'm sittin' here …	Schritt (4 Takte) Schritt (4 Takte)
12 Takte		Seit (2 Takte) Seit (2 Takte)
Strophe 2	I'm drivin'…	Schritt (4 Takte) Schritt (4 Takte)
12 Takte		Seit (2 Takte) Seit (2 Takte)
Refrain (2x)	I wonder how …	Blitz (1 Takt) Dreh (1 Takt)
16 Takte		Blitz (1 Takt) Dreh (1 Takt) etc.
Bridge 1 8 Takte	Sing dap …	Schnips (8 Takte)
Strophe 3	I'm sittin' here …	Schritt (4 Takte) Schritt (4 Takte)
12 Takte		Seit (2 Takte) Seit (2 Takte)
Bridge 2 8 Takte	Isolation …	? ? ?

16 Rhythmus

▶ Klatscht die folgenden Zeilen. Beschreibt den Unterschied zwischen Metrum, Takt und Rhythmus.

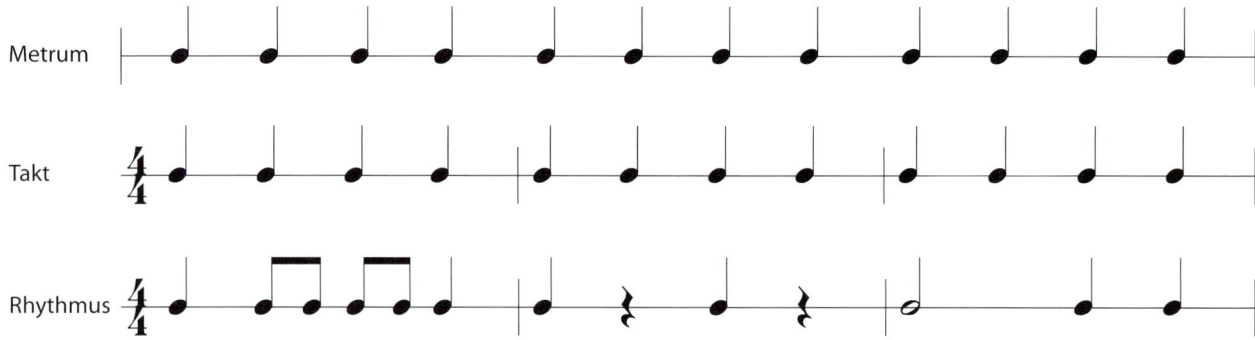

Metrum

Takt

Rhythmus

▶ Welche Aussage ist zutreffend?

Rhythmus ist die
- a) Abfolge gleichmäßiger Schläge.
- b) Zusammenfassung von Takten.
- c) Gliederung in lange und kurze Tondauern/Pausen.

◆ Vom Metrum zum Rhythmus

▶ Führt die Rhythmusfelder 1–6 einzeln aus und wiederholt jedes Rhythmusfeld mehrmals ohne Unterbrechung:
- ▪ Sprecht die obere Textzeile im Metrum (Metrumtext: Jede Silbe/jedes Wort ist gleich lang).
- ▪ Klatscht dazu den angegebenen Rhythmus.
- ▪ Geht dann langsam vom Metrumtext in den Rhythmustext (untere Zeile) über.

Rhythmusfeld 1

Vier - tel - no - ten
Vier - tel - no - ten

Rhythmusfeld 2

Wer kann da sein?
Wer da?

Rhythmusfeld 3

Was-ser-spie-le (drei und vier und)
Was-ser-spie-le (drei vier)

Rhythmusfeld 4

Tom-my will ein Him-beer-eis.
Tom will Him-beer-eis.

Rhythmusfeld 5

Chris-ta will die Blu-men gie-ßen.
Chris will Blu-men gie-ßen.

Rhythmusfeld 6

Wo nur ist der Zu-cker-hut?
Wo ist der Zu-cker-hut?

▶ Erfindet drei eigene Rhythmusfelder. Notiert sie in euer Heft und schreibt einen Rhythmustext dazu.

▶ Präsentiert eure Rhythmen der Klasse: Über einem gleichbleibenden Metrum (Metronom, Trommel) spielt jeder seine Rhythmusfelder entweder mit Bodypercussion oder Rhythmusinstrument vor.

◆ Punktierte Noten

Der Punkt hinter einer Note verlängert diese um die Hälfte ihres Werts.

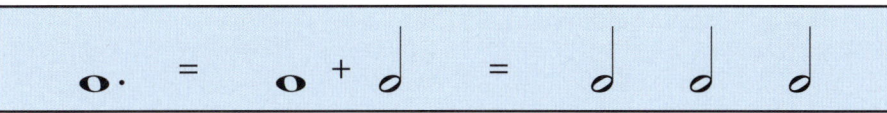

Merktext für die punktierte Viertelnote

Zeile 1

Ei - er - speis im Glas.

Zeile 2

Ei   im   Glas.

▶ Sprecht beide Zeilen im Rhythmus.

Zeile 1: Ei-er-speis im Glas.

Zeile 2: Wenn ihr im ersten Takt die Anfangssilbe Ei-
laut sprecht und die Silben -er-speis nur denkt,
kommt ihr zum punktierten Rhythmus:
Ei(-er-speis) im Glas.

EI-SPRECHKANON

Gerhard Wanker

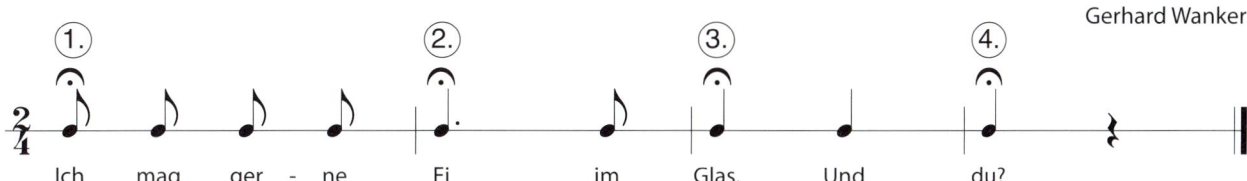

Ich   mag   ger - ne   Ei   im   Glas.   Und   du?

◆ Go on rhythm

A51

Th. Wanker, *Go on rhythm 1*

▶ Spielt/sprecht die eintaktigen Rhythmen zum Hörbeispiel A51:

- nach Gehör
- nach Noten

Go on rhythm 1 (2 Takte Metrumvorgabe)

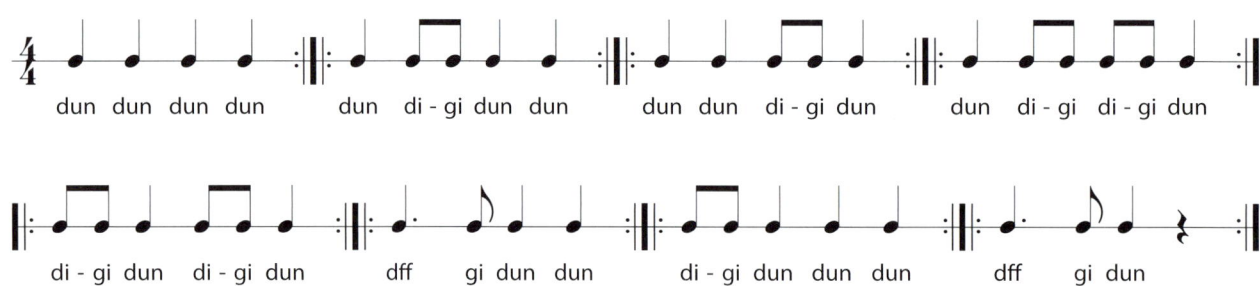

A52

Go on rhythm 2

▶ Bei *Go on rhythm 2* hört ihr 14 Abschnitte mit zweitaktigen bekannten Melodien, die jeweils wiederholt werden. Singt bei der Wiederholung die Melodie auf Tonsilben und klatscht/klopft den Melodierhythmus dazu. Den ersten Abschnitt könnt ihr am Notenbild verfolgen, die weiteren Abschnitte müsst ihr hörend erfassen.

Go on rhythm 2

Lernspiel Rhythmus-Baukasten

Quiz-Box 14

- Wie nennt man die Gruppierung von Notenwerten zu einer Einheit?
- Wodurch werden Takte voneinander getrennt?
- Wie viele Achtelnoten passen in einen $^4/_4$-Takt?

Quiz-Box 15

- Ein anderes Wort für Einleitung heißt ...
- Wie nennt man den Überleitungsteil eines Popsongs?

Quiz-Box 16

- Wie nennt man die Gliederung in lange und kurze Tondauern/Pausen?
- Wie heißt die um die Hälfte ihres Werts verlängerte Note?

◆ **Mehr Fragen im MUSIKQUIZ**

◆ Rhythmus-Tor

▶ Vorübungen

Ein Spielleiter klatscht einzelne Felder vor, alle klatschen nach.
Zuerst nach Gehör, dann nach Noten.
Die sechs Felder des Rhythmus-Tors werden sechs Gruppen zugeordnet. Eine Person ist der Schiedsrichter und gibt die Felder vor (z. B. „C2!"). Die betreffenden Gruppen klatschen dann ihren Rhythmus. Bevor ein neues Feld vorgegeben wird, wiederholen alle den Rhythmus.

▶ Elfmeterschießen

Die Klasse wird in zwei Mannschaften (rot/blau) geteilt. Jedes Mitglied einer Mannschaft bekommt eine Nummer (1, 2, 3, 4 usw.). Jede Mannschaft „schießt" auf das Tor. „Schießen" heißt: Die Nummer 1 der roten Mannschaft klatscht ein beliebiges Feld aus dem Tor. Die Nummer 1 der blauen Mannschaft muss nun das geklatschte Feld erkennen (= 1 Punkt) und nachklatschen (= 1 Punkt). Falls die Nummer 1 der blauen Mannschaft eine der beiden Aufgaben (Feld erkennen/nachklatschen) nicht erfüllen kann, fällt der jeweilige Punkt der roten Mannschaft zu. Wenn beide Aufgaben nicht erfüllt werden, gehen beide Punkte an die rote Mannschaft. Jene Mannschaft, die am Schluss mehr Punkte hat, ist Sieger.
Erfindet andere Spielregeln für das „Rhythmus-Tor".

BLUMENMENÜ

A53

Playback zu Blumenmenü

Einrichtung: Gerhard Wanker
© Helbling

A

4x

1 Busch-wind - rös - chen

2 Früh - lings - kno - ten - blu - me

3 we - ge - rich   Spitz -

4 Mai - glöck-chen

5 Kro - kus,   Kro - kus,

6 Nar - zis - se,   Nar - zis - se

7 Mär - - zen - be - cher

8 Lö - wen - zahn,   Lö - wen - zahn

C   G   F   G

B

$\frac{4}{4}$ | Am | Am | Am | G |

▶ **Gestaltungsvorschlag**

Teil A: Der Einsatz der acht Stimmen kann frei gestaltet werden. Zwei bis drei Notenzeilen können auch miteinander verbunden und von einer Singgruppe ausgeführt werden.

Teil B: Andere Blumennamen werden in gerappter Form gestaltet: z. B. Leberblümchen, Veilchen, Schlüsselblumen, Tulpen, Lungenkraut, Schneeglöckchen, Huflattich, Gänseblümchen, Margerite, Weidenkätzchen, Glockenblume, Königskerze.

Ablauf des Playbacks

| Intro (2 T.) | ‖: A (4x 2 T.) | Überl. (2 T.) | B (4 T.) | :‖ |

4x   *Fine*

Bei der Aussprache des Vokals „U" sind die Lippen noch weiter vorgezogen als beim „O" und bilden eine kleine kreisförmige Öffnung. Die Zahnreihen sind geöffnet, die Zungenspitze liegt an den unteren Schneidezähnen, der Zungenrücken ist gewölbt, der Unterkiefer schiebt sich ein wenig nach oben.

U-Training

A54

▶ Sprecht die Wörter des Hörbeispiels nach.

langes „U"	kurzes „U"
Bube	Puppe
Buch	Bucht
Dur	Durst
Fuß	Fuchs
Flut	Fluss
Huhn	Hund
Mut	Mund
Ruhm	Rum
Schuh	Schuss
Stube	Stulpe
Tube	Tulpe
Wut	Wunsch
Zug	Zucker

Playback zu U-Reim

A55

▶ Sprecht den *U-Reim* zum Playback und führt dabei das lang und das kurz gesprochene „U" richtig aus.

U-REIM

Text: Gerd Linke
© Helbling

Vol - ler Ruh frisst die Kuh und die Bu - ben schau - en zu!

Im - mer - zu trinkt das Gnu ei - nen gan - zen Krug im Nu!

Un - ser Hund, der ist ge - sund und wiegt an die hun - dert Pfund!

Ei - ne Nuss zum Ge - nuss frisst er nur, wenn er es muss!

◆ Die Klang-Achterbahn

Ihr befindet euch in einem Vergnügungspark und gestaltet die Klang-Achterbahn mit der Stimme.

▶ Fahrt die „akustische" Achterbahn, indem ihr an den entsprechenden Stellen die angegebenen Geräusche macht.

Ihr könnt auch selbst welche erfinden!

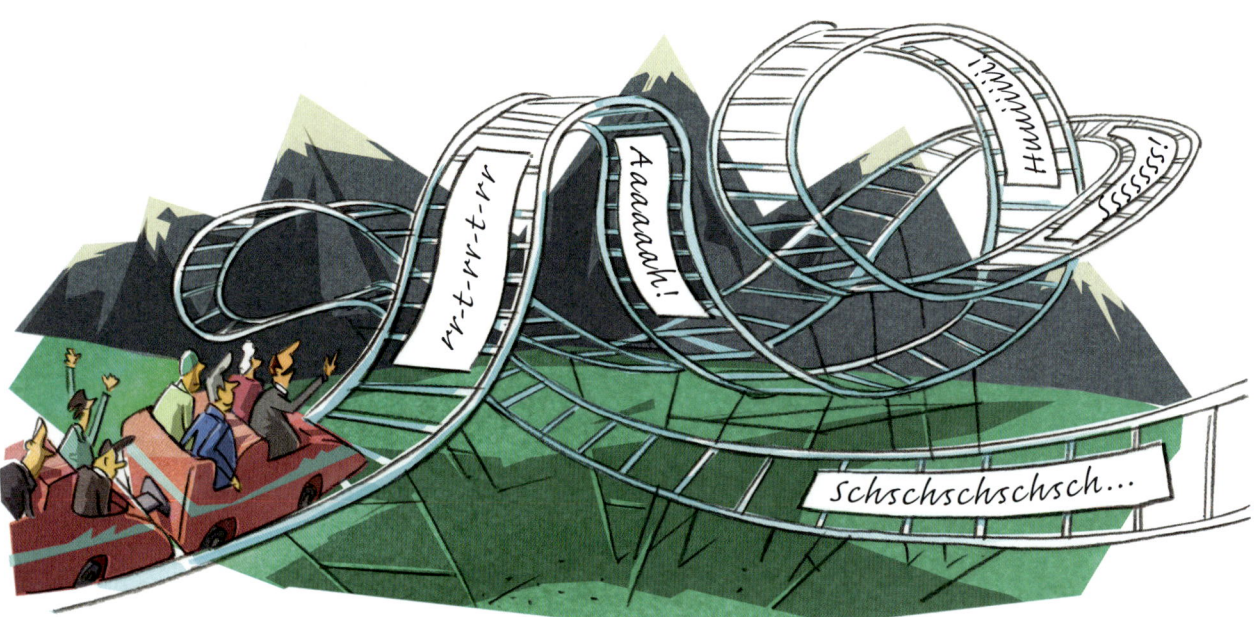

◆ In der Klangstraße

▶ Setzt die angegebenen Wortklänge in den Häusern A, B, C nach den Anweisungen musikalisch um.

◆ Wenn Wörter klingen

Text u. Musik: R. M. Schafer
© Universal Edition

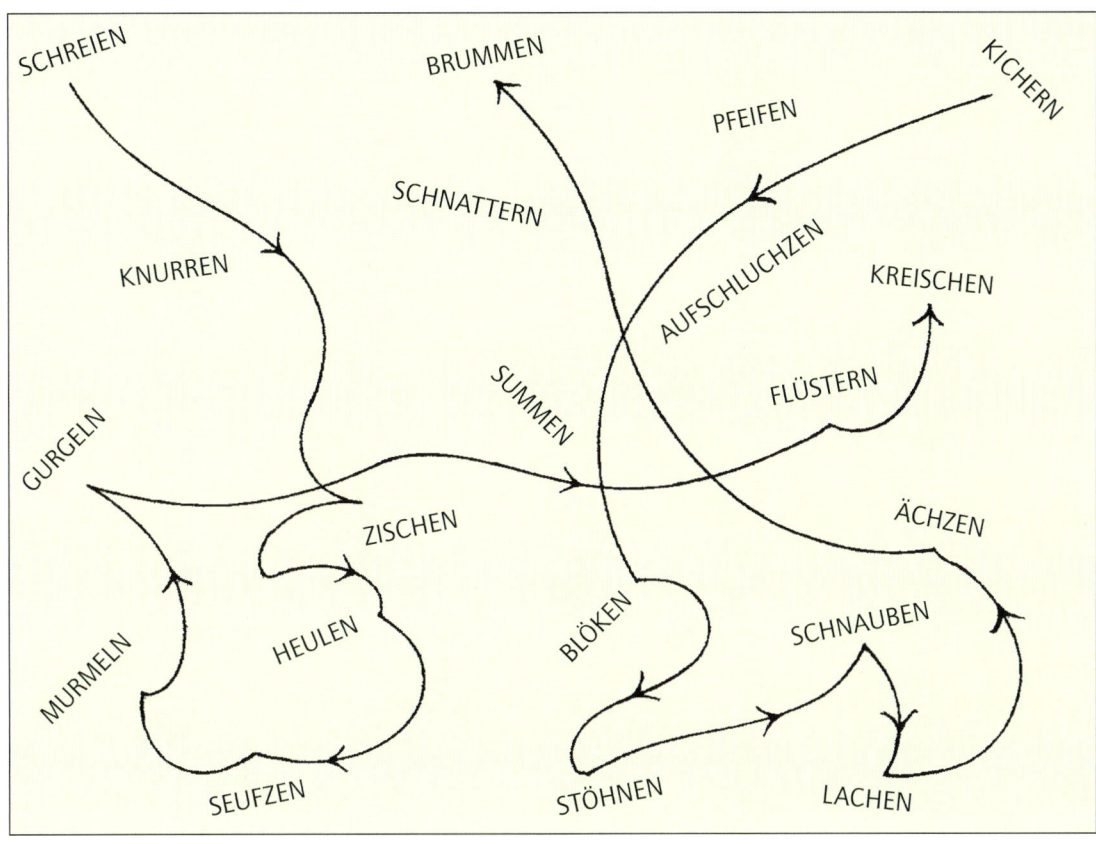

In seiner Komposition *Wenn Wörter klingen* verwendet **Raymond Murray Schafer** (geb. 1933) verschiedene Ausdrucksmöglichkeiten der Stimme.

▶ Erarbeitet euch die beiden Stimmwege einzeln.
Einer von euch führt die Klasse durch Mitzeigen auf der Folie durch die verschiedenen Stimmaktionen. Ein anderer zeigt mit Gesten an, wer pausiert, wer seine Aktion laut oder leise ausführt …

▶ Bildet zwei Gruppen und führt mit zwei Dirigenten die beiden Stimmwege gleichzeitig aus.

▶ Hört euch die Aufnahme der Komposition an. Welche besonderen Regeln haben sich die Ausführenden für ihre Interpretation vorgenommen?

R. M. Schafer, *Wenn Wörter klingen*

A56

◆ Die Stimme in Neuer Musik

Der US-amerikanische Komponist **John Cage** (1912–1992/79 J.) hat die menschliche Stimme in seiner Komposition *Aria* auf vielfältige Weise verwendet.

J. Cage, *Aria* – Ausschnitt

A57

J. Cage, *Aria* – Ausschnitt

Text und Musik: John Cage
© C. F. Peters GmbH & Co. KG, Frankfurt/Main

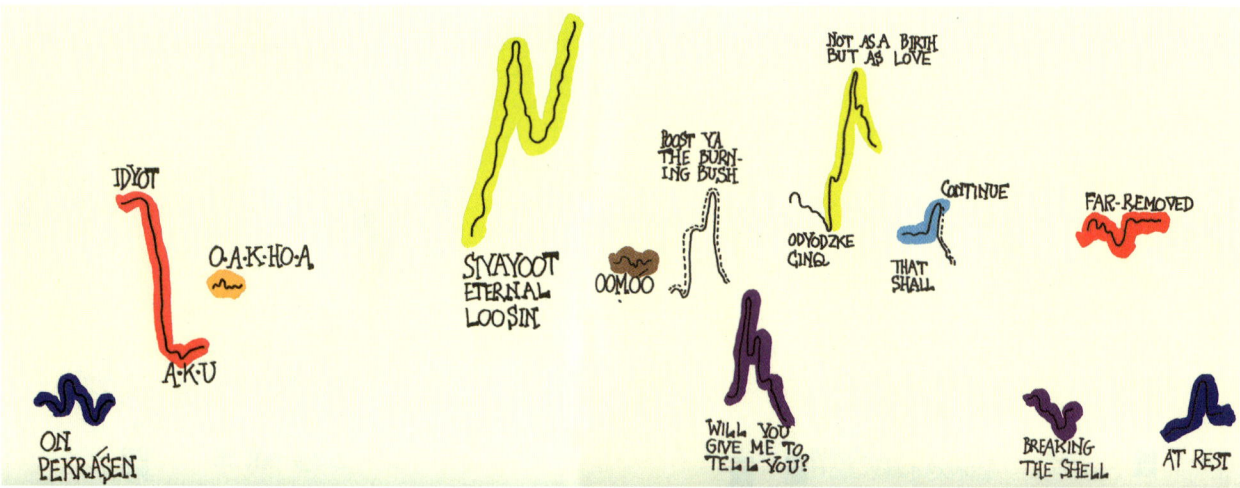

Hinweise zum Notenbild

1. Schwarze Linien zeigen die Singstimme, gestrichelte Linien die Sprechstimme an.

2. Die Farben stehen für einen bestimmten Gesangsstil/Stimmgebrauch:
   - dunkelblau: Jazz
   - rot: Kontra-Alt (sehr tiefe Frauenstimme)
   - violett: im Stil von Marlene Dietrich (deutsch-amerikanische Sängerin und Schauspielerin, 1901–1992/90 J.)
   - gelb: Koloraturen (Verzierungen der Singstimme)
   - orange: orientalisch
   - hellblau: wie ein Baby
   - braun: nasal

3. Im Text kommen Wörter oder Wortteile in mehreren Sprachen vor.

▶ Verfolgt beim Hören des Stücks die grafische Notation.

Quiz-Box 18

- Was ist eine Koloratur?

♦ Mehr Fragen im MUSIKQUIZ

Wenn mehrere Stimmen, die beim Singen/Spielen gleichzeitig erklingen sollen,

untereinander
aufgeschrieben
sind,
nennt
man
dies **Partitur.**

VITAMIN-RAP

Gerhard Wanker, Bernhard Gritsch, Maria Schausberger
© Helbling

1. Stimme
Ki - wi, Ki - wi, Ki - wi, Ki - wi, Ki - wi, Ki - wi, Ki - wi.

2. Stimme
A - na - nas, Ba - na - nas, A - na - nas, Ba - na - nas.

3. Stimme
Man - go, Man - go, Man - go, Man - go, Man - go, Man - go, Man - go, uh!

4. Stimme
Äp - fel und Sta - chel - beer'n, Äp - fel und Sta - chel - beer'n.

5. Stimme
O - - ran - geade, O - - ran - geade.

▶ Sprecht die einzelnen Stimmen nacheinander oder gleichzeitig in verschiedenen Lautstärken und Tonhöhen. Ihr könnt den Sprechrhythmus auch auf Bodypercussion oder Orff-Instrumente übertragen.

W. A. Mozart, *Eine kleine Nachtmusik*, 1. Satz – Beginn (4x)

Allegro

1. Violine

2. Violine

Viola

Violoncello u. Kontrabass

A58

▶ Orientiert euch beim Hören des Beginns von *Eine kleine Nachtmusik* an der Partitur. Ihr hört den Partiturausschnitt viermal. Lest bei jedem Durchgang eine andere Stimme mit.

Multimediale Hörpartitur

JE JE JE

Playback zu *Je je je*

Traditional aus Ghana

Je je je, mo - ba ko - ni wa - fie. Je je je, mo - ba ko - ni wa - fie. Mo -

ba ko - ni wa - fie, mo - ba ko - ni wa - fie, mo - ba ko - ni wa - fie,—— mo - ba ko - ni wa - fie.

Die folgenden Ostinati sind in Partiturform notiert.

Ostinato 1

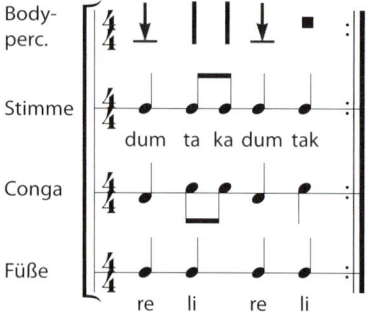

Ostinato 2

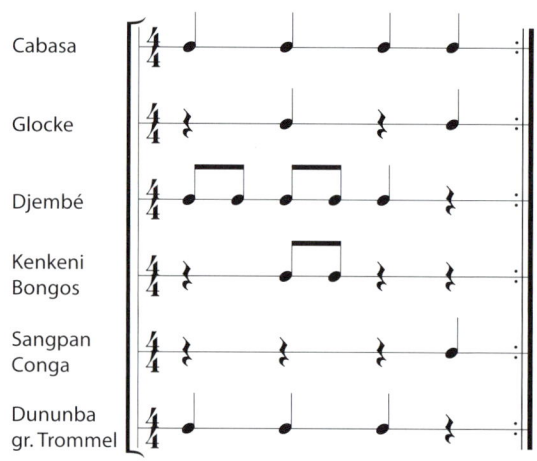

Übersetzung
Komm, lass uns spielen.

Aussprache
w in wafie = wie in engl. well
fie in wafie = fje

Die abgebildeten Percussioninstrumente (Rhythmusinstrumente) werden in der westafrikanischen Musik verwendet:

Dununba

Sangpan (groß), Kenkeni (klein)

Glocke

Cabasa

Djembé

▶ Stellt selbst Instrumente für die Ausführung der rhythmischen Begleitung zum Lied *Je je je* her. Nehmt Materialien aus dem Alltag und versucht, damit ähnliche Klänge zu erzielen wie mit den oben vorgegebenen Rhythmusinstrumenten. Beispiele:

Nudel- und Drehverschluss-Rassel

Klangsteine

Flaschen-Shaker

Abflussrohr-Bongos

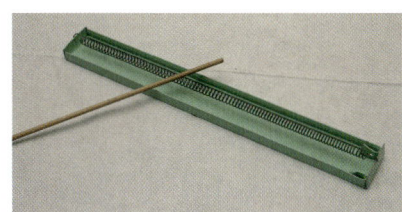

Feder-Schrapper

Muschel-Claves

Quiz-Box 19

- Wenn alle Stimmen, die bei einem Musikstück gleichzeitig erklingen, untereinander aufgeschrieben sind, nennt man dies …
- Aus wie vielen Stimmen besteht die Partitur der Serenade *Eine kleine Nachtmusik* von W. A. Mozart?

- Wie nennt man Percussioninstrumente noch?
- Für welchen Kontinent ist die Djembé ein typisches Instrument?

◆ Mehr Fragen im MUSIKQUIZ

Unter **Intervall** versteht man den Abstand von zwei Tönen. Die Namen der Intervalle kommen aus der lateinischen Sprache. Vergleich z. B.: primus – der Erste (Klassenprimus), quintus – der Fünfte (Quintett).

Tabelle der wichtigsten Intervalle

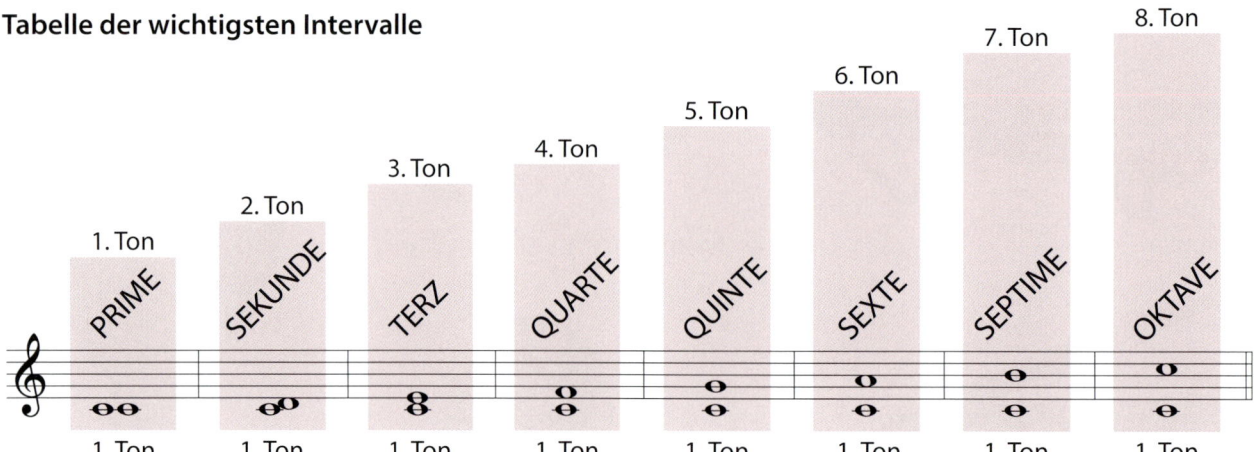

▶ Singt die Intervalle und spielt sie mit Instrumenten (die beiden Töne können gleichzeitig oder nacheinander erklingen).

▶ In zwei Gruppen:
Eine Gruppe singt immer den gleichen Grundton (c¹), während die andere von der Prime (c¹) bis zur Oktave (c²) steigt oder von der Oktave bis zur Prime fällt. Verwendet dabei gut singbare Silben. Für die Oberstimme können auch die Namen der Intervalle verwendet werden. (Rollentausch!)

INTERVALL-SONG

A60

Playback zu *Intervall-Song*

Text und Musik: Ines Reiger, Gerhard Wanker
© Helbling

◆ Liedanfänge

▶ Mit welchen Intervallen beginnen die Lieder? Singt die Liedanfänge und bestimmt das erste Intervall.

◆ Intervall-Zeile

▶ Bestimmt die folgenden 14 Intervalle und schreibt sie richtig auf.
Die ersten zwei Intervalle sind vorgegeben.

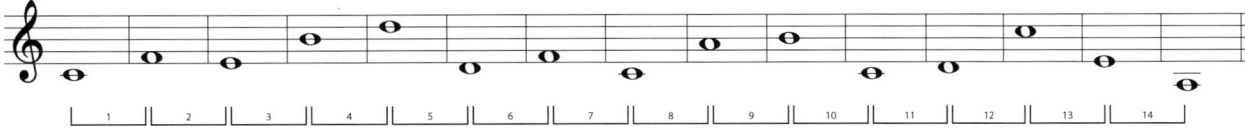

Intervall 1:   4 ↑
Intervall 2:   2 ↓

Playback zu Intervall-Zeile

A61

▶ Im Hörbeispiel A61 wird jedes Intervall der Intervallzeile viermal gespielt. Hört die ersten beiden Male zu und prägt euch die Tonfolge ein. Singt dann die letzten beiden Male das jeweilige Intervall auf einer beliebigen Singsilbe (z. B. no, du, mi, …) mit.

◆ Intervall-Spiel

▶ Bestimmt zuerst das Intervall auf jeder Karte und stellt dann die Kartenpaare mit gleichen Intervallen zusammen. Schreibt die Lösungen in euer Heft.

Beispiel:
Kartenpaar für die Sexte: 17/18

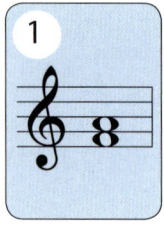  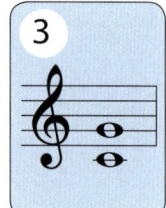  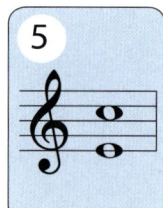

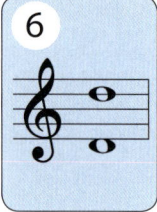    

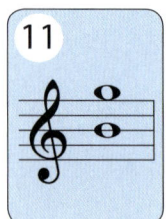  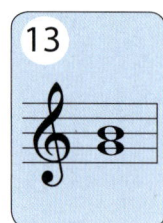  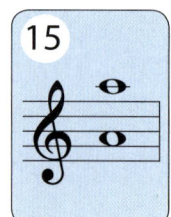 

Lernspiel Intervall-Memory

Quiz-Box 20

- Wie nennt man den Abstand zwischen zwei Tönen?
- Das Intervall c¹–a¹ ist eine …
- Der Abstand vom Grundton zur 5. Tonstufe heißt …

- Wie nennt man ein Intervall mit dem Abstand von drei Tönen?
- Welches Intervall ist das nächstgrößere nach der Sexte?
- Wie nennt man das Intervall zwischen zwei Noten, die auf gleicher Tonhöhe liegen?

◆ **Mehr Fragen im MUSIKQUIZ**

Versetzungszeichen verändern die Tonhöhe.

	Änderung der Tonhöhe	An den Namen der Stammnote wird folgende Silbe angehängt
♯ = **Kreuz**	↑ einen Halbton erhöht	- **is**
♭ = **Be**	↓ einen Halbton erniedrigt	- **es** Ausnahmen: h-es = b a-es = as e-es = es
♮ = **Auflösungszeichen**	♯ oder ♭ wird aufgehoben	

▶ Und damit kennt ihr nun alle Tasten der Klaviatur:

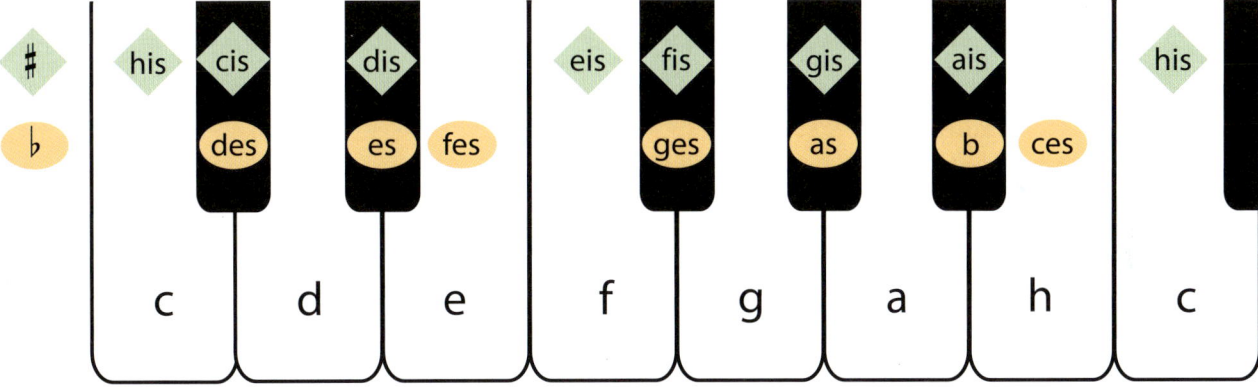

◆ Rätselwörter

▶ Wie heißen diese Noten? Richtig benannt ergeben sie pro Takt ein Lösungswort.

Geheimbotschaft im Zoo

▶ Als Geheimagenten erhaltet ihr einen wichtigen Auftrag: Besorgt den geheimen Code!

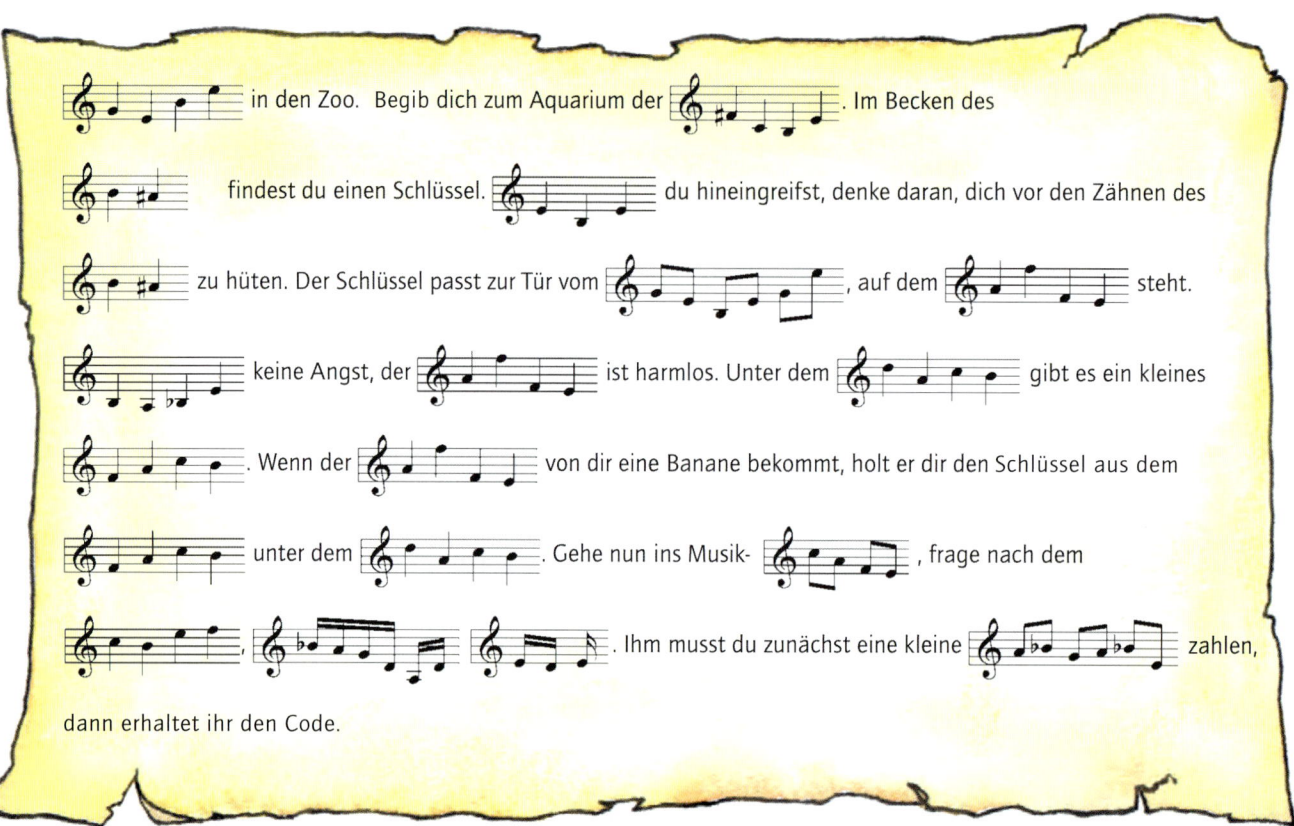

Lernspiel Look & click – Notennamen mit Versetzungszeichen

Dur-Tonleitern mit Versetzungszeichen

Will man eine Dur-Tonleiter auf einem anderen Ton als c bauen, braucht man Versetzungs-zeichen, damit die Abstände zwischen den Tönen dem Aufbau einer Dur-Tonleiter entsprechen. Erinnert euch: Der Abstand zwischen der 3. und 4. sowie 7. und 8. Stufe beträgt einen Halbtonschritt, zwischen den übrigen einen Ganztonschritt.

G-Dur-Tonleiter

In der G-Dur-Tonleiter wird das f durch ein Kreuz ♯ zum ◇fis◇ erhöht.

F-Dur-Tonleiter

In der F-Dur-Tonleiter wird das h durch ein Be ♭ zum (b) erniedrigt.

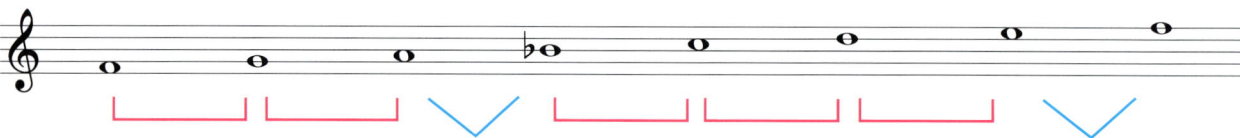

Wenn Versetzungszeichen am Beginn einer Notenzeile stehen, nennt man sie **Vorzeichen**.

Das folgende Lied ist in F-Dur notiert.
Das ♭ am Anfang der Notenzeile zeigt an, dass alle h zu b werden.

LIED VOM MÜLL

Playback zu *Lied vom Müll*

A62

Text: James Krüss · Musik: Gerhard Wanker
© Helbling

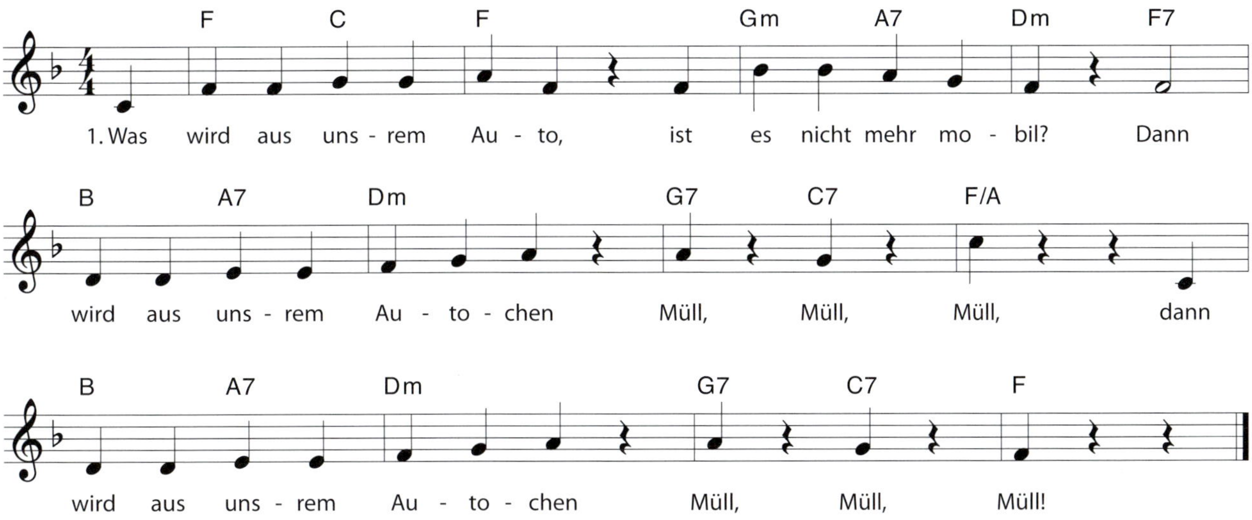
F C F Gm A7 Dm F7
1. Was wird aus uns - rem Au - to, ist es nicht mehr mo - bil? Dann
B A7 Dm G7 C7 F/A
wird aus uns - rem Au - to - chen Müll, Müll, Müll, dann
B A7 Dm G7 C7 F
wird aus uns - rem Au - to - chen Müll, Müll, Müll!

2. Was wird aus einem Kleide, wenn's nicht mehr passen will?
   ‖: Dann wird aus einem Sonntagskleid Müll, Müll, Müll! :‖
3. Was wird aus einem Glase, zerbrach einmal sein Stiel?
   ‖: Dann wird aus einem feinen Glas Müll, Müll, Müll! :‖
4. Was wird aus alten Stiefeln, wenn's warm wird im April?
   ‖: Dann wird vielleicht der Erdenball Müll, Müll, Müll! :‖

- Singt folgende Übung und macht in den Pausen eine wegwerfende Handbewegung. Die Handbewegung hilft euch, in den Pausen abzuspannen ohne einzuatmen. Sprecht die Endlaute sehr deutlich aus:

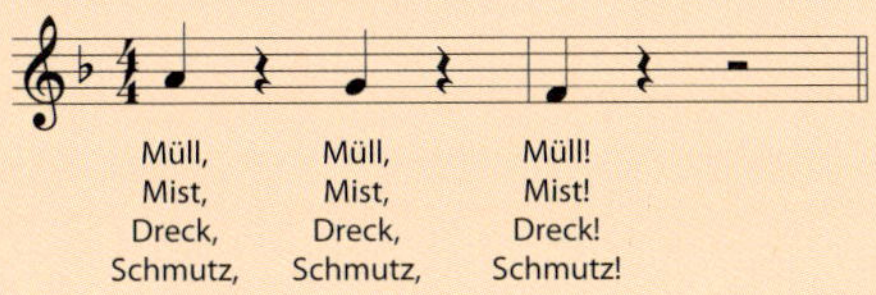
Müll, Müll, Müll!
Mist, Mist, Mist!
Dreck, Dreck, Dreck!
Schmutz, Schmutz, Schmutz!

▶ Diskutiert über die Probleme, die im Text des Lieds angesprochen werden:
- Welche Probleme verursacht Müll?
- Wie kann man Müll vermeiden?
- Wie geht man sinnvoll mit unvermeidbarem Müll um?

Weitere Tonleitern

▶ Notiert die B-Dur-Tonleiter und die D-Dur-Tonleiter mit den richtigen Versetzungszeichen in euer Heft. Kennzeichnet die Ganz- und Halbtonschritte durch ⊔ und ∨.

OH, SUSANNA

Playback zu *Oh, Susanna*

Text und Musik: Stephen C. Foster

A63

I___ come from A - la - ba - ma with my ban - jo on my knee, I'm___

goin' to Lou' - si - a - na, my Su - san - na for to see. Oh, Su - san - na, oh, don't you cry for

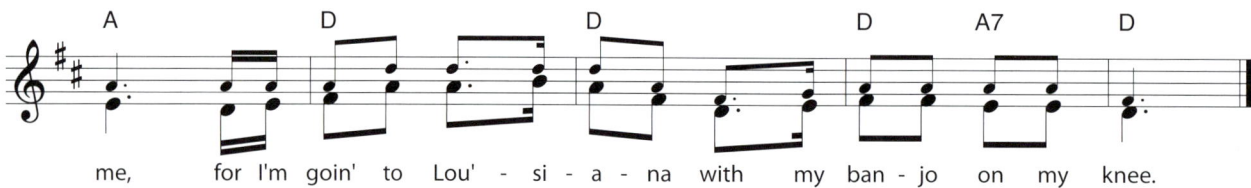

me, for I'm goin' to Lou' - si - a - na with my ban - jo on my knee.

2. It rained all night the day I left, the weather it was dry.
   The sun so hot I froze to death, Susanna don't you cry.
   Oh, Susanna …

3. I had a dream the other night, when ev'rything was still.
   I thought I saw Susanna dear acoming down the hill.
   Oh, Susanna …

4. The buckwheat cake was in her mouth, the tear was in her eye,
   I said, I'm coming from the south, Susanna don't you cry.
   Oh, Susanna …

5. I soon will be in New Orleans, and then I'll look around.
   And when I find Susanna there, I'll fall upon the ground.
   Oh, Susanna …

6. But if I do not find her then, I'm surely bound to die.
   And when I'm dead and buried, oh, Susanna, don't you cry.
   Oh, Susanna …

5-saitiges Banjo

- Lockert eure Sprechwerkzeuge, indem ihr die Silben der Einleitung langsam, dann immer schneller sprecht.

- Ahmt in der Einleitung/im Zwischenspiel/im Nachspiel die Spielweise der Fiddle mit der Stimme nach:

Einleitung/Zwischenspiel/Nachspiel

Ding - di - gi - ding ding, ding - di - gi - ding ding, ding - di - gi - ding ding, ding - di - gi - ding ding,

ding - di - gi - ding ding, ding - di - gi - ding ding, ding - di - gi - ding ding dong.

Das Lied wurde im Jahr 1847 für eine Show geschrieben. Es ist typisch für die amerikanische **Country Music**. Kennzeichnende Instrumente sind das Banjo und die Fiddle (Violine).

Tanzbeschreibung zu *Oh, Susanna*

Ausgangsstellung
Paare im Frontkreis,
Junge links vom
Mädchen, Arme
hängen locker herab,
Hände sind gefasst

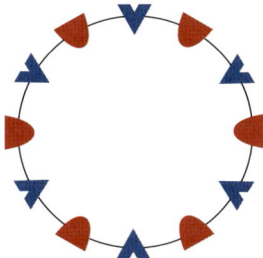

Bild 1

Strophe
- 4 Schritte in den Kreis (pro Viertel ein Schritt),
  li beginnen
- 4 Schritte zurück in die Ausgangsposition,
  li beginnen
- 4 Schritte in den Kreis
- 4 Schritte zurück in die Ausgangsposition (Bild 1)

Bild 2

Refrain
Kette: Paare drehen sich zueinander,
Partner reichen sich die re Hand, gehen
rechtsschultrig aneinander vorbei zum nächsten,
reichen ihm die li Hand, gehen linksschultrig
aneinander vorbei … (Bild 2)

Zwischenspiel
bei einem Partner einhängen und auf der Kreisbahn
in Tanzrichtung vorwärts hüpfen (Bild 3)

Bild 3

Quiz-Box 21

- Durch ein Kreuz-Versetzungszeichen wird eine Note einen …
- Durch ein Be-Versetzungszeichen wird eine Note einen …
- Welches Zeichen hebt ein Versetzungszeichen auf?

- Wie heißt die schwarze Taste zwischen den Tönen f und g auf dem Klavier? Nenne zwei Möglichkeiten!
- Wie heißt die Dur-Tonleiter mit einem Kreuz-Vorzeichen?
- Welche Dur-Tonart hat b und es als Vorzeichen?

◆ Mehr Fragen im MUSIKQUIZ

Viele Lieder und Instrumentalstücke bestehen aus drei Teilen.

Die Form ist meist A B A oder A B C

Die Form A–B–A heißt **dreiteilige Liedform**.

ROCK MY SOUL

Playback zu Rock my soul

Spiritual

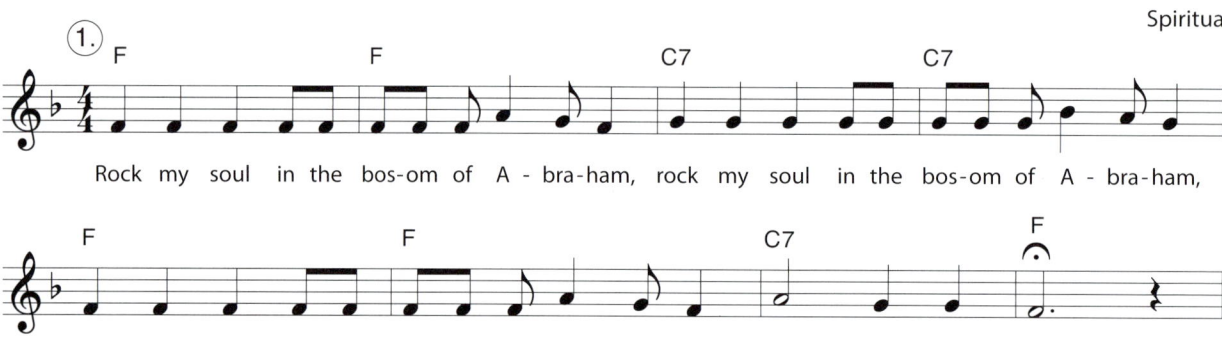

Rock my soul in the bos-om of A - bra-ham, rock my soul in the bos-om of A - bra-ham,

rock my soul in the bos-om of A - bra - ham, oh rock my soul.

So high I can't get o - ver it, so low I can't get un - der it,

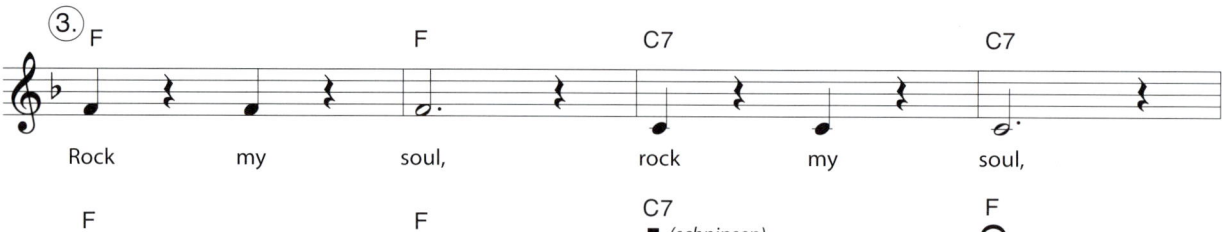

so wide I can't get a - round it, got - ta come in at the door.

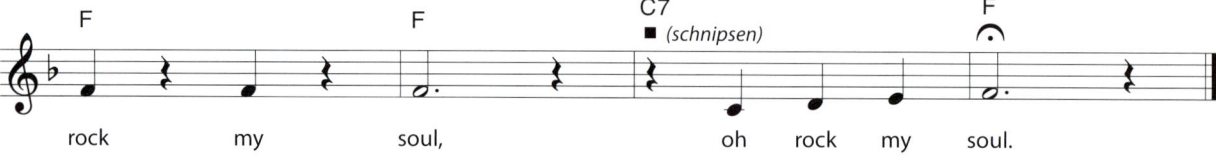

Rock my soul, rock my soul,

rock my soul, oh rock my soul.

- Singt die Tonfolge:

Rock my soul, rock my soul.

Nach jedem Wort abspannen, jedoch nicht nachatmen. Zeigefinger in Brusthöhe ineinanderhaken, Ellbogen heben und ziehen beim Singen. In den Pausen die Spannung lösen.

▶ Welche Form hat der Kanon *Rock my soul*? Singt den Kanon und notiert die Form als Buchstabenfolge in euer Heft.

Begleitung für Boomwhackers zu *Rock my soul*

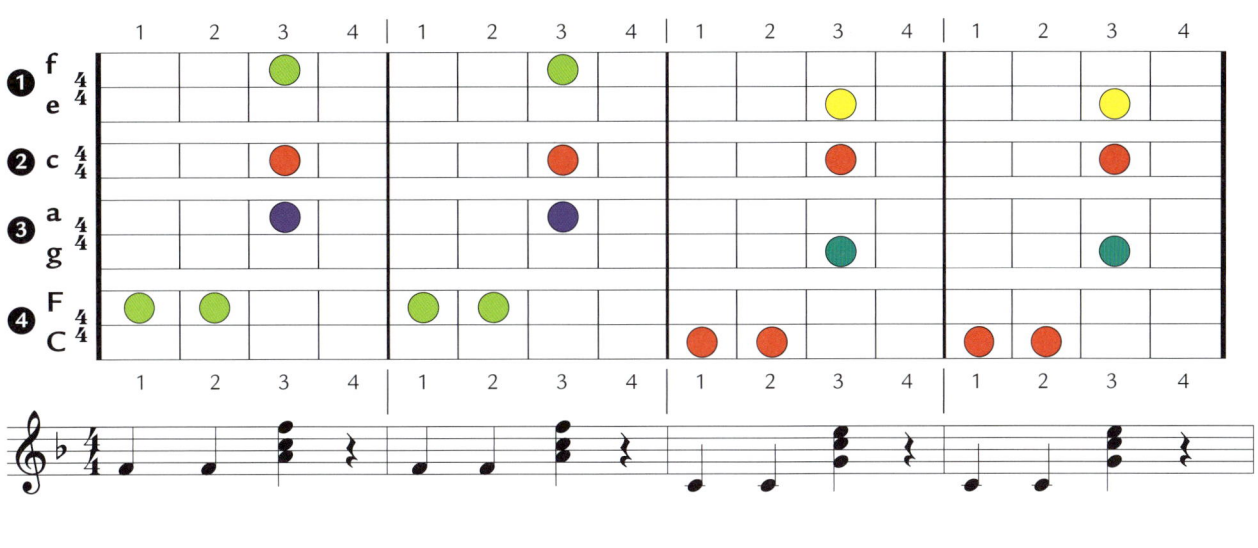

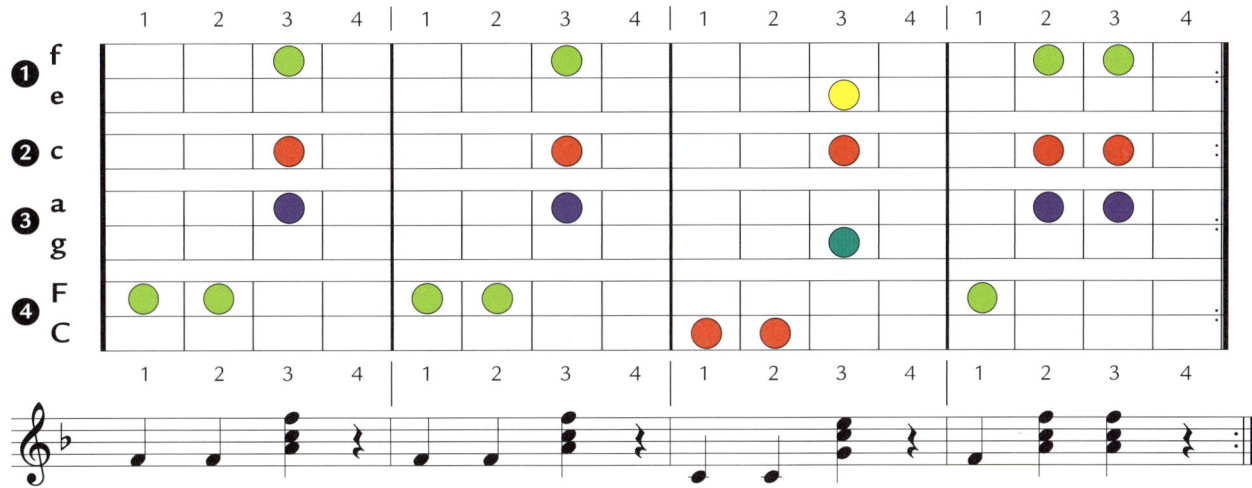

Das Spiritual

Als **Spiritual** bezeichnet man die Musik der afroamerikanischen Sklaven, die ab dem 17. Jahrhundert von Afrika in die USA verschleppt wurden, um dort auf großen Baumwoll- und Tabakplantagen zu arbeiten. Spirituals haben meist religiösen Inhalt. Die Texte handeln von der Trauer über die Trennung von Angehörigen, von der Sehnsucht nach der Heimat, aber auch von der Hoffnung auf ein besseres Leben. Oft enthalten diese Lieder versteckte Botschaften, die die Sklaven nicht öffentlich sagen durften. So benutzten sie Geschichten aus dem Alten Testament, um sich Fluchtpläne mitzuteilen oder Treffpunkte dafür auszumachen.

Geheimer Fluchtweg schwarzer Sklaven nach Kanada

Musikalisch ist das Spiritual eine Vermischung von afrikanischer und europäischer Musik.

MUSETTE

B2

J. S. Bach, *Musette* (ohne Wiederholungen)

Musik: Johann Sebastian Bach

Dieses Stück von J. S. Bach hat seinen Namen von der französischen Sonderform des Dudelsacks. Ein besonderes Merkmal sind die liegenden Basstöne.

▶ Welcher Formplan ist auf das Stück zutreffend, a) oder b)?

a) **A** **B** **A**   oder   b) **A** **B** **C**

B3

J. S. Bach, *Musette* (mit Wiederholungen)

▶ Hört das Hörbeispiel B3 und stellt fest, in welcher Reihenfolge die einzelnen Teile gespielt werden. Übertragt den Formplan in euer Heft und füllt ihn aus. Beachtet, dass die einzelnen Teile auch wiederholt werden können.

Formplan des Hörbeispiels B3: | 2 Takte Vorspiel | **?** | **?** | **?** | **?** | **?** |

Spiel-mit-Satz zu *Musette*

▶ Spielt die „Musette" zum Hörbeispiel B3 nach dem erstellten Formplan.

Zu **A** : auf Melodieinstrumenten (z. B. Stabspiele, Flöten, Geigen usw.)

Zu **B** : auf Rhythmusinstrumenten (z. B. Claves, Holzblocktrommel, Handtrommel usw.)

◆ Klavier

Zu Bachs Zeiten verstand man unter „Clavier" jede Art von Tasteninstrument. Das am meisten verwendete war damals das **Cembalo**, bei dem die Saiten angezupft werden. Erst später entstand das uns heute bekannte Instrument, dessen Saiten mit einem Hammer angeschlagen werden. Es wird als **Flügel** oder **Pianino** gebaut. Das Pianino hat vertikal angeordnete Saiten.

Cembalo: Saiten angezupft

Flügel: Saiten angeschlagen, horizontal angeordnet

Pianino: Saiten angeschlagen, vertikal angeordnet

Quiz-Box 22

- Die Form eines Musikstücks mit dem Aufbau A–B–A oder A–B–C nennt man …
- Was ist ein Spiritual?
- Woher leitet sich der Begriff „Musette" ab?

- Bei welchem Tasteninstrument werden die Saiten angezupft?
- Wie nennt man ein Klavier mit vertikal angeordneten Saiten?

◆ **Mehr Fragen im MUSIKQUIZ**

ZAUBERLIED

Text: Ilona Bodden
Musik: Wolfgang Hauck
© by Fidula-Verlag, Boppard/Rhein und Salzburg

Playback zu *Zauberlied*

B4

1. Ging ei - ner mal nach Af - ri - ka im Ur - wald ganz al - lein,
da kam der Vo - gel Ma - ra - bu und
Da sprach er: „Lie - ber Ma - ra - bu, komm, sei ein net - tes Tier,
klapp dei - nen gro - ßen Schna - bel zu und

zwick - te ihn ins Bein. Ich lern - te grad vom Zau - be - rer dort un - ten an dem
tanz im Kreis mit mir!"

Fluss ein ganz be - son - d'res Zau - ber - lied, das je - der tan - zen muss:

Ma gon-go gon-go ba - o - bab. Ma bu - ti bam-bam-ba. Ma bu - ti bam-bam - ba.

2. Er tanzte mit dem Marabu im Kreis im heißen Sand,
da kam voll Zorn aus dem Gebüsch ein wilder Elefant.
Er sprach:„Mein lieber Elefant, komm, sei ein nettes Tier,
roll deinen Riesenrüssel auf und tanz im Kreis mit mir."
Ich lernte grad vom Zauberer …

3. Sie tanzten quer durch Afrika und weiter noch. Wer weiß –
vielleicht begegnen sie auch dir, dann tanze mit im Kreis.
Und sing in ihrem Chore mit – inzwischen kannst du's auch –
du weißt: magongo baobab, so wie's bei ihnen Brauch.
Sie lernten grad vom Zauberer …

• Bei der folgenden Übung auf
einen lockeren Unterkiefer achten:

gon - go, gon - go, gon - go, gon - go, gong
ba - o, ba - o, ba - o, ba - o, ba
bam - bam, bam - bam, bam - bam, bam - bam, bam

Begleitsatz für Stabspiele zu *Zauberlied*

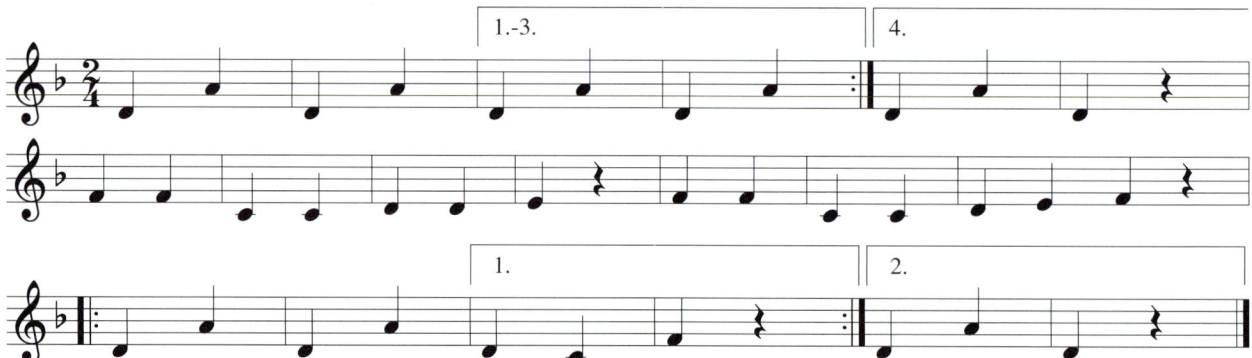

▶ Bestimmt den Formverlauf und notiert ihn in euer Heft.

Bei der Aussprache des Vokals „A" ist der Mund leicht geöffnet, ebenso die Zahnreihen. Die Zunge liegt flach am Boden des Mundraums, die Zungenspitze berührt die unteren Schneidezähne (Unterkiefer lockern – Kaubewegung). Beim „A" ist der Mundraum am weitesten geöffnet (Gähnstellung).

A-Training

B5

▶ Sprecht die Wörter des Hörbeispiels nach.

langes „A"	kurzes „A"
Aale	alle
Bahn	Bann
Dame	Damm
Faden	fassen
Gase	Gassen
Kahn	kann
lahm	Lamm
Laden	Latten
Maden	Matten
Qualen	Quallen
Raben	Rappen
Schlaf	schlaff
Wade	Watte

Playback zu A-Reim

B6

▶ Sprecht den *A-Reim* zum Playback und führt dabei das lang und das kurz gesprochene „A" richtig aus.

A-REIM

Text: Gerd Linke
© Helbling

Ü - bern Ra - sen ja - gen Ha - sen, denn es wird zur Jagd ge - bla - sen.

A - bends brav lag das Schaf auch ge - ra - de tief im Schlaf.

Nur die Rat - ten halb im Schat - ten tap - pen matt ü - ber die Lat - ten.

Bei der Hatz nach der Katz ma - chen Af - fen sich zu schaf - fen.

24 Joseph Haydn

◆ Führung durch ein Haydn-Museum

▶ Teilt euch in Gruppen ein und erstellt anhand des folgenden Text-, Bild- und Tonmaterials eine Führung durch ein Haydn-Museum.

- Schreibt für jede Station einen kleinen Text. Verwendet dazu zusätzliches Informationsmaterial aus Büchern oder dem Internet.

- Führt eure Klasse nun durch das Museum.

Joseph Haydn und seine Familie

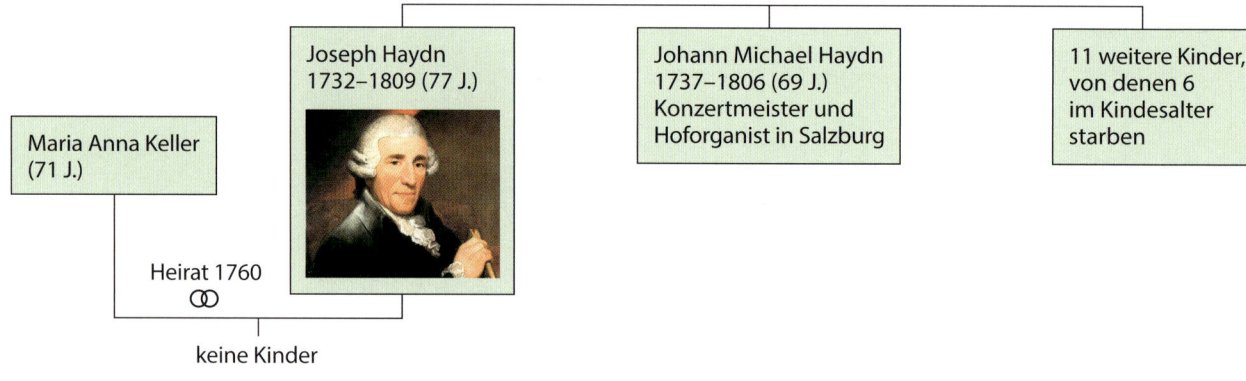

Stationen im Leben Joseph Haydns

Mit 5 Jahren
bekommt er den ersten Schul- und Musikunterricht.

Bericht
„Joseph lernte bei seinem Lehrer alle damals üblichen Instrumente kennen und einige, seinem Alter gemäß, spielen. Seine angenehme Stimme war für ihn eine große Empfehlung. Sein Fleiß wurde gelobt."

Mit 8 Jahren
wird er in Wien als Chorknabe in St. Stephan aufgenommen. Erst mit 17 Jahren bekommt er den Stimmbruch und muss deshalb St. Stephan verlassen.

Stephansdom

Mit 24 Jahren
schreibt Haydn seine ersten Streichquartette. Besonders berühmt ist das **Kaiserquartett**. Es wurde nach der ehemaligen österreichischen Kaiserhymne „Gott erhalte Franz, den Kaiser" benannt. Heute wird die Melodie für die deutsche Nationalhymne verwendet.

J. Haydn, *Kaiserquartett*, 2. Satz – Thema

Autograf (Handschrift des Komponisten) der Kaiserhymne:

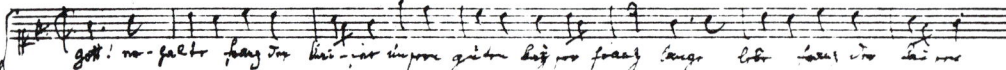

Textanfang: Gott erhalte Franz, den Kaiser, unsern guten Kaiser Franz …

Mit 28 Jahren
heiratet Haydn die Friseurstochter Anna Maria Keller.

Von 29 bis 58 Jahren
arbeitet Haydn im Dienst der Fürsten Esterházy in Eisenstadt
(Österreich) als Komponist und Kapellmeister.
Er erhält viele Aufträge aus Paris und London und wird sehr
berühmt. Als Fürst Nikolaus Esterházy stirbt, entlässt sein Sohn
zwei Tage später die gesamte Kapelle und die Theatergruppe.

Schloss Esterházy

Mit 50 Jahren
schreibt Haydn seine Sinfonie Nr. 45 (**Abschiedssinfonie**).
Zu dieser Sinfonie gibt es eine Geschichte: Die Musiker des Grafen Esterházy mussten dem Grafen im
Sommer immer auf sein Schloss nach Ungarn folgen und ihre Familien in Eisenstadt zurücklassen.
Einmal mussten sie länger bleiben als geplant. Da schrieb Haydn für den Fürsten eine Sinfonie, in der
die Musiker nacheinander aufhören und abgehen. Der Fürst verstand den Hinweis und befahl am
nächsten Tag die Rückkehr nach Eisenstadt.

J. Haydn, *Abschiedssinfonie*, 4. Satz – Schluss

B8

J. Haydn, *Abschiedssinfonie*, 4. Satz – Schluss

Mit 59 Jahren
reist Haydn das erste Mal nach England, wo er und seine Werke stürmisch gefeiert werden.

Mit 67 Jahren
erlebt Haydn die Uraufführung seines Oratoriums **Die Schöpfung**. Er ist auf dem Höhepunkt seines
Ruhms angelangt.

Ein **Oratorium** ist die Vertonung eines geistlichen oder weltlichen Texts für Orchester, Chor und
Gesangssolisten. Es wird in der Regel konzertant (nicht szenisch) aufgeführt.

J. Haydn, *Die Schöpfung* – Es werde Licht

B9

Das Hörbeispiel B9 beginnt mit schwebenden
Klängen, die den Text ausdeuten. Die Stelle „Und
es ward Licht" drückt Haydn mit einem lauten,
strahlenden C-Dur-Akkord in Chor und Orchester
aus.

Aufführung der *Schöpfung* an der Wiener Universität in Anwesen-
heit des Komponisten (in der Mitte sitzend).

Mit 76 Jahren
wird Haydn von der Universtität Wien zu seinem Geburtstag mit der Aufführung der *Schöpfung*
besonders geehrt. Unter den Zuhörern befindet sich auch Ludwig van Beethoven. Dies ist der letzte
öffentliche Auftritt Joseph Haydns.

Mit 77 Jahren
stirbt Haydn und wird in Wien begraben. Heute befindet sich sein Grab in Eisenstadt.

◆ Sinfonie Nr. 94 mit dem Paukenschlag

Diese Sinfonie wurde in London am 23. März 1792 uraufgeführt. Die Zeitschrift *Oracle* schrieb am 24. März 1792:

> *„Der zweite Satz gehört zu den fröhlichsten aus des Meisters Vorwürfen. Der Überraschungseffekt des Paukenschlages könnte verglichen werden mit der Lage einer schönen Schäferin, die, vom Gemurmel eines entfernten Wasserfalles eingeschläfert, pötzlich beim Knall einer Vogelflinte erschreckt hochfährt. Die obligate Flöte war köstlich."*

B10

J. Haydn, Sinfonie Nr. 94, 2. Satz – Thema

▶ Hört das Hörbeispiel B10 und lest im Notentext unten mit.
Findet heraus, an welcher Stelle Haydn den „Paukenschlag" eingebaut hat.

Multimedialer Spiel-mit-Satz

Spiel-mit-Satz zur Sinfonie *mit dem Paukenschlag*

Benötigte Klangbausteine: c, d, e, f, g, a, h
Bassstäbe: C, D, E, F, G, A, H

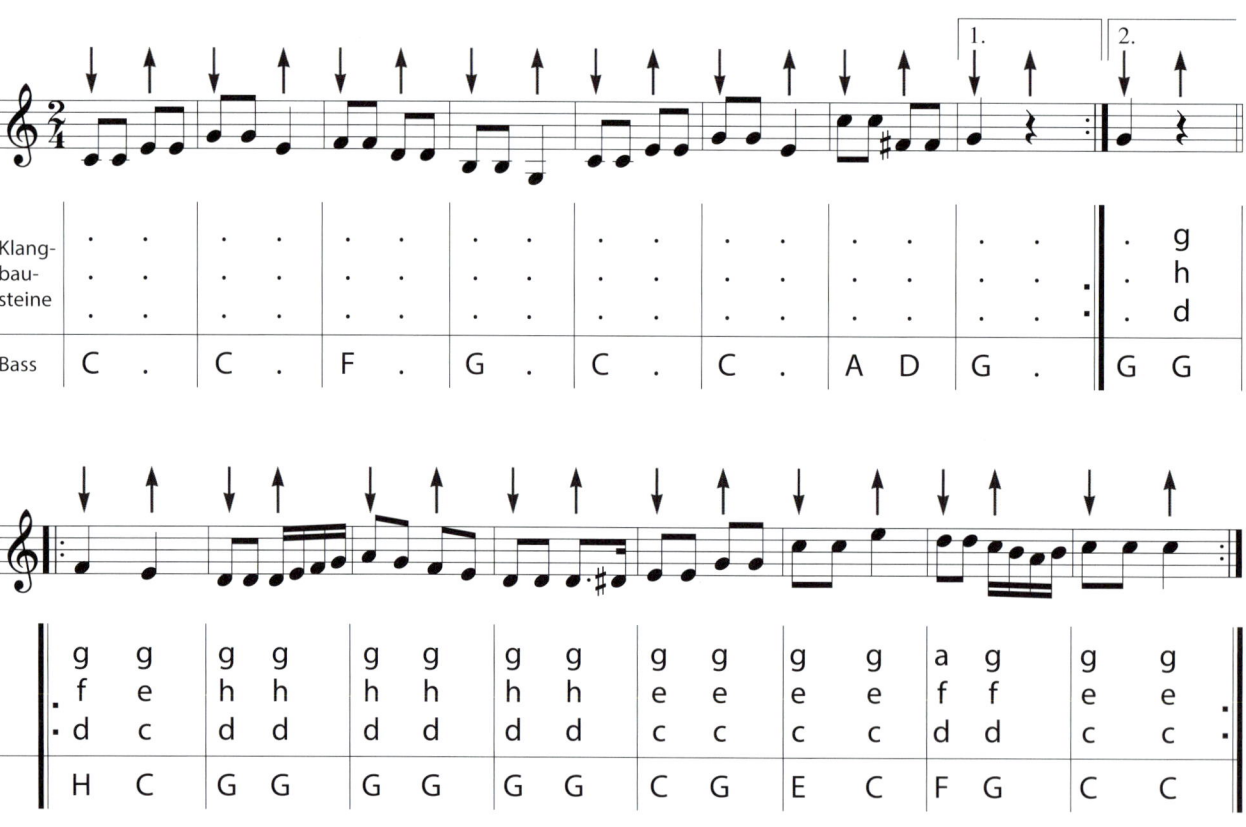

▶ Führt den Spiel-mit-Satz mit Melodie-Instrumenten und Stabspielen aus (mit oder ohne Hörbeispiel B10).
Setzt bei der Stelle des „Paukenschlags" eine Pauke oder andere passende Instrumente ein.

Variation

Der 2. Satz der Sinfonie *mit dem Paukenschlag* ist ein Variationssatz. Das Thema wird im Verlauf des Stücks in verschiedener Weise verändert. Diese Veränderung nennt man **Variation**.

J. Haydn, Sinfonie Nr. 94, 2. Satz – 1. Variation

▶ Hört die 1. Variation und beschreibt, was sich gegenüber dem Thema verändert hat.

J. Haydn, Sinfonie Nr. 94, 2. Satz – 2. Variation

▶ Hört die 2. Variation und beschreibt, was sich gegenüber dem Thema verändert hat.

Gerard Hoffnung, Parodistische Fassung von: J. Haydn, Sinfonie Nr. 94, 2. Satz – Ausschnitt

▶ Hört zum Vergleich das Hörbeispiel B13. Sprecht nach dem Anhören über diese Fassung und vergleicht sie mit dem Original.

Quiz-Box 24

- Wie viele Kinder hatte Joseph Haydn?
- Welches europäische Land verwendet in seiner Nationalhymne eine Melodie, die auch in einem Werk von Joseph Haydn vorkommt?
- Wie heißt das Werk von Joseph Haydn, bei dem nach und nach fast alle Musiker aufhören zu spielen ?

- Wie heißt ein berühmtes Oratorium von Joseph Haydn?
- Das Grabmal von Joseph Haydn befindet sich in …
- Wie heißt die Sinfonie von Joseph Haydn, in der ein Schlaginstrument eine wichtige Rolle spielt?

♦ **Mehr Fragen im MUSIKQUIZ**

C. Saint-Saëns mit 60 Jahren

Camille Saint-Saëns (1835–1921/86 J.) war ein französischer Komponist. Er trat bis ins hohe Alter auch als Pianist öffentlich auf. Seine Reisen führten ihn nicht nur durch ganz Europa, er konzertierte auch in Nord- und Südamerika, was in der damaligen Zeit gar nicht so einfach war. Mit 51 Jahren schrieb er ein Werk, in dem viele Tiere musikalisch dargestellt werden. Es heißt *Karneval der Tiere*.

◆ Karneval der Tiere

Der *Karneval der Tiere* ist ein Werk für kleines Orchester und besteht insgesamt aus 14 Teilen. Ihr lernt sechs Teile daraus kennen und gestaltet diese tänzerisch.

Erarbeitet die Stücke zuerst einzeln und tanzt sie dann unmittelbar hintereinander.

1. *Königlicher Marsch des Löwen*

▶ Vorübungen

- Stellt die folgenden Zeitwörter pantomimisch dar: marschieren, schlendern, schreiten, sich vorstellen, sich verabschieden. Beachtet dabei auch den Gesichtsausdruck und die Körperhaltung und setzt Arme und Beine unterstützend ein.

- Stellt die folgenden Eigenschaftswörter beim Gehen pantomimisch dar: majestätisch, ängstlich, fröhlich, traurig.

- Überlegt, wie unterschiedlich ihr euch an verschiedenen Orten fortbewegt. Probiert es aus: im Tiefschnee, auf heißem Sand, auf Glatteis, zwischen Regenpfützen.

- Gehen oder Laufen: vorwärts, rückwärts, seitwärts. Auch Wechselschritte einbauen.

- Drehung: Drehungen mit möglichst wenigen und möglichst vielen Schritten ausprobieren. Dreht euch mit oder ohne Schritte.

B14

C. Saint-Saëns, *Karneval der Tiere, Königlicher Marsch des Löwen*

▶ Gestaltungsvorschlag

Stellt euch vor, wie der Löwe, der König der Tiere, eine Arena betritt. Er schreitet herein, begrüßt die Anwesenden und sucht sich in der Arena einen Platz. Euer Klassenzimmer ist eine Arena: Jeder schlüpft in die Rolle des Löwen und bewegt sich passend zur Musik. Die ersten drei Takte kündigen den Auftritt der Löwen an.

Die Arena ist noch leer. Ab dem 4. Takt kommen je zwei oder mehrere Löwen gleichzeitig von verschiedenen Richtungen in die Arena, begrüßen pantomimisch das „Publikum", suchen sich dann einen Platz und bleiben stehen, bis am Ende des Musikstücks alle Löwen in der Arena sind.

2. *Das Aquarium*

C. Saint-Saëns, *Karneval der Tiere, Das Aquarium*

B15

▶ **Vorübungen**

In unserem Aquarium befinden sich Fische und Pflanzen:

- Alle schlüpfen in die Rolle der Fische, nehmen ein kleines, buntes Tuch und bewegen es. Lasst euch dabei von der Musik (Hörbeispiel B15) führen und beobachtet diese Bewegungen.

- Alle schlüpfen in die Rolle der Pflanzen. Versucht nun, nur mit den Armen, Händen und Fingern jene Bewegungen nachzuzeichnen, die vorher mit den Tüchern gemacht wurden.

„Fische" mit Tüchern

▶ **Gestaltungsvorschlag**

Ausgangsposition: siehe Schlussaufstellung beim *Königlichen Marsch des Löwen*
Zwei Gruppen: Fische und Pflanzen

- Die Darsteller der Fische haben Tücher. Jeder „Fisch" hält ein Tuch in den Händen und bewegt es zur Musik.

- Die Darsteller der Pflanzen drücken das Wiegen der Pflanzen im Wasser nur mit Armen und Oberkörper aus.

- Die Gruppen können sich abwechselnd bewegen (wenn sich die Fische bewegen, bleiben die Pflanzen ruhig und gehen zu Boden – hockend, liegend etc. – und umgekehrt). Auch die gleichzeitige Bewegung beider Gruppen ist möglich. Legt die Einteilung fest und orientiert euch dabei an der Musik.

- Am Ende des Musikstücks gehen alle zu Boden und bleiben in der Hocke sitzen.

3. *Persönlichkeiten mit langen Ohren*

C. Saint-Saëns, *Karneval der Tiere, Persönlichkeiten mit langen Ohren*

B16

Ihr hört in der Musik einen ständigen Wechsel von hohen und tiefen Tönen.

▶ **Gestaltungsvorschlag**

Ausgangsposition: siehe Schluss beim *Aquarium*
Drückt die hohen Töne mit „großem, weitem Körper", die tiefen Töne mit „kleinem, engem Körper" aus. Verharrt am Schluss des Stücks in einer Kauerstellung.

„großer, weiter Körper"

„kleiner, enger Körper"

4. *Die Pianisten*

B17

C. Saint-Saëns, *Karneval der Tiere, Die Pianisten*

Bei diesem Stück sind deutlich
fünf Abschnitte zu hören.

▶ **Gestaltungsvorschlag**

Ausgangsposition: Kauerstellung
Bei jedem Abschnitt laufen jeweils einige
Kinder von der Kauerstellung aus in die
Aufstellung einer Gasse (siehe
Ausgangsposition zu *Fossilien*).

5. *Fossilien*

Fossilien sind versteinerte Reste
von Tieren oder Pflanzen.

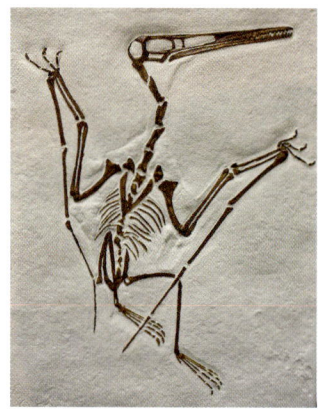

Versteinerter Flugsaurier *Versteinerter Farn*

B18

C. Saint-Saëns, *Karneval der Tiere, Fossilien*

▶ Das Stück besteht aus einer Aneinanderreihung von vier leicht unterscheidbaren Abschnitten
(A, B, C, D). Übertragt den Formplan in euer Heft und bestimmt die Form anhand des Hörbeispiels.

Formplan: | A | ? | ? | ? | ? | ? | ? | ? |

▶ **Vorübungen**

- Bewegt euch ohne Musik im Raum wie ein Fossil, das zum Leben erweckt wurde,
  z. B. steif, holprig, unbeholfen, tolpatschig usw.

- Probiert auch andere Bewegungsformen aus:

  - durch den Raum gehen

  - stehen und im Rhythmus auf den Körper patschen

  - Wechselschritte vorwärts, rückwärts, seitwärts

▶ **Choreografie** (Tanzbeschreibung)

zu den *Fossilien*: Zwei Gruppen bilden,
die sich als Fossilien 1 und Fossilien 2
in einer Gasse aufstellen:

A	Fossilien 1 bewegen sich am Platz (T. 1–4) und erstarren.	Fossilien 2 bewegen sich am Platz (T. 5–8) und erstarren.
A	wie oben	
B	Am Platz nach rechts drehen; die beiden Reihen gehen links schwenkend durch die Gasse, bis jeder wieder auf seinem Platz steht.	
C	Im Rhythmus auf den eigenen Körper patschen.	
A	wie oben	
A	wie oben	
D	*4 Schritte zueinander* — *am Platz stampfen* — *mit Gegenüber eingehakt ganze Drehung im Uhrzeigersinn* — re li re li (Beistellschritt) re li re dreh dreh dreh dreh — *Fassung lösen und am Platz stampfen* — *Wechselschritt nach rechts* — re li re re li re li (tupf) — *Wechselschritt nach links* — *4 Schritte auseinander* — *am Platz stampfen* — li re li re (tupf) re li re li (Beistellschritt) re	
A	Fossilien 1 und 2 bewegen sich am Platz und erstarren beim letzten Ton der Musik.	

6. Finale

C. Saint-Saëns, *Karneval der Tiere, Finale*

B19

▶ **Gestaltungsvorschlag**

Je zwei Kinder lösen ihre Erstarrung (siehe *Fossilien*-Ende), verlassen nacheinander die Arena durch die Gasse und verabschieden sich dabei pantomimisch. Stimmt die Geschwindigkeit der Verabschiedung mit der Länge des Musikstücks ab. Die letzten zwei Kinder sollen erst am Ende des Musikstücks die Arena verlassen haben.

In Fernsehshows wird die Musik meist als Voll-Playback eingespielt, d.h. sowohl Musik als auch Stimme erklingen nicht live. Bei einem Halb-Playback kommt die Begleitung vom Tonträger. Der Solist spielt/singt live dazu.

▶ Gestaltet den *Schulblues* für eine „Fernsehshow". Vorgegeben sind ein Instrumentalplayback und drei Strophen. Gesucht werden weitere Strophen und eine showmäßige Präsentation.

SCHULBLUES

Text: Maria Schausberger
Musik: Gerhard Wanker
© Helbling

Playback zu *Schulblues*

B20

2. Musik steht auf dem Stundenplan,
   der Schulblues-Song ist heute dran.
   Bin ich auch manchmal nicht gut drauf,
   das Singen baut mich wieder auf.

Ref.: Mach ich das alle Tage so, …

3. Das Rechnen und der Lesestoff
   sind oft ein Grund für Riesenzoff.
   Doch ist die Arbeit fertig dann,
   fängt meine Freizeit endlich an.

Ref.: Mach ich das alle Tage so, …

• Singt folgenden Melodieteil mit den Silben dü, la, so. Die mit x gekennzeichneten Töne werden kurz gesungen:

▶ Erfindet eigene Texte. Erinnert euch dabei an Schulsituationen, die ihr selbst erlebt habt. Der Text muss auf die Melodie passen.

▶ **Aufführungshinweise**

▪ Singt eure Texte zum Playback.

▪ Ein Teil der Klasse begleitet den Auftritt mit Rhythmusinstrumenten. Komponiert dazu ein eigenes Rhythmusarrangement.

▪ Jeder Interpret ist auch für Showelemente verantwortlich.

◆ Alunelul

Alunelul (Betonung: Alunélul; dt. die kleine Haselnuss) ist der Name für eine Gruppe von Tänzen aus der Landschaft Oltenia (Betonung: Olténia) im Südwesten Rumäniens. Sie werden in Kettenform, in einer Reihe oder im Kreis ausgeführt und sind auch im angrenzenden Bulgarien und Serbien verbreitet.

Playback zu *Alunelul*

Traditional

B21

Aussprache: j = (Journal); c (am Ende eines Worts oder vor u und a) = k (Kurt); c (vor e oder i) = tsch (tschüss); v = w (Wange), ă = ə (unbetontes End-e; Falle); â = in Lippenstellung „i" ein „ü" sprechen; ş = sch (Schule)

Übersetzung: Kleine Haselnuss, kleine Haselnuss, komm zum Tanz. Möge er uns Glück bringen.
1. Wer diese Hora (Kreistanz) tanzt, wird groß werden; wer sie nicht tanzt, wird klein bleiben.
2. Tanz immer auf derselben Stelle, damit das Basilikum aufblüht. Tanz weiter so, tanz und gib nie auf.

Tanzbeschreibung zu *Alunelul*

Ausgangsstellung
Frontkreis, alle fassen sich an den herabhängenden Händen (alternativ: alle fassen sich mit gestreckten Armen an den Schultern)

Form: [|: Takt 1–4 :| – Takt 5–12] (4x)

Takt 1 2 Nachstellschritte nach re	**Takt 7–8** Wiederholung der Takte 5–6
Takt 2 1 Seitschritt nach re Schlag 2 und 3: 2 Stampfschritte li	**Takt 9** Schlag 1: Seitschritt nach re Schlag 2: Stampfschritt li Schlag 3: Seitschritt nach li Schlag 4: Stampfschritt re
Takt 3–4 Wie Takt 1–2, nach li beginnend	
Takt 5 1 Nachstellschritt und 1 Seitschritt nach re, Schlag 4: 1 Stampfschritt li	**Takt 10** Schlag 1: Seitschritt nach re Schlag 2 und 3: 2 Stampfschritte li
Takt 6 Wie Takt 5, nach li beginnend	**Takt 11–12** Wie Takt 9–10, nach li beginnend

Auf der Musikmesse gibt es mehrere Stände, bei denen man sich über verschiedene Arten von Musik informieren kann.

▶ **Spielt in der Klasse einen Messebesuch nach:**

- Jeder Stand hat zwei oder mehrere „Fachleute", die über die jeweilige Musikrichtung Auskunft geben können.
- Sammelt zu den einzelnen Musikarten noch zusätzlich Informations-, Bild- und Tonmaterial und „baut" die jeweiligen Stände.
- Einzelne Schüler sind die Messebesucher, gehen zu den Ständen und lassen sich über die jeweilige Musikrichtung informieren.
- Es soll sich auch zwischen „Messebesuchern" und „Fachleuten" ein Gespräch entwickeln, in dem über die jeweilige Musikart gesprochen wird.

B22

Th. Morley, *Sing we and chant it*

CHORMUSIK

Von **Chormusik** spricht man, wenn viele Menschen zusammen in einem Chor musizieren, in dem jede Stimme mehrfach besetzt ist. Meistens singen Chöre drei- bis sechsstimmig je nach Tonlage der Sänger: Die höchste Frauenstimme nennt man Sopran, die tiefe Frauenstimme Alt, die hohe Männerstimme Tenor und die tiefste Stimme Bass. Chormusik kann entweder ohne Instrumente (= a cappella) oder von Instrumenten begleitet erklingen.

Sinfonische Musik

Sinfonische Musik wird von einem sogenannten Sinfonieorchester gespielt. Dieses besteht aus Holzblas-, Blechblas- und Saiteninstrumenten sowie Schlagzeug und kann bis zu 100 Mitwirkende zählen. Sinfonische Musik wird meist in Konzertsälen gespielt. Ein weltberühmtes Orchester sind die Berliner Philharmoniker.

B23

M. Mussorgsky,
*Bilder einer Ausstellung,
Die Hütte auf
Hühnerfüßen* – Beginn

W. A. Mozart, *Die Zauberflöte, Arie der Königin der Nacht*

B24

Oper

Eine **Oper**
ist ein Schauspiel mit Musik.
Im Orchestergraben spielt das
Orchester, auf der Bühne singen die
Darsteller. Opern bestehen meist aus
verschiedenen Teilen (= Akten), die
wiederum in Szenen eingeteilt sind.
Der Inhalt einer Oper kann sowohl
dramatisch als auch lustig sein.

VOLKSMUSIK

Faschingstoas-Polka

B25

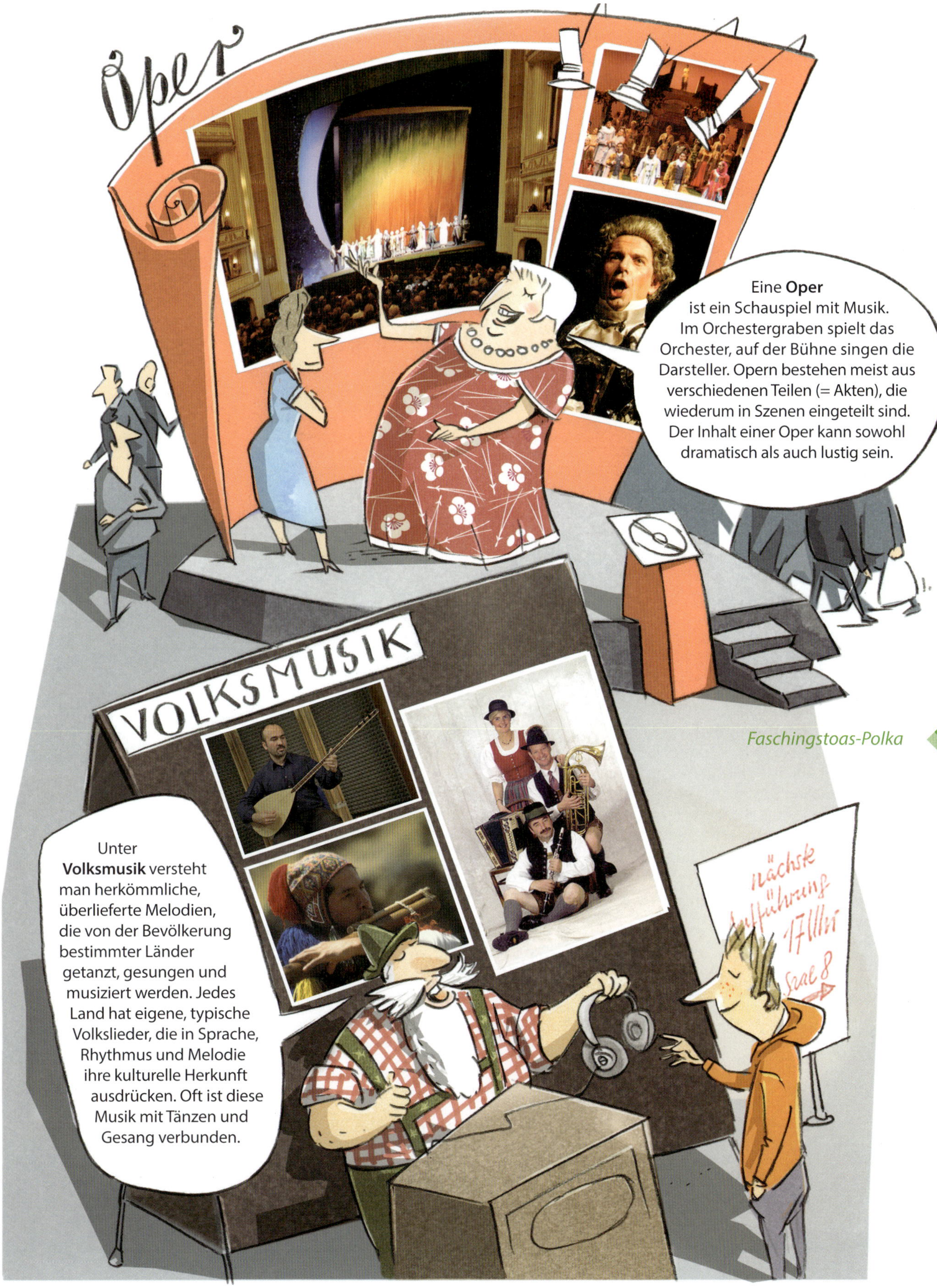

Unter
Volksmusik versteht
man herkömmliche,
überlieferte Melodien,
die von der Bevölkerung
bestimmter Länder
getanzt, gesungen und
musiziert werden. Jedes
Land hat eigene, typische
Volkslieder, die in Sprache,
Rhythmus und Melodie
ihre kulturelle Herkunft
ausdrücken. Oft ist diese
Musik mit Tänzen und
Gesang verbunden.

83

B26

Queen, *We will rock you*

Popmusik ist eine Kurzform für das englische Wort popular music. Sie entstand aus der Vermischung der Rockmusik (z. B. Queen) mit dem Schlager (= populäre, leicht singbare Lieder). Da Popmusik zugleich Musik zum Tanzen und Zuhören ist, spricht sie viele, vor allem junge Menschen an. Heute spielen in der Popmusik das Show-element und das Musik-video eine große Rolle.

B27

Louis Armstrong/All Stars, *Oh, when the saints*

Der Jazz ist um 1900 in Amerika entstanden, wobei die Improvisation (das freie Spiel) eine tragende Rolle spielt. Jazz kann in kleineren Gruppen (Combos), aber auch in großer Besetzung (Big Band) gespielt werden.

Bei der Aussprache des Vokals „I" ist der Mund leicht geöffnet, ebenso die Zahnreihen. Die Zungenspitze berührt knapp die unteren Schneidezähne. Der Zungenrücken wölbt sich gegen den harten Gaumen.

I-Training

B28

▶ Sprecht die Wörter des Hörbeispiels nach.

langes „I"	kurzes „I"
Igel	Inge
biegen	picken
Bienen	binnen
bieten	Bitten
Diener	Dinner
Miete	Mitte
rieb	Rippe
riechen	richten
Riese	Risse
sieden	Sitten
spielen	spinnen
schlief	Schliff
wieder	Widder

Playback zu I-Reim

B29

▶ Sprecht den *I-Reim* zum Playback und führt dabei das lang und das kurz gesprochene „I" richtig aus.

I-REIM

Text: Gerd Linke
© Helbling

Auf dem Kie-sel sitzt ein Wie-sel. Auf dem Zie-gel schläft ein I-gel.

Auch ein Kie-bitz lässt sich nie-der und er strie-gelt sein Ge-fie-der.

Ziem-lich bit-ter blickt der Rit-ter, spielt mit Grimm auf sei-ner Zi-ther,

denn Mat-hil-de, die-se wil-de, führt ein mie-ses Ding im Schil-de!

BEETHOVEN-SONG

Musik: Ines Reiger, Gerhard Wanker
Text: Gerd Linke, Autoren
© Helbling

B30

Playback zu *Beethoven-Song*

Der kleinste musikalische Baustein ist ein **Motiv**.
Die Wiederholung eines Motivs auf einer anderen Tonstufe heißt **Sequenz**.

Im Lied *Beethoven-Song* bilden die
Töne des 1. Takts das Motiv des A-Teils:

Im 3. Takt wird das Motiv um einen
Ton höher wiederholt = Sequenz:

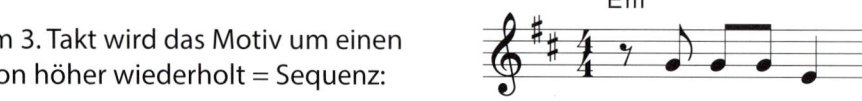

▶ In welchen Takten befinden sich im Teil B das zweitaktige Motiv und seine Sequenz?

◆ Schicksalsmotiv

Ludwig van Beethoven verwendet in seiner 5. Sinfonie, der sogenannten *Schicksalssinfonie*, ein sehr kurzes, aber einprägsames Motiv. Es besteht aus drei kurzen, gleich hohen Tönen und einem längeren, tieferen Ton.

L. v. Beethoven, Sinfonie Nr. 5, 1. Satz – Beginn

B31

Beethoven hat das obige Motiv wörtlich und auch in leicht veränderter Form in seiner 5. Sinfonie verarbeitet.

▶ Verfolgt beim Hören die Möglichkeiten der Motivverarbeitung. Sie sind im Notenbild durch Klammern gekennzeichnet.

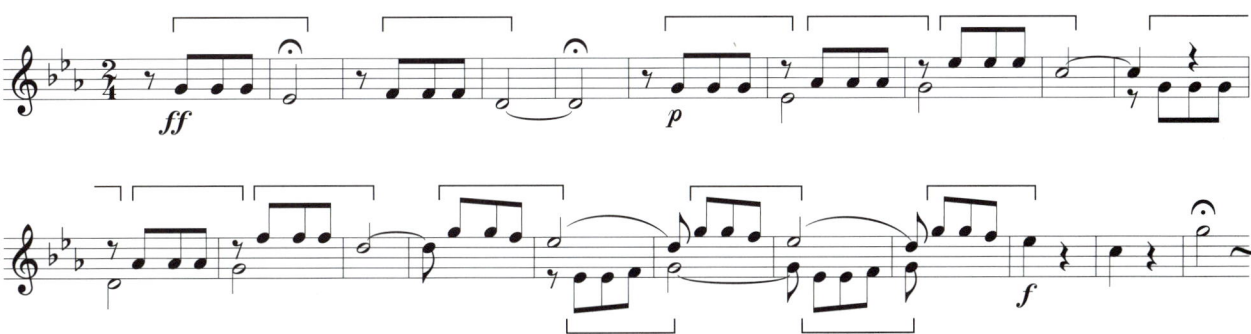

▶ Vergleicht das Motiv aus dem *Beethoven-Song* (Teil A) mit dem Motiv aus Beethovens 5. Sinfonie.

Quiz-Box 25

- Wer komponierte den *Karneval der Tiere*?
- Nenne ein Stück aus dem Werk *Karneval der Tiere*!
- Wie heißt der Fachausdruck für Tanzbeschreibung?

Quiz-Box 26

- Was passiert beim „Voll-Playbacksingen"?
- Was passiert beim „Halb-Playbacksingen"?

Quiz-Box 28

- Wie nennt man die tiefste Stimmlage im Chorgesang?
- Wie heißt unbegleitete Chormusik?
- Eine Oper ist …
- Welcher Musikrichtung ist die Gruppe Queen zuzuordnen?
- In welchem Kontinent entstand um 1900 der Jazz?

Quiz-Box 30

- Wie heißt der kleinste musikalische Baustein?
- Wie nennt man die Wiederholung eines Motivs auf einer anderen Tonstufe?

◆ **Mehr Fragen im MUSIKQUIZ**

31 Dreiklang

Ein **Dreiklang** besteht aus drei Tönen.

Der C-Dur-Dreiklang besteht aus den Tönen:

G	G = der fünfte Ton (Quinte)
E	E = der dritte Ton (Terz)
C	C = der erste Ton (Grundton)

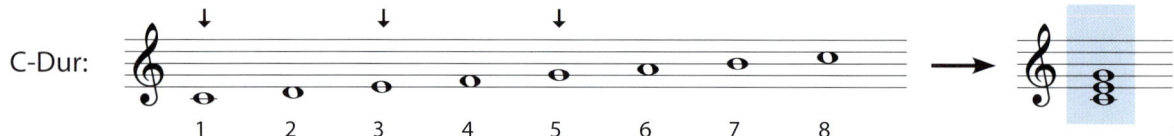

C-Dur:

▶ Bildet aus dem Tonmaterial einen G-Dur- bzw. F-Dur-Dreiklang und notiert ihn in euer Heft.

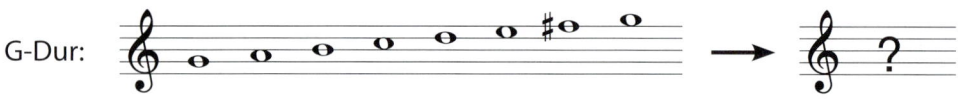

G-Dur:

F-Dur:

DREIKLANGSKANON

B32

Playback zu *Dreiklangskanon*

Text: Autoren
Musik: Gerhard Wanker
© Helbling

1. Drei-klangs-tö-ne klin-gen so, shu-wi-du-wi-dub da-jo!

2. Sin-gen wir die Tö-ne rein und klar, ist das wun-der-bar!

3. Klin-gen Quint, Terz und Prim in ei-nem Stück, das er-gibt Mu-sik!

• Summt einen Dreiklang. Legt beim Summen die Lippen locker und sanft aufeinander, spürt, wie die Schwingungen eure Lippen kitzeln.

Begleitostinato

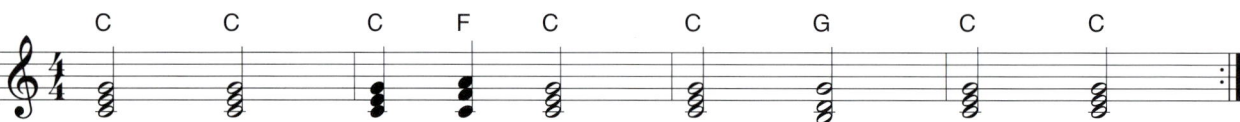

KOOKABURRA

Playback zu *Kookaburra*

M. u. T.: Marion Sinclair
Dt. Text: W. Hering
© Larrikin, Sidney

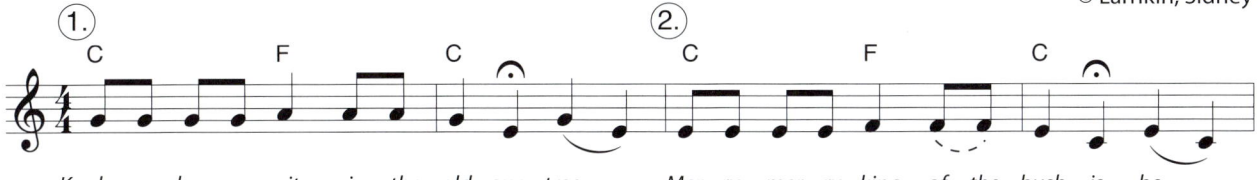

1. C   F   C   2. C   F   C

Kook - a - bur - ra sits in the old gum tree.___ Mer - ry, mer - ry king of the bush is he.___
Auf dem Gum - mi - baum sitzt ein Ka - ka - du___ und isst Gum - mi - bär - chen___ im - mer - zu.___

3. C   F   C   4. C   F   C

Laugh,___ kook - a - bur - ra! Laugh,___ kook - a - bur - ra! Gay your life must be.
„Au", der Ka - ka - du sagt: „Au", der Ka - ka - du sagt: „Au, ist mir so flau!"

- Lachen ist Gymnastik für das Zwerchfell. Probiert es aus und spürt, wie sich beim Lachen die Bauchdecke hebt und senkt.

Diesen Kanon könnt ihr mit folgenden Dreiklängen begleiten:

C-Dur-Dreiklang   F-Dur-Dreiklang

▶ Begleitet das Lied mit Stabspielen. Spielt immer auf der ersten und dritten Viertel in jedem Takt und orientiert euch an den Akkordsymbolen über dem Notentext.

Quiz-Box 31

- Das gleichzeitige Erklingen dreier Töne im Terzabstand nennt man …
- Welche Töne sind im C-Dur-Dreiklang enthalten?

- Welche Töne sind im G-Dur-Dreiklang enthalten?
- Aus welchen Tönen besteht der F-Dur-Dreiklang?
- Aus welchen Tönen besteht der D-Dur-Dreiklang?

◆ Mehr Fragen im MUSIKQUIZ

32 Tempo

◆ Tempobezeichnungen

In der Musik verwendet man häufig
italienische **Tempobezeichnungen**:

adagio	= sehr langsam
andante	= gehend
allegro	= mäßig schnell
presto	= schnell
accelerando	= schneller werden
ritardando	= langsamer werden

Tempo – Zuordnungsbeispiele

B34–37

▶ Hört zuerst alle vier Beispiele und schreibt beim zweiten Hördurchgang die zutreffende
Tempobezeichnung für jedes Stück in euer Heft.

1. Hörbeispiel B34   L. v. Beethoven, *Mondscheinsonate*, 1. Satz – Beginn
2. Hörbeispiel B35   W. A. Mozart, Sinfonie Nr. 40, g-Moll, 2. Satz – Beginn
3. Hörbeispiel B36   G. F. Händel, *Feuerwerksmusik*, 4. Satz – Beginn
4. Hörbeispiel B37   L. v. Beethoven, *Mondscheinsonate*, 3. Satz – Beginn

Accelerando und Ritardando

B38

▶ Bewegt euch zur Musik und reagiert dabei auf die Tempoveränderungen:

- allein

- zu zweit (synchron z. B. als Schatten, im Spiegel – gegenüber, hintereinander, nebeneinander)

Gibt es bei einem Musikstück keine Metronomangabe, kommt es vor, dass Interpreten für ein und
dasselbe Stück sehr unterschiedliche Tempi wählen.

Antonio Vivaldi, *Winter*, 2. Satz, Beginn (drei Interpretationen)

B39–41

▶ Hört folgende drei Interpretationen des 2. Satzes aus einem Violinkonzert von **Antonio Vivaldi**
(*Vier Jahreszeiten, Winter*) und sprecht dann über die Tempounterschiede. Bestimmt mit Hilfe eines
Metronoms die Tempi der drei Interpretationen.

1. Hörbeispiel B39   gespielt von Nadja Salerno-Sonnenberg
2. Hörbeispiel B40   gespielt von Alice Harnoncourt
3. Hörbeispiel B41   gespielt von Anne-Sophie Mutter

TANCUJ – TANZ NUR

Playback zu *Tancuj – Tanz nur*

Tanzlied aus der Slowakei
dt. Text: 1. Str.: Günter Olias, © Olias
2. Str.: Karel Bittner, © Helbling

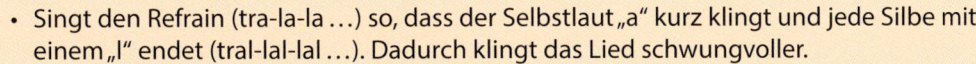

Tan - cuj, tan - cuj, vy - krú - caj, vy - krú - caj, len mi
Tanz nur, tanz nur, dreh dich schön, dreh dich schön, A - ber

piec - ku ne - zrú - caj, ne - zrú - caj! Do - brá piec - ka
lass den O - fen stehn, O - fen stehn, denn er wärmt im

na zi - mu, na zi - mu, ne - má kaž - dý pe - ri - nu, pe - ri - nu.
Win - ter nett, Win - ter nett, wer hat schon ein Fe - der - bett, Fe - der - bett?

Tra - la - la - la, tra - la - la, la - la - la -

la - la - la - la, la - la - la - la. la - la - la - la.

2. Ich gab einst zwei Hemden hin, Hemden hin
an eine Zigeunerin, -geunerin,
zaubre mir, was dir nicht schwer, dir nicht schwer
einen netten Burschen her, Burschen her.

3. Wenn ich dir soll zaubern hier, zaubern hier,
musst du mir bezahl'n dafür, -zahl'n dafür,
gib mir vier, fünf Groschen dein, Groschen dein,
er wird wie aus Mandeln sein, Mandeln sein.

- Singt den Refrain (tra-la-la …) so, dass der Selbstlaut „a" kurz klingt und jede Silbe mit einem „l" endet (tral-lal-lal …). Dadurch klingt das Lied schwungvoller.

▶ Singt den Teil „Tra-la-la …" bei der Wiederholung immer schneller (accelerando).

Quiz-Box 32

- Welche italienische Tempobezeichnung verwendet man für „mäßig schnell"?
- Was bedeutet der Begriff „andante"?
- Wie heißt in der Musik der Fachausdruck für „schnell"?

- Was bedeutet „adagio"?
- Wie heißt in der Musik der Fachausdruck für „schneller werden"?
- Welche Bezeichnung verwendet man für „langsamer werden"?

◆ Mehr Fragen im MUSIKQUIZ

33 Lautschulung für den Vokal „E"

Bei der Aussprache des Vokals „E" ist der Mund geöffnet, ebenso die Zahnreihen. Die Zungenspitze wird etwas breiter und berührt die unteren Schneidezähne. Der Zungenrücken ist gewölbt. Das „E" darf nicht zu sehr in die Breite gezogen werden.

E-Training

B43

▶ Sprecht die Wörter der Hörbeispiele nach.

langes „E"	kurzes „E"
Esel	Espe
Ehre	Ernte
Erde	Erbe
Degen	Decken
fehlen	Felle
Kehle	Kelle
Hefe	Hefte
Heer	Herr
Leere	Lerche
reden	retten
weder	Wetter
Zehen	Zecken

Playback zu E-Reim

B44

▶ Sprecht den *E-Reim* zum Playback. Achtet dabei besonders auf das lang und das kurz gesprochene „E".

E-REIM

Text: Gerd Linke
© Helbling

Kaum ein Reh trinkt Kaf - fee, auch nicht je - des fährt Mer - ce - des!

Drin im Meer ist es leer, denn es feh - len die Ma - kre - len.

Oh wie nett, ist's im Bett! Al - le pen - nen um die Wett'!

Nur Herr E - cker spielt den We - cker, denn er ist ein ke - cker Bä - cker!

◆ Toneigenschaften

In den acht Klangbällen wird jeweis eine Toneigenschaft beschrieben.
Ordnet diese den folgenden Begriffen zu und notiert sie in euer Heft:

Tonhöhe:

Tonlänge:

Tonstärke:

Klangfarbe:

Toneigenschaften – Zuordnungsbeispiele

B45–50

▶ Hört euch die Musikbeispiele an. Schreibt hinter jedes Beispiel die dazu passenden
Toneigenschaften in euer Heft.

Hörbeispiel B45:   *tief, lang, leise, dunkel*

Hörbeispiel B46:   ?

Hörbeispiel B47:   ?

Hörbeispiel B48:   ?

Hörbeispiel B49:   ?

Hörbeispiel B50:   ?

◆ Klangbilder

Setzt folgende Bilder in Klänge um.

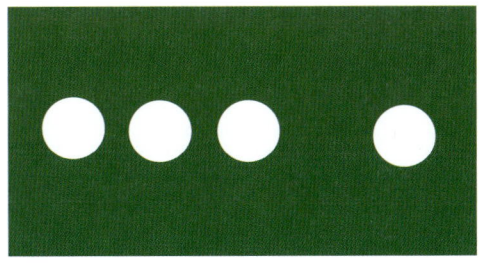

Bild 1

Bild 2

▶ Sprecht darüber, wie die Bilder auf euch wirken. Welche Klänge stellt ihr euch dazu vor?
Beschreibt eure Klangvorstellungen.
Vertont die Bilder mit eurer Stimme und mit Instrumenten.

◆ Musikinstrumente und ihr Klang

Für die Beschreibung von Klängen verwendet man meist Eigenschaftswörter.

Ihr hört nun Hörbeispiele zu den unten abgebildeten Instrumenten.

Findet Wörter, mit denen ihr den Klang des jeweiligen Instruments beschreiben könnt.
Einige Möglichkeiten (alphabetisch geordnet):

> dunkel, durchdringend, glänzend, hell, kalt, klar, knallig, kratzig,
> metallisch, rund, samtig, schlank, schrill, strahlend, voll, warm, zart …

▶ Schreibt für jedes Instrument euren Klangeindruck, nachdem ihr das jeweilige Hörbeispiel gehört habt, in euer Heft. Verwendet dabei die oben angeführten Möglichkeiten oder überlegt euch eigene Wörter.

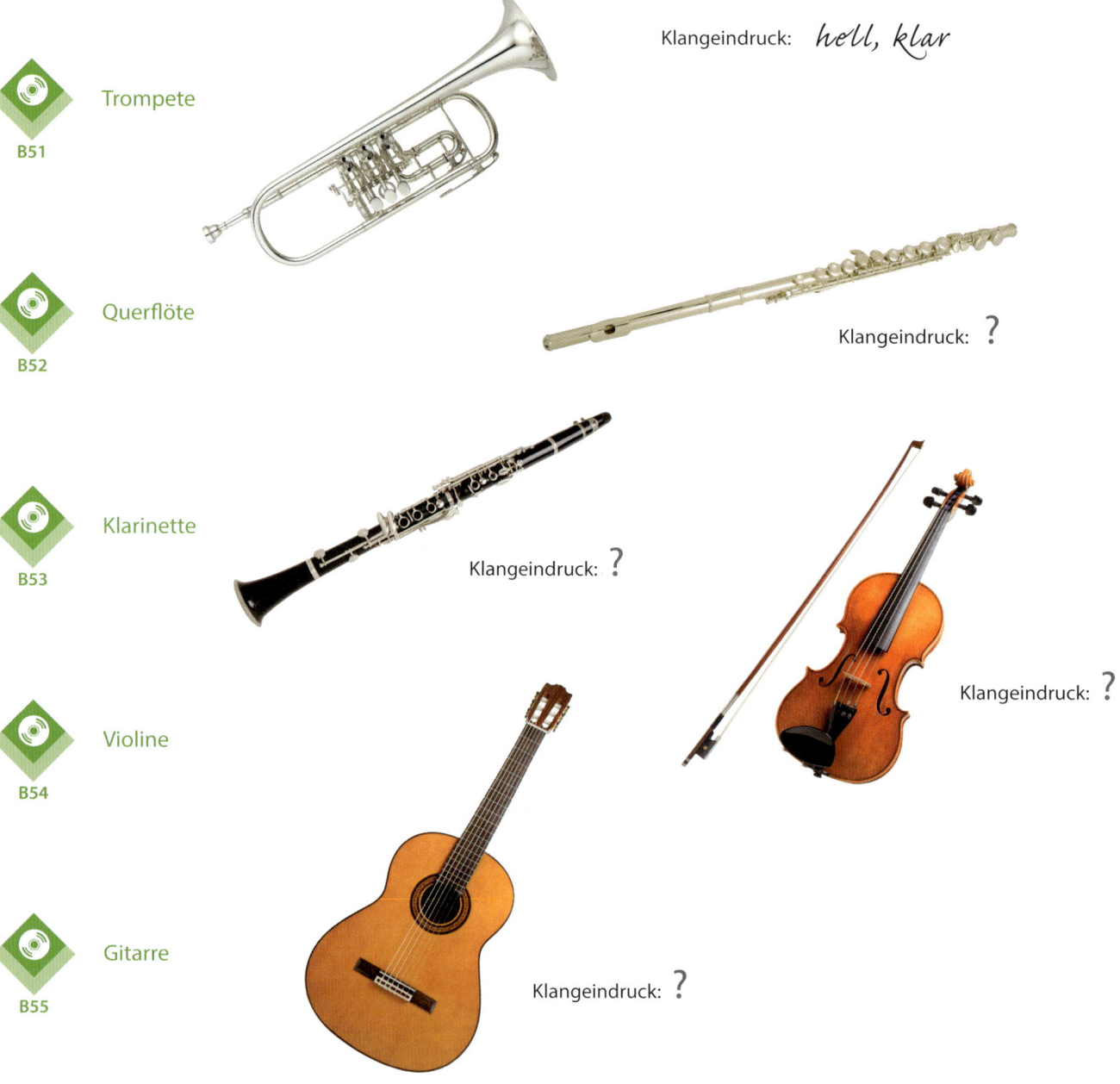

B51 Trompete — Klangeindruck: *hell, klar*

B52 Querflöte — Klangeindruck: ?

B53 Klarinette — Klangeindruck: ?

B54 Violine — Klangeindruck: ?

B55 Gitarre — Klangeindruck: ?

▶ Sprecht über diese Instrumente. Wo habt ihr sie schon gehört?
Beschreibt die Klangeigenschaften weiterer Instrumente, die ihr kennt.

UN POQUITO CANTAS

Playback zu *Un poquito cantas*

Tanzlied aus Südamerika

B56

1. Un po - qui - to can - tas, un po - qui - to bai - las,

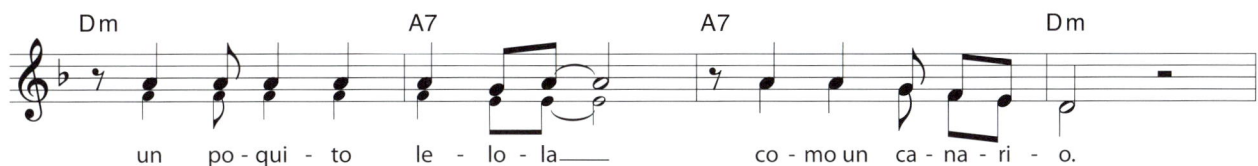

un po - qui - to le - lo - la___ co - mo un ca - na - ri - o.

Le - lo - la,___ le - lo - la,___ le - lo - le - lo, le - lo - la,___

le - lo - la,___ le - lo - la,___ le - lo - le - lo - la.

2. Un poquito vino, un poquito aire, un poquito lelola …
3. Un poquito vientos, un poquito sombras, un poquito lelola …
4. Un poquito machos, un poquito chicas, un poquito lelola …

Aussprache
poquito = *pokito*
cantas = *kantas*
machos = *matschos*
chicas = *tschikas*

Übersetzung
1. Ein wenig singen, ein wenig tanzen, ein wenig lelola wie ein Canario.
2. Ein wenig Wein, ein wenig frische Luft …
3. Ein wenig Wind, ein wenig Schatten …
4. Einige Burschen, einige Mädchen …

- Führt folgende Übung in Halbtonschritten nach oben aus (Dm, Em, Em, Fm).

Le - lo - la,___ le - lo - la.___

Ostinato für Stabspiele oder Boomwhackers

Backgroundchor zum Refrain

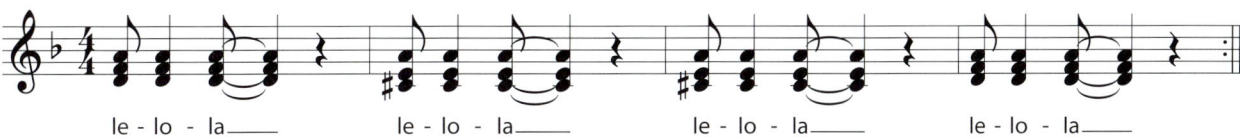

le - lo - la ___ le - lo - la___ le - lo - la ___ le - lo - la___

Bewegungsvorschlag zu *Un poquito cantas*

Strophe

Grundschritt für die Takte 2–7:

Ausführung auf Schlag 1 und 3 pro Takt, Gewicht auf li Bein:

Schlag 1: re Fuß schräg vor li Fuß tippen, Arme schwingen gegengleich zur Beinbewegung (Bild 1)

Schlag 3: re Fuß schräg hinter li Fuß tippen, Arme schwingen gegengleich zur Beinbewegung (Bild 2)

Takt 8: Schlussschritt, re neben li

Bild 1   *Bild 2*

Refrain

Grundschritt für die Takte 9–16:

Ausführung auf Schlag 1 und 3 pro Takt, Gewicht auf re Bein:

Schlag 1: li Fuß schräg vor re Fuß tippen (Bild 3)

Schlag 3: li Fuß schräg hinter re Fuß tippen (Bild 4)

Während der Takte 9–16 Arme nach oben heben und Handgelenke schnell drehen (Händeflimmern, Bild 3 und 4).

Bild 3   *Bild 4*

Quiz-Box 34

- Welche Toneigenschaft unterscheidet hoch und tief?
- Welche Toneigenschaft unterscheidet kurz und lang?

- Welche Toneigenschaft unterscheidet laut und leise?
- Welche Toneigenschaft unterscheidet hell und dunkel?

◆ **Mehr Fragen im MUSIKQUIZ**

MIT MUSIK GEHT ALLES BESSER

Playback zu *Mit Musik geht alles besser*

C 1

Text und Musik: Gerhard Wanker
© Helbling

A

| F | C | Dm | F/A | B | C7 | F |

Mit Mu - sik geht al - les bes - ser, mit Mu - sik, die uns ge - fällt. Sie ver -

| B | A7 | Dm | C | F | G7/D | C | F |

bin - det vie - le Men - schen auf der gro - ßen wei - ten Welt. Da - rum lasst uns

| B | D7 | Gm | Gm/F | C/E | C7 | A/Cis | Dm |

sin - gen, tan - zen, mu - si - zie - ren und was Neu - es aus - pro - bie - ren,

| Gm | Gm/B | C | Gm7 | C7 | F | A7sus4/E | A7 | Dm |

fan - gen wir gleich an! Fan - gen wir gleich an! Wir

B

| Dm | A7sus4/E | A7 | Dm |

schnip - sen, stamp - fen, 1. klat - schen in die Hän - de,
2. dre - hen uns be - hän - de

| Dm | A7sus4/E | A7 | Dm |

geh'n vier Schrit - te aus - ei - nan - der, ma - chen ei - ne Wen - de.
uns - rem lie - ben Nach - barn zu und klat - schen in die Hän - de.

| B | C/B | F/A | C/G | F | G7/D | C |

Hol'n uns ei - nen neu - en Part - ner, um zu pro - me - nie - ren.
Rü - cken ei - nen Ses - sel nach und fan - gen noch - mals an.

97

▶ Ausführung

Gehfassung – 1. Strophe

- **Teil A:** Lauft paarweise im Kreis und stellt euch bei der Überleitung zu Teil B gegenüber auf.
- **Teil B:** Führt die Bewegungen und Aktionen entsprechend dem Text aus.

Sitzfassung – 2. Strophe

- **Teil A:** Sitzt auf euren Stühlen und schnipst in jedem Takt auf der ersten Viertelnote.
- **Teil B:** Führt die Bewegungen und Aktionen entsprechend dem Text aus.

Die Stellen „schnipsen" und „stampfen" können bei jeder Strophe verändert werden, z. B. pfeifen, schnalzen etc.

Begleitsatz zum Playback C1: *Mit Musik geht alles besser*

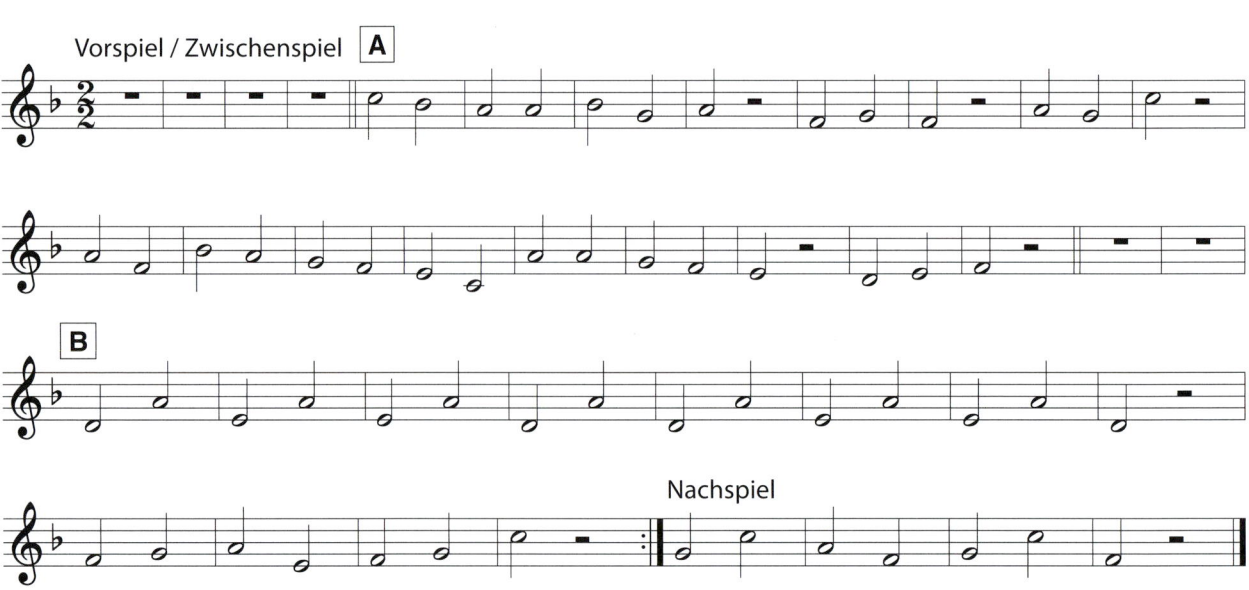

Begriff für Abstand zwischen zwei Tönen?

Klang, der aus drei Tönen besteht?

Deutsche Bedeutung von „piano"?

Begriff für gleich-mäßige, gleich betonte Schläge?

Französischer Name des Dudelsacks?

Arbeitsblatt *Kreuzworträtsel*

▶ Füllt das Kreuzworträtsel auf dem Arbeitsblatt aus. Wie lautet das Lösungswort?

Musik im Fernsehen 38

▶ Macht euch Notizen zu den folgenden Fragen und diskutiert anschließend darüber mit der Klasse.

Wie heißen eure Lieblings-sendungen im Fernsehen? Begründet eure Wahl.

Welche Art von Musik wird in euren Lieblingssendungen gespielt? Beschreibt charakteristische Merkmale.

Welche Musiksender im Fernsehen kennt ihr?

Wann wird bei euren Lieblings-sendungen Musik eingesetzt? Welche Aufgaben hat sie?

MATTSCHEIBEN-MILLI

Playback zu *Mattscheiben-Milli*

Text: Ernst Kret
Musik: Gerhard Wanker
© Helbling

1. Ich kenn ein klei-nes Mäd-chen in un-se-rem Haus, das
2. Sie sitzt auf dem Tep-pich, ihr Rü-cken ist krumm, ihr
3. Ob Wasch-mit-tel-re-kla-me o-der Nach-rich-ten-mann, die
4. Kin-der, holt die Mil-li von der Flim-mer-kis-te weg! [2)]

starrt den gan-zen Tag im-mer nur g'ra-de-aus. Sei-ne
Mund steht weit of-fen, a-ber sie ist ganz stumm, und ihr
Mil-li sieht sich al-les, auch das Stink-fa-de an, und wenn
Spielt mit ihr doch Fuß-ball o-der Ver-steck, und dann

Au-gen bli-cken mil-chig und ein biss-chen blöd, und sind schon fast so e-ckig wie ein
Hals ist steif, ih-re Bei-ne schla-fen ein, sie stiert, stiert, stiert in den
Mut-ti, Mut-ti kommt und will den Kas-ten ab-dreh'n,[1)] ruft sie Mut-ti, Mut-ti an-las-sen! Ich
zeigt ihr, was man al-les Schö-nes sel-ber ma-chen kann und lasst den blö-den Kas-ten doch nicht

Fern-seh-ge-rät! Ref.: Ja, das ist Matt-schei-ben-Mil-li, oh, oh, oh,
Kas-ten hi-nein!
will das jetzt seh'n!
im-mer-zu an!

Matt-schei-ben-Mil-li, oh, oh, oh, ja das ist Matt-schei-ben-Mil-li,

oh, oh, oh, die erst dann auf-lebt, wenn sie vorm Fern-se-her klebt!

[1)] 3. Strophe, Takt 6:

Kas-ten ab-dreh'n,— ruft sie

[2)] 4. Strophe, Takt 2:

Flim-mer-kis-te weg

- Sitzt man lange vor dem Fernseher, wird der Körper steif und müde.
  Steht auf, schüttelt euren Körper durch, beginnt bei den Beinen, wandert über das Becken, den Oberkörper, die Arme und die Schultern bis zum Kopf.

- Streckt euch, gähnt und spürt dadurch die Weite eures Mundraums.

- Singt den Refrain, achtet auf einen lockeren Unterkiefer und einen weichen Stimmeinsatz bei „oh, oh, oh". Als rhythmische Untermalung könnt ihr auf zwei und vier schnipsen.

◆ Eurovisionsmelodie

Im Fernsehen beginnt jede Sendung mit einer Kennung (Signation), bei der die Musik eine wichtige Rolle spielt. Sie soll auf die betreffende Sendung einstimmen.

EUROVISION

▶ Welche Kennmelodien von Fernsehsendungen kennt ihr bzw. könnt ihr nachsingen?

Eine der ältesten Kennmelodien ist die sogenannte „Eurovisionsmelodie". Sie wird seit 1954 immer am Beginn und am Ende einer Fernsehsendung gespielt, die in mehreren Staaten Europas ausgestrahlt wird. Diese Melodie wurde nicht extra für das Fernsehen geschrieben. Sie stammt aus dem Vorspiel des *Te Deums* (geistliches Chorwerk mit Orchester) vom französischen Komponisten **Marc-Antoine Charpentier** (1634–1704/70 J.).

M.-A. Charpentier, *Te Deum*, Prélude

▶ Hört das Prélude (Vorspiel) aus dem *Te Deum* und lest den immer wiederkehrenden Teil im Notentext unten mit. Welche Unterschiede erkennt ihr zwischen dem Hörbeispiel und dem Notentext?

C3

Spiel-mit-Satz für Stabspiele zu Hörbeispiel C3

Multimedialer Spiel-mit-Satz

▶ Der Spiel-mit-Satz beschränkt sich auf den ersten Teil der „Eurovisionsmelodie" (Teil A). Zu diesem Teil, der im Lauf des Stücks öfter vorkommt, könnt ihr den Spiel-mit-Satz musizieren.

▶ Zu den Teilen B und C könnt ihr Dirigierbewegungen ausführen.

Form: A–A–B–A–C–A–A

Benötigte Klangbausteine: cis, d, e, fis, g, a, h
Bassstäbe: D, G, A

Teil A: „Eurovisionsmelodie"

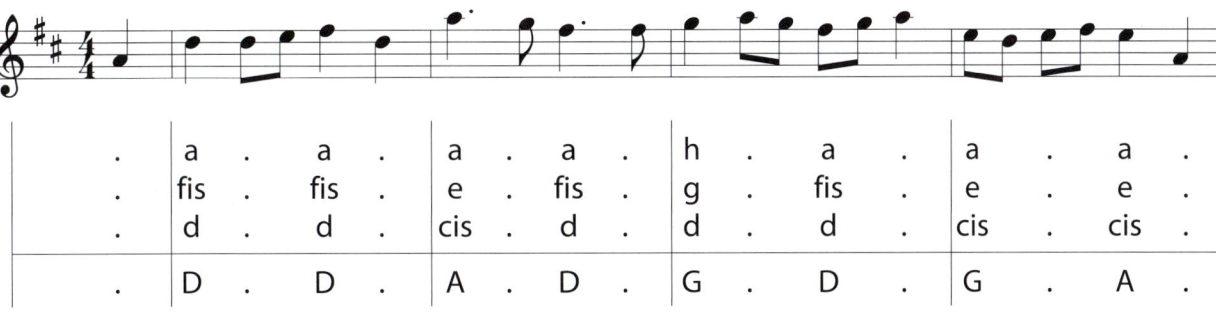

Spiel-mit-Satz zu *Eurovision*

Eurovision, Fassung für Big Band (Jazzorchester)

Multimedialer Spiel-mit-Satz

Einrichtung: Gerhard Wanker © Helbling

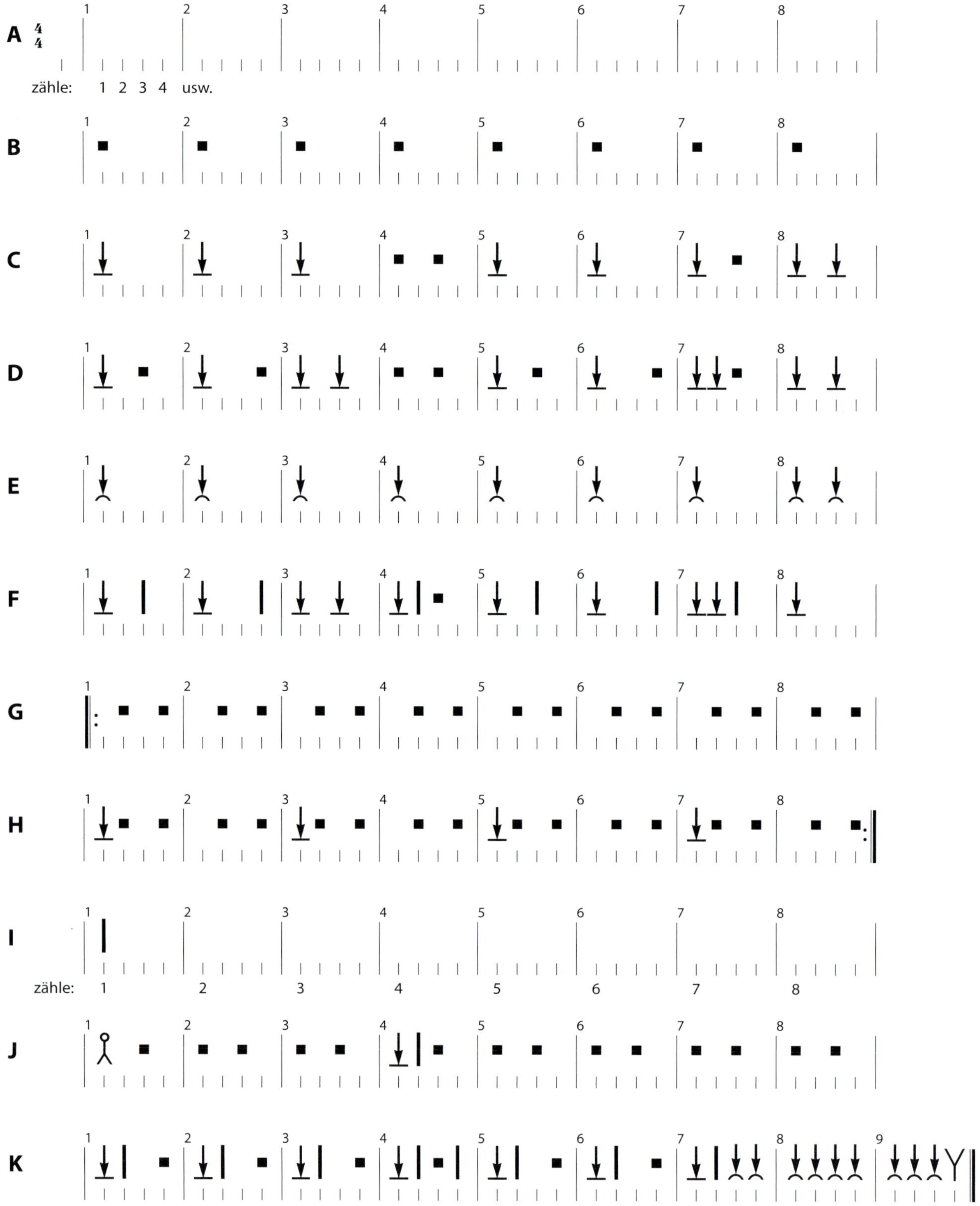

▶ Beschreibt dieses Musikstück. Sagt das Stück bei einer Radiosendung an und erläutert es.
Folgende Ausdrücke sollen euch dabei helfen:
Big Band – Solo – Improvisation – Synthesizer – Tonartenwechsel – Steigerung – Dynamik.

◆ Auftakt

WAS WILLST DENN DU?

Text und Musik: Bernhard Gritsch
© Helbling

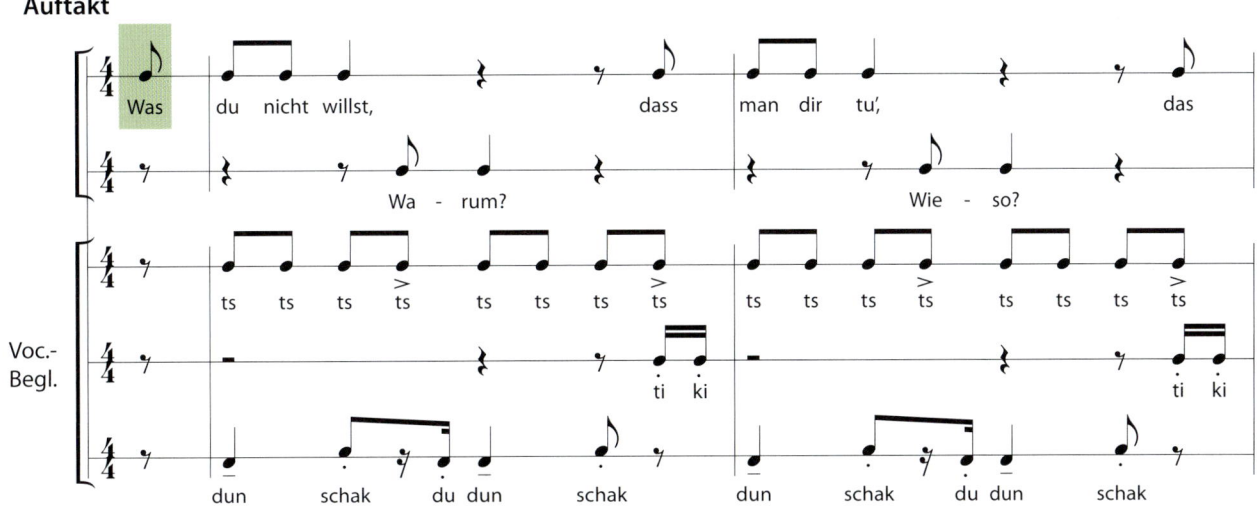

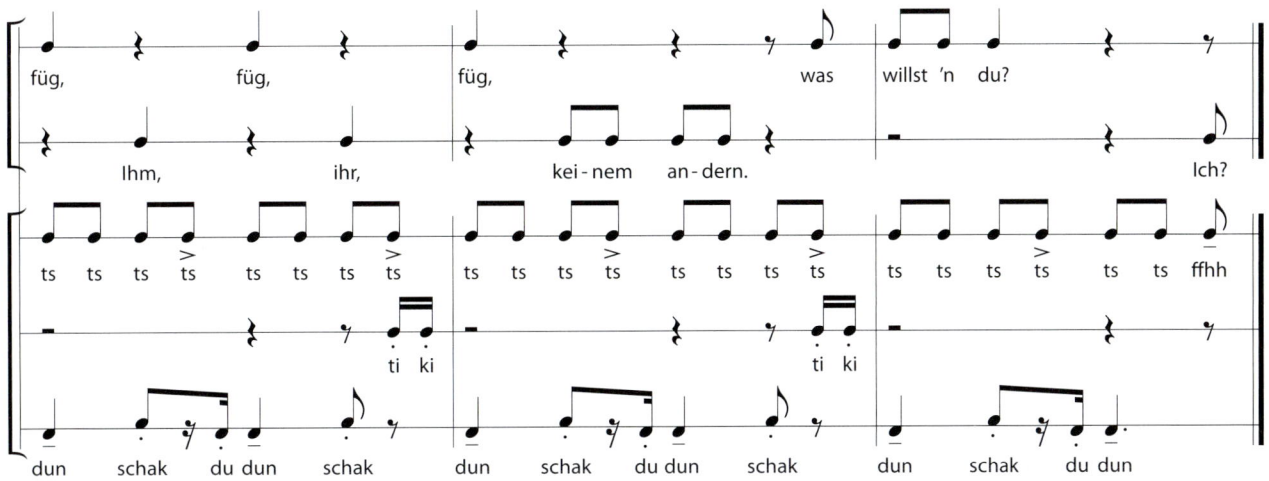

Ausführungshinweis

Ihr könnt das Stück *Was willst denn du?* mit oder ohne Vocussion-Begleitung ausführen.
Der Begriff **Vocussion** setzt sich aus den englischen Wörtern „vocal" (Stimme …) und „percussion"
(Schlaginstrumente) zusammen und meint die Imitation von Schlaginstrumenten mit der Stimme.

Das Sprechstück *Was willst denn du?* und der Kanon *Wake up* (S. 104) beginnen mit einem
unvollständigen Anfangstakt, der als **Auftakt** bezeichnet wird.

- Auftakt und Schlusstakt ergänzen einander zu einem vollständigen Takt (Volltakt).
- Bei der Zählung der Takte gilt der Auftakt nicht als erster Takt.

▶ Sprecht verschiedene Sätze (aus Zeitungen, Büchern etc.) in der natürlichen Wortbetonung.
Überprüft, ob die Beispiele mit Auftakt oder Volltakt beginnen.

Playback zu *Wake up*

WAKE UP

American Folk Song

Now all the woods are wak - ing, the sun is ris - ing high. Wake

up now, get up now, be - fore the dew is dry.

◆ Verschiedene Taktarten

Die Taktart könnt ihr immer am Anfang
eines Stücks ablesen.

Z. B.:
$\frac{3}{4}$

3 ← Anzahl der Zählzeiten in einem Takt: 3
4 ← Dauer einer Zählzeit: Viertelnote

▸ Notiert folgende Takte in euer Heft
und ergänzt die Taktartangaben.

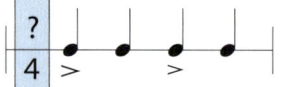 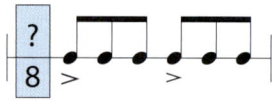  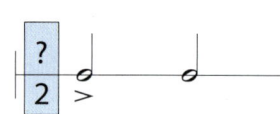

Die Taktart bestimmt die Betonung innerhalb des Takts.
Unter den betonten Noten findet ihr ein Betonungszeichen (Hauptbetonung > / Nebenbetonung >).

▸ Findet in der unteren Notenzeile die Betonungen nach den obigen Hinweisen und klatscht das
Beispiel oder spielt es mit einem Rhythmusinstrument.

Lernspiel Look & click – Taktarten

Quiz-Box 38

- Wie nennt man die Kennmelodie einer
  Rundfunk- oder Fernsehsendung noch?
- Wie heißt das geistliche Chorwerk mit Orchester
  von Marc-Antoine Charpentier, aus dem die
  „Eurovisionsmelodie" stammt?
- Die „Eurovisionsmelodie" wird vor Rundfunk-
  und Fernsehsendungen gespielt, die …

Quiz-Box 39

- Die Imitation von Rhythmusinstrumenten mit
  der Stimme heißt …
- Wie nennt man einen unvollständigen
  Anfangstakt?
- Was entsteht, wenn man Auftakt und Schlusstakt
  zusammenfügt?
- Wo kann man bei einem notierten Musikstück
  die Taktart ablesen?

♦ **Mehr Fragen im MUSIKQUIZ**

Geheimnisvoller Reigen der jungen Mädchen

Der russische Komponist **Igor Strawinsky** (1882–1971/88 J.) verwendet in seinem Ballett *Le Sacre du Printemps* (Das Frühlingsopfer) häufige Taktwechsel, wie das folgende Beispiel zeigt.
Bei der Ausführung des Spiel-mit-Satzes können die Zählzeiten leise mitgesprochen werden.
Das Hörbeispiel wird dreimal wiederholt.

Spiel-mit-Satz zu *Le sacre du printemps, geheimnisvoller Reigen der jungen Mädchen*

I. Strawinsky, *Le sacre du printemps, Geheimnisvoller Reigen der jungen Mädchen* – Beginn (3x)

C6

Bewegungsvorschlag

Flankenkreis, Blick in Tanzrichtung (gegen den Uhrzeigersinn), herabhängende Hände sind gefasst:
Auf der Kreisbahn gehen, pro Viertelnote ein Schritt, jeweils auf Schlag Eins leicht in die Knie gehen.

Spielstück 2345

Im Spielstück 2345 entsprechen die Melodie und Taktabfolge dem obigen Strawinskystück. Es kann mit Stabspielen und Melodieinstrumenten ausgeführt werden. (Die Melodie kann auch eine Oktave höher, die Basstöne in der Begleitstimme können auch eine Oktave tiefer gespielt werden.)

Arr.: G. Wanker
© G. Wanker

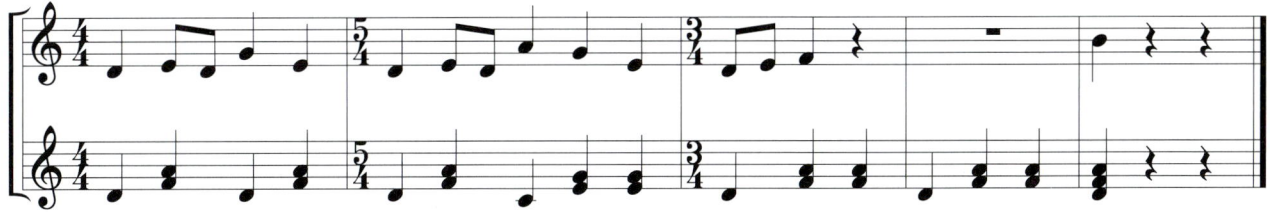

40 Marsch

Die Bezeichnung **Marsch** leitet sich vom Zeitwort marschieren ab.

Märsche in der Musik sind zumeist in einem geraden Takt ($^2/_4$, $^4/_4$, $^6/_8$) geschrieben, zu dem man leicht gehen kann.

Der Marsch hatte schon im Mittelalter die Aufgabe, Aufzüge der Landsknechte (Soldaten) eindrucksvoll zu begleiten. Auch heute wird die Marschmusik bei Festen und Aufzügen verschiedenster Art eingesetzt.

Um 1750 bekam der Marsch ein **Trio**, das einen Kontrast zum Hauptteil bildet. Der Hauptteil wird nach dem Trio nochmals gespielt, sodass die Marsch-Form dreiteilig ist:

A	Marsch	B	Trio	A	Marsch

Der Marsch ist ein Beispiel für eine **große dreiteilige Liedform**.
Die großen Liedformen kommen hauptsächlich in der Instrumentalmusik vor. Im Gegensatz zu kleinen Liedformen bei gesungenen Liedern sind die einzelnen Teile bei großen Liedformen länger.

Preußens Gloria – Militärmarsch

J. G. Piefke, *Preußens Gloria* – Militärmarsch

C7

▸ ▪ Hört den ersten Teil des Militärmarschs *Preußens Gloria*. Dirigiert dazu und zählt im $^2/_4$-Takt mit.

▪ Hört nun den ganzen Marsch und lest in der Formzeile mit.

▪ Zählt beim dritten Hören die Takte der einzelnen Teile und tragt die Lösungen in euer Heft ein.

Preußens Gloria – Formverlauf

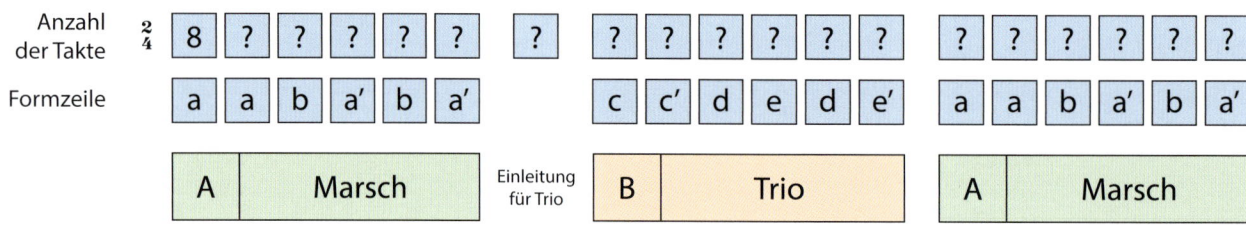

Anzahl der Takte $^2_4$	8	?	?	?	?	?		?		?	?	?	?	?	?		?	?	?	?	?	?
Formzeile	a	a	b	a'	b	a'		c	c'	d	e	d	e'		a	a	b	a'	b	a'

A	Marsch	Einleitung für Trio	B	Trio	A	Marsch

◆ Berühmte Märsche

G. Verdi, *Triumphmarsch* – Ausschnitt

C8

Triumphmarsch

Der *Triumphmarsch* aus der Oper *Aida* stammt vom berühmten italienischen Opernkomponisten **Giuseppe Verdi** (1813–1901/87 J.). Zu diesem Marsch ziehen in der Oper ägyptische Krieger am König vorüber, voran die Fanfarenbläser. Dafür wurden eigene Instrumente gebaut, die sogenannten Aida-Trompeten.

Aida-Trompete

Hochzeitsmarsch

F. Mendelssohn Bartholdy, *Hochzeitsmarsch* – Ausschnitt

C9

Der *Hochzeitsmarsch* von **Felix Mendelssohn Bartholdy** (1809–1847/38 J.) stammt aus der Schauspielmusik zu Shakespeares *Sommernachtstraum* und wird heute als beliebtes Musikstück bei Trauungen gespielt.

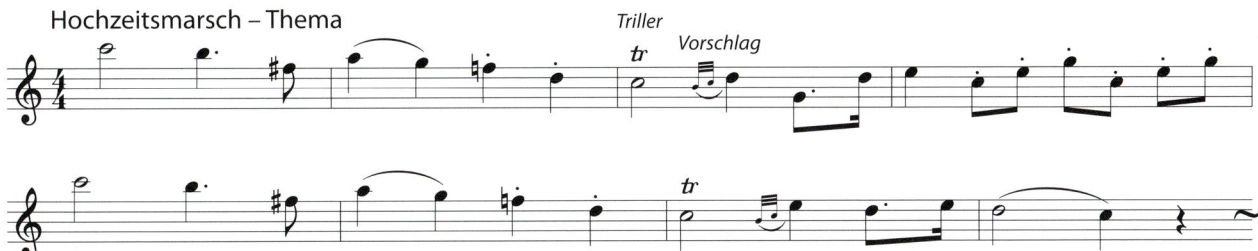

Trauermarsch

L. v. Beethoven, Sinfonie Nr. 3 (*Eroica*), *Trauermarsch* – Ausschnitt

C10

Ludwig van Beethoven (1770–1827/56 J.) hat dem 2. Satz seiner 3. Sinfonie die Überschrift *Marcia funebre* (dt. Trauermarsch) gegeben.
Dieser Marsch wird häufig bei Reportagen über Begräbnisfeierlichkeiten im Fernsehen gespielt.

Marsch einer Street-and-Marching-Band aus Amerika

Traditional-Marsch, *Bourbon street parade,* (The All Star Marching Band) – Ausschnitt

C11

Street-and-Marching-Band

Dieses Bild stellt eine typische Marching-Band dar. Die Musiker spielen nicht nur nach Noten, sondern auch frei. Diese Art des Musizierens nennt man **Improvisation**.

◆ Marsch-Performance

Marsch-Collage

C12

Beim Hörbeispiel C12 sind jeweils nur kurze Teile der vorne genannten Märsche zu hören (Militärmarsch, *Triumphmarsch*, *Hochzeitsmarsch*, *Trauermarsch*, Marsch aus Amerika).

▶ **Ausführungsmöglichkeiten**
Die Klasse wird in fünf Gruppen geteilt (Einser, Zweier, Dreier, Vierer, Fünfer), jede Gruppe übernimmt einen Marsch.

Trauermarsch   *Marsch aus Amerika*

- Jeder Einzelne einer Gruppe reagiert mit eigenen Bewegungen, wenn „sein" Marsch gespielt wird.
  Z. B.: gehen: vorwärts – rückwärts – seitwärts
          stehen: nur Hände, Oberkörper, Kopf bewegen etc.

- Alle Mitglieder derselben Gruppe führen gemeinsam gleiche Bewegungen aus oder stellen eine Handlung pantomimisch dar, wenn „ihr" Marsch gespielt wird.

Quiz-Box 40

- Wie heißt der Mittelteil bei vielen Märschen?
- Johann Gottfried Piefke schrieb den Militärmarsch ...
- Aus welcher Oper stammt der *Triumphmarsch*?

- Wie heißt das Werk, in dem der *Hochzeitsmarsch* von Felix Mendelssohn Bartholdy vorkommt?
- In welcher Sinfonie von Ludwig van Beethoven kommt ein Trauermarsch vor?
- Aus welchem Land stammen die Street-and-Marching-Bands?

◆ **Mehr Fragen im MUSIKQUIZ**

PEANUTS

Playback zu *Peanuts*

C13

Text: Club Musik-Autoren · Musik: Ines Reiger · © Helbling

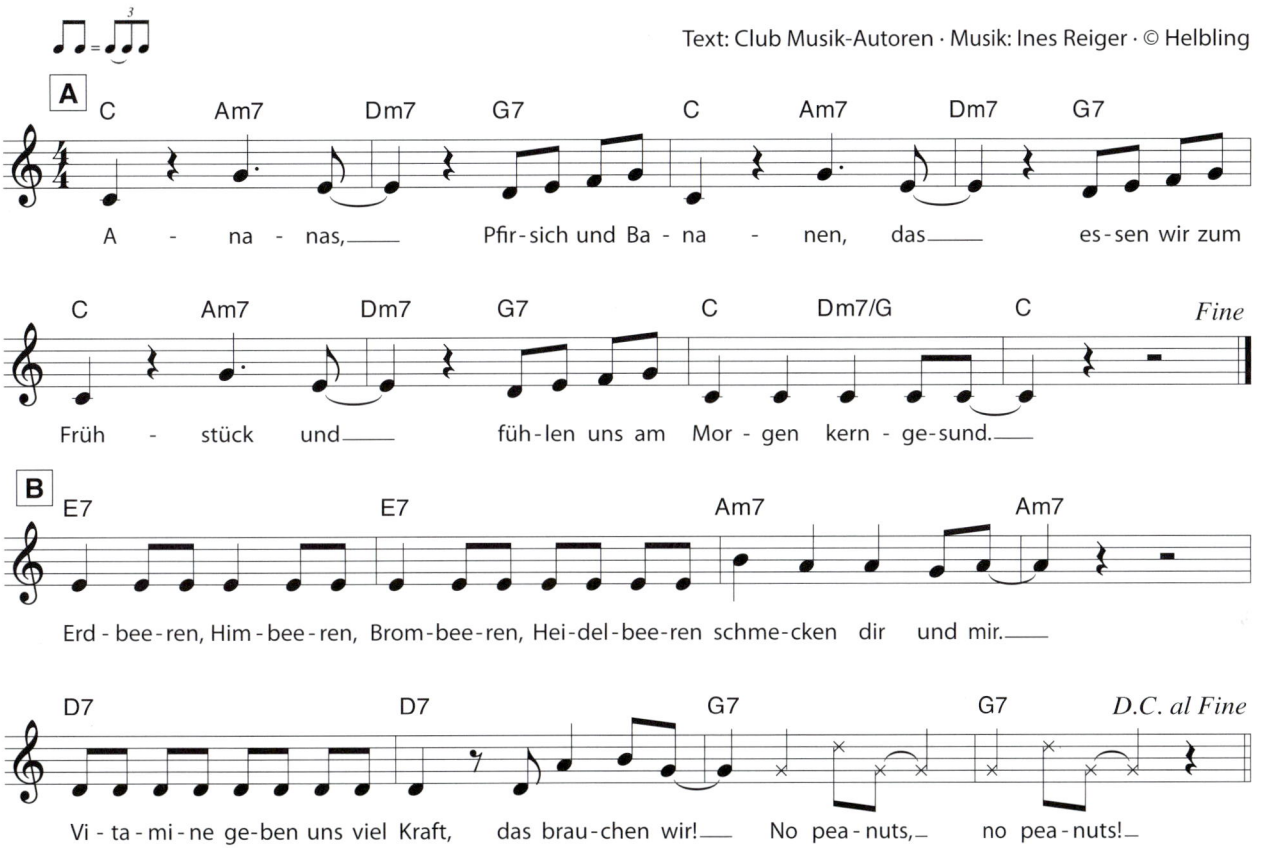

A

| C | Am7 | Dm7 | G7 | C | Am7 | Dm7 | G7 |

A - na - nas,—— Pfir-sich und Ba - na - nen, das—— es-sen wir zum

| C | Am7 | Dm7 | G7 | C | Dm7/G | C | *Fine* |

Früh - stück und—— füh-len uns am Mor - gen kern - ge-sund.——

B

| E7 | E7 | Am7 | Am7 |

Erd - bee - ren, Him - bee - ren, Brom - bee - ren, Hei - del - bee - ren schme - cken dir und mir.——

| D7 | D7 | G7 | G7 | *D.C. al Fine* |

Vi - ta - mi - ne ge-ben uns viel Kraft, das brau-chen wir!—— No pea - nuts,— no pea - nuts!—

▶ Findet für die ersten zwei Takte im Teil B neue Nahrungsmittel (z. B.: Gemüse, …).

Begleitsatz zu *Peanuts* für Boomwhackers

Multimedialer Spiel-mit-Satz

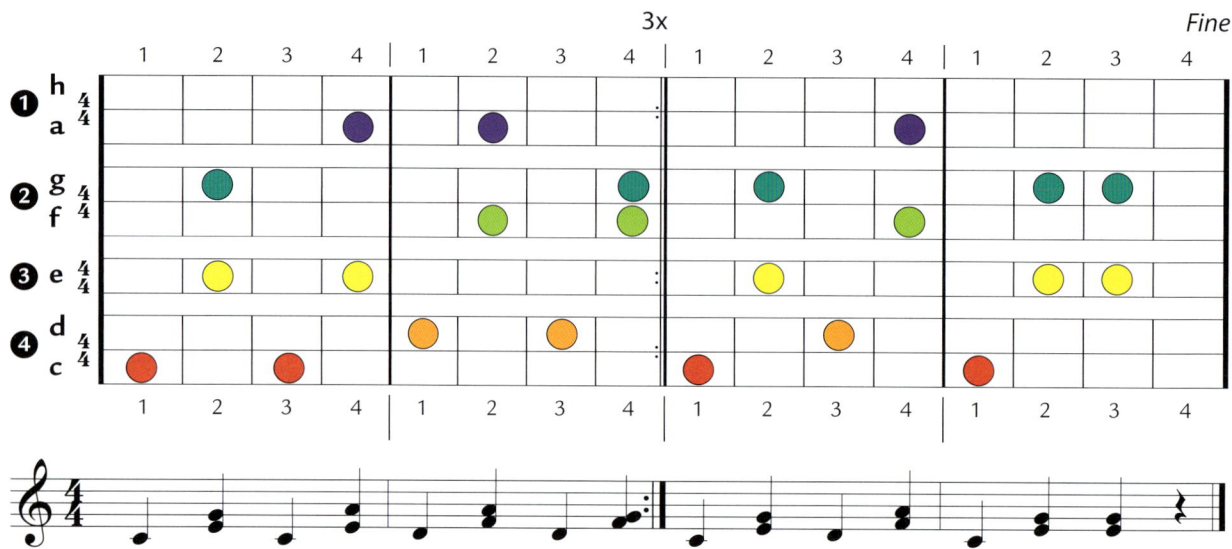

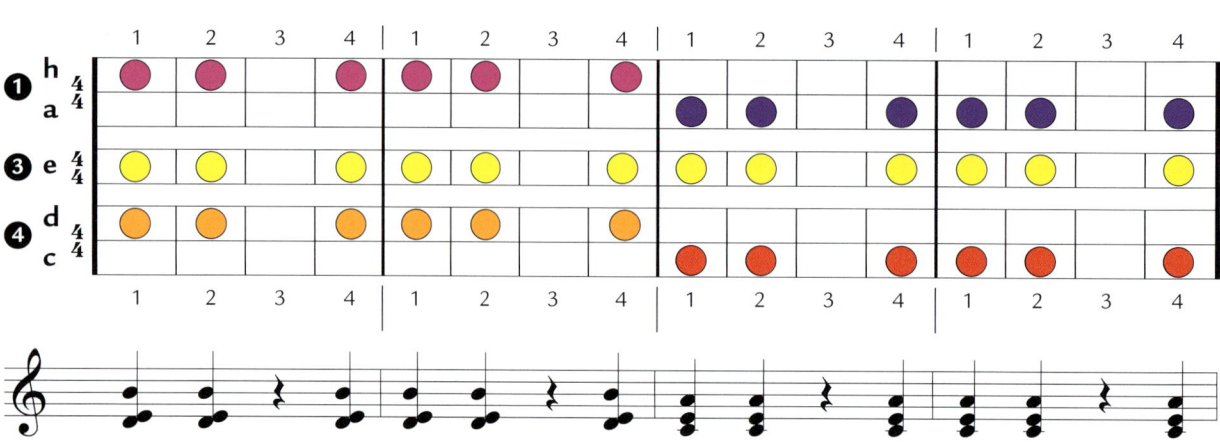

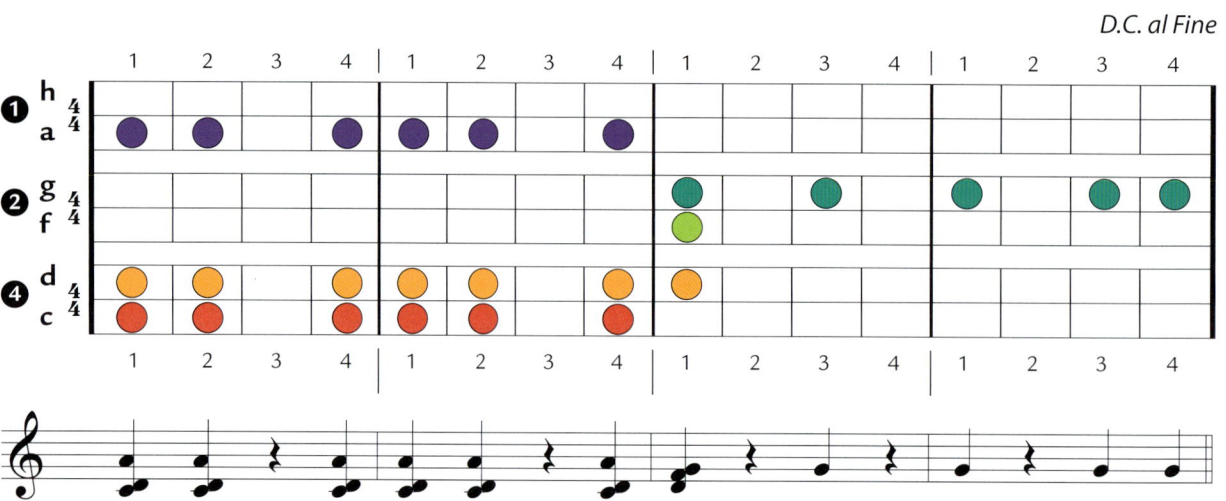

Erinnert euch: Jeden Ton kann man um einen Halbton erhöhen oder erniedrigen.
Wird ein Ton um einen Halbton erhöht, so stellt man das mit einem #-Vorzeichen dar. Der Ton
bekommt dann die Endung –is, z. B. f → fis.

Wird ein Ton um einen Halbton erniedrigt, so stellt man das mit einem ♭-Vorzeichen dar. Der Ton
bekommt dann die Endung –es, z. B. g → ges.
Ausnahmen: h → b; a → as; e → es.

Versetzungszeichen zu Beginn einer Notenzeile nennt man Vorzeichen, sie gelten das ganze Stück
und für alle Lagen.

▶ Entschlüsselt die Noten-Geheimschrift. Wie lauten die Sätze?

▶ Spielt das Lernspiel Fang die Note.

Lernspiel Fang die Note

◆ Enharmonische Verwechslung

Enharmonische Verwechslung nennt man die Verwendung zweier unterschiedlicher Versetzungszeichen für denselben Ton.

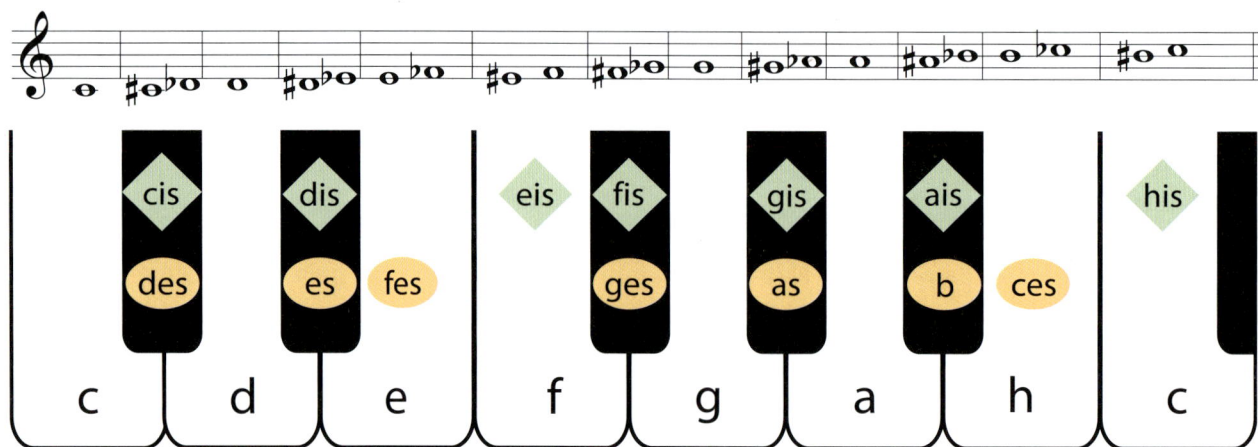

▶ Schreibt die Notennamen für die enharmonische Verwechslung in euer Heft.

cis =	des	eis =	?	ais =	?
dis =	?	fis =	?	h =	?
e =	?	gis =	?	his =	?

SHARP  AND FLAT

Playback zu *Sharp and flat*   Multimedialer Spiel-mit-Satz   Musik: Gerhard Wanker · © Helbling

C14

Benötigte Klangbausteine: cis, dis, e, f, fis, gis, a, b, h, c, cis

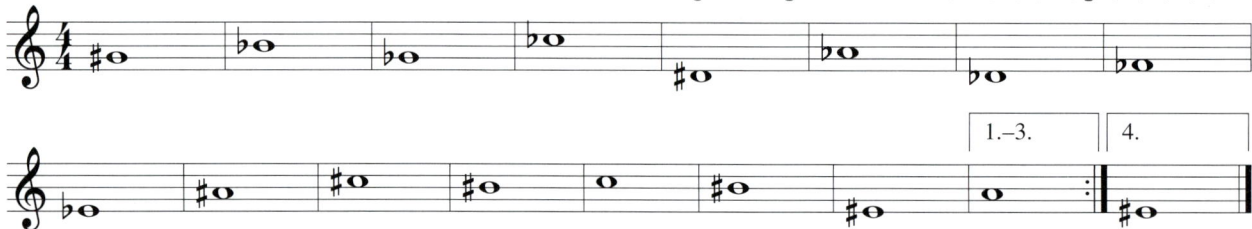

▶ • Schreibt die Notennamen von *Sharp and flat* in euer Heft.

• Spielt die Noten zum Playback (Hörbeispiel C14, 4 Strophen) mit Klangbausteinen oder kompletten Stabspielen:

1. Strophe: ganze Noten, 2. Strophe: 𝄴 ♩ ♩ 𝄽 𝄽 , 3./4. Strophe: freier Rhythmus

Quiz-Box 42

- Was wird aus der Note c, wenn man ein Kreuz vor die Note schreibt?
- Welchen Namen trägt ein gis, wenn es enharmonisch verwechselt wird?

- Was wird aus der Note h, wenn man ein Be vor die Note schreibt?
- Wie viele versteckte Notennamen mit Versetzungszeichen befinden sich im folgenden Satz: „Gisela hat im Disney-Park Hasen und Fische bewundert"?

• **Mehr Fragen im MUSIKQUIZ**

Rap ist ein Sprechgesang in der Hip-Hop-Musik, bei dem der Text zur Begleitmusik rhythmisch gesprochen wird. Bei der Ausführung ist deshalb eine besonders deutliche Aussprache zur Begleitmusik notwendig.

Zur Erinnerung
Bei der Aussprache des Vokals „O" sind die Lippen leicht vorgezogen und bilden eine kreisförmige Öffnung. Die Zahnreihen sind geöffnet, die Zungenspitze liegt an den unteren Schneidezähnen, der Zungenrücken ist leicht gewölbt, der Kiefer etwas tiefer als beim „U".

▸ Der *O-Rap* enthält Wörter mit langem bzw. kurzem „O". Schreibt die O-Wörter heraus und sortiert sie nach der Aussprache. Übt die Aussprache, bevor ihr den *O-Rap* zum Playback ausführt.

Playback zu *O-Rap*

C15

O-RAP

Text: Gerd Linke
© Helbling

Ot - to mel - det mit Ge - stot - ter: „In dem Kof - fer liegt 'ne Ot - ter",

und die Toch - ter un - ver - dros - sen, dass der Kof - fer un - ver - schlos - sen!

Und sie sucht in ih - rem Schock auch so - fort nach ei - nem Stock. Al - so

stellt in gro - ßer Not sich die Ot - ter mau - se - tot. Und zum Ab - fall, vol - ler Hohn, wirft sie

scho - nungs - los der Sohn. Doch da - nach rollt vol - ler Won - ne sich die

Ot - ter in die Son - ne, gott - ge - fäl - lig, ru - he - voll, oh - ne Angst und oh - ne Groll.

Kolo (serbokroatisch Rad) ist eine Sammelbezeichnung für verschiedene Tänze und Tanzlieder aus dem südosteuropäischen Raum. Der Kolo kann paarweise, aber auch in Kettenform getanzt werden.

ERNTE-KOLO

C16

Playback zu *Ernte-Kolo*

nach deutsch-ungarischer Überlieferung
aufgezeichnet von Kurt Petermann

Melodie-
instrument

Stabspiele

Bass

Holzblock-
trommel/Claves

Tamburin

Tanzbeschreibung zu *Ernte-Kolo*

Ausgangsstellung: Frontkreis mit leichter Drehung nach li, Arme in W-Position (angewinkelt), Hände gefasst, der Kreis ist beim Tanzführer offen, dieser steht am linken Ende der Runde

Takt 1–2: 4 gehüpfte Schritte nach li (gegen die Tanzrichtung), re Fuß beginnt, leichte Drehung nach re

Takt 3–4: wie Takt 1–2 nach re (in Tanzrichtung), re Fuß beginnt, leichte Drehung zur Kreismitte

Takt 5–6: 4 Kreuzschritte (re vor li beginnen) gegen die Tanzrichtung, beim Schritt re vor li leicht in die Knie gehen

Takt 7: 3 Stampfschritte am Platz im Melodierhythmus (re–li–re)

Takt 8: 3x im Melodierhythmus in die Hände klatschen

Der Tanz beginnt von vorne.

Hinweis: Alle Schritte sind klein. Für die Takte 1–6 können auch eigene Schrittfolgen erfunden werden.

Musikstücke in ungeraden Taktarten sind typisch für den südosteuropäischen Raum. Das türkische Lied *Dağlar gibi dalgaları* steht im $^7/_8$-Takt und erzählt von der Lebensweise am Schwarzen Meer.

DAĞLAR GİBİ DALGALARI

Playback zu *Dağlar gibi dalgaları* – Übungstempo
Playback zu *Dağlar gibi dalgaları* – Originaltempo

C17/18

Volkslied vom Schwarzen Meer
Deutscher Text: Stephan Unterberger · © Helbling

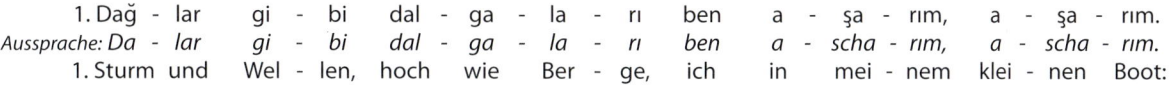

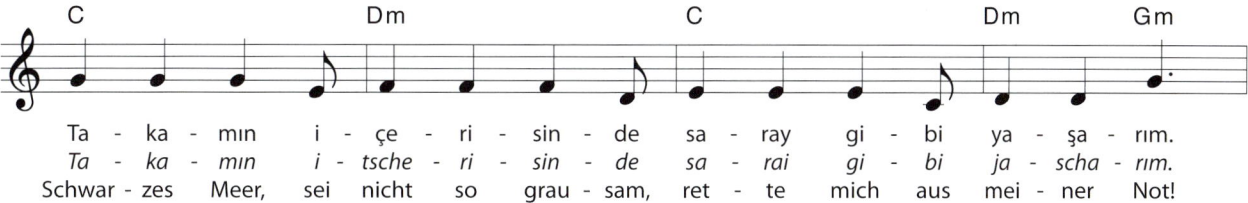

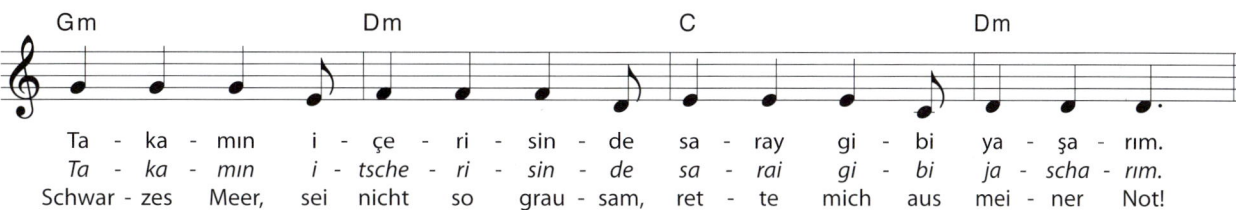

Türkischer Text

2. Yağmur yağıyor yağmur da başıma tane tane.
   Karadeniz uşağı da dünyalarda bir tane.

3. Ben kemençe çalamam da, dayım darılır bana.
   Bir horon havası vur da kurban olayım sana.

Deutscher Text

2. Fische fang ich, wenn es regnet,
   ich in meinem kleinen Boot,
   wenn die Wogen riesengroß sind,
   rette mich aus meiner Not!

3. Tag für Tag muss ich nach draußen,
   ich in meinem kleinen Boot,
   Schwarzes Meer, mein größter Freund du,
   rette mich aus meiner Not!

Aussprache

2. *Jamur jaıyor jamur da baschıma tane tane.*
   Karadenis uschaı da dünjalarda bir tane.

3. *Ben kementsche tschalamam da, dajım darılır bana.*
   Bir horon hawası wur da kurban olajım sana.

(Das „ı" wird wie ein stumpfes „ö" ausgesprochen.)

Rhythmus-Ostinato

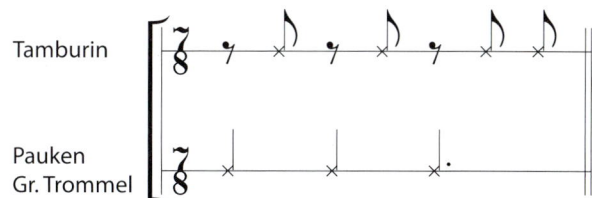

Quiz-Box 44

- Was ist ein Kolo?
- Der $^7/_8$-Takt ist ein Beispiel für eine … Taktart.

- Für welchen geografischen Raum sind Musikstücke in ungeraden Taktarten (z. B. $^7/_8$-Takt) typisch?

◆ **Mehr Fragen im MUSIKQUIZ**

◆ **Reifenhüpfer-Spiele**

1. Klangflächen

Die Klasse wird in vier Gruppen geteilt und jede Gruppe spielt frei auf ihren Instrumenten:

- **Gruppe 1:** alle spielen auf Fellinstrumenten (Trommel, Pauke)
- **Gruppe 2:** alle spielen mit Holzklingern (Schlagstäbe, Holzblock)
- **Gruppe 3:** alle spielen auf Metallklingern (Becken, Triangel)
- **Gruppe 4:** alle klatschen

Die vier Klangflächen-Gruppen werden vier am Boden liegenden Reifen zugeordnet.
Der Reifenhüpfer zeigt durch seine Position an, welche Gruppe spielt, und gestaltet sein „Reifenstück".

eine Gruppe spielt

zwei Gruppen spielen

drei Gruppen spielen

vier Gruppen spielen

2. Signation-Rhythmus

Die Klasse wird in vier Gruppen geteilt und jede Gruppe erfindet ihren „Signation-Rhythmus" (klatschen, Rhythmusinstrumente). Die vier Signation-Gruppen werden vier am Boden liegenden Reifen zugeordnet.
Der Reifenhüpfer zeigt wieder durch seine Position an, welche Gruppe an der Reihe ist, und gestaltet so seine Komposition.

3. Rhythmus-Straße

Die Klasse wird in vier Gruppen geteilt und jede Gruppe wird einem Reifen zugeordnet. Jede Gruppe reagiert jeweils nur mit einem Schlag (klatschen, Trommelschlag etc.), sooft der Reifenhüpfer in seinem Reifen den Boden berührt.
Der Reifenhüpfer kann so seine Rhythmusstraße bauen.

Hinweis
Der Reifenhüpfer kann den Gruppen durch selbst gefundene Zeichen auch zusätzlich die Lautstärke angeben.

◆ **Johannes Brahms (1833–1897 / 64 J.)**

Johannes Brahms wurde in Hamburg geboren. Mit 30 Jahren zog er nach Wien, wo er seine großen musikalischen Erfolge feierte. Er schrieb vier Sinfonien, viele Werke für Klavier und Kammermusik (Musik für Ensembles bis ca. acht Ausführende) sowie zahlreiche Lieder.

In seinen *Ungarischen Tänzen*, die er für Orchester geschrieben hat, werden charakteristische Merkmale der ungarischen Musik verwendet, z. B. Betonungsverschiebungen in der Melodie und häufige Tempowechsel.

Johannes Brahms

Spiel-mit-Satz zu *Ungarischer Tanz* Nr. 5

Multimedialer Spiel-mit-Satz  J. Brahms, *Ungarischer Tanz* Nr. 5

Einrichtung: Gerhard Wanker · © Helbling

C19

Quiz-Box 45

- Aus welchem Land stammt Johannes Brahms?
- In welchem Jahrhundert lebte Johannes Brahms?

- Wie heißt ein bekanntes Werk von Johannes Brahms, in dessen Titel ein osteuropäisches Land vorkommt?

◆ **Mehr Fragen im MUSIKQUIZ**

117

46 Triole

Unterteilt man die Notenwerte 𝅝 , 𝅗𝅥 , ♩ oder ♪ in drei gleiche Teile, so entsteht eine **Triole**:

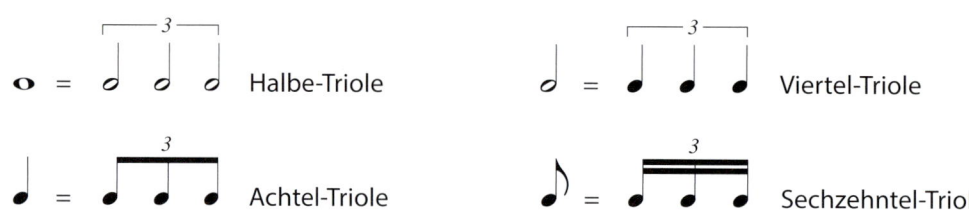

▸ Findet dreisilbige Wörter
und sprecht sie im Rhythmus, z. B.:

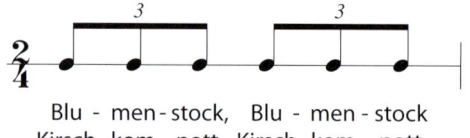

Blu - men - stock, Blu - men - stock
Kirsch - kom - pott, Kirsch - kom - pott
Fuß - ball - spiel, Fuß - ball - spiel

▸ Findet zweisilbige Wörter
und sprecht sie im Rhythmus, z. B.:

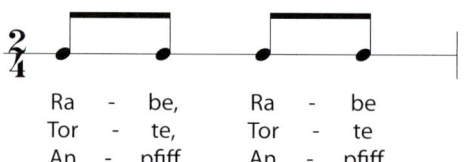

Ra - be, Ra - be
Tor - te, Tor - te
An - pfiff, An - pfiff

▸ Sprecht Triolen- und Achtelwörter hintereinander und achtet dabei auf ein gleichbleibendes Metrum, z. B.:

Blu - men - stock, Blu - men - stock, Ra - be, Ra - be, Fuß - ball - spiel, Fuß - ball - spiel, An - pfiff, An - pfiff.

▸ Erfindet eigene Wörter, schreibt sie in eine Taktzeile (siehe oben) und sprecht bzw. klatscht sie.

LEFT

überliefert

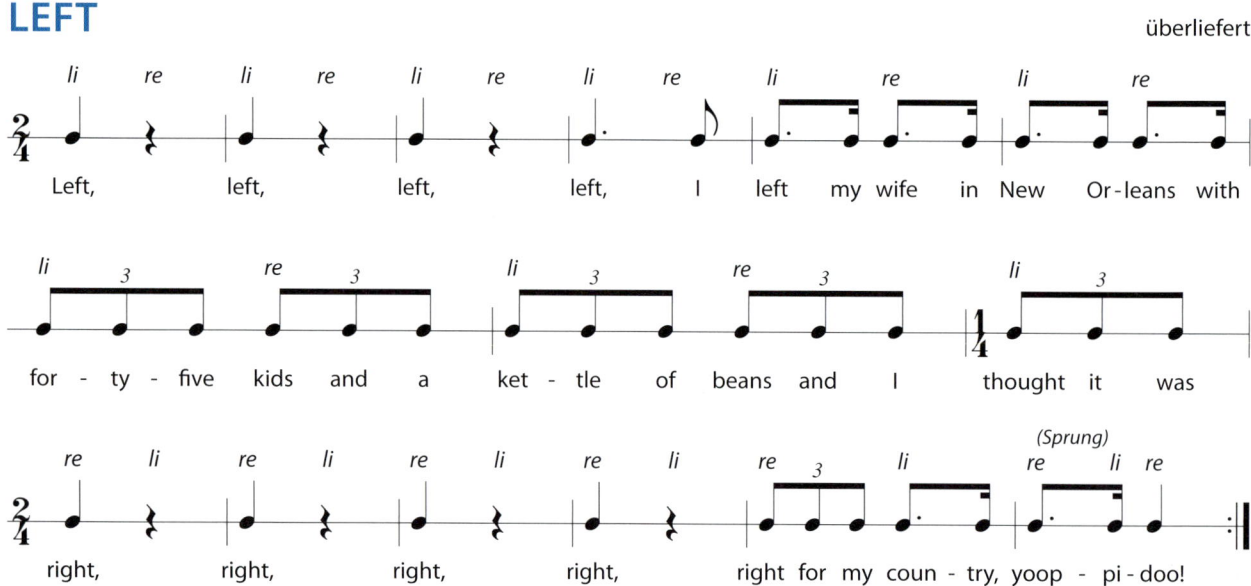

Left,   left,   left,   left,   I left my wife in New Or-leans with

for - ty - five kids and a ket - tle of beans and I thought it was

right,   right,   right,   right,   right for my coun - try, yoop - pi - doo!

▸ Steht hintereinander, legt eure Hände auf die Schultern des Schülers vor euch und geht nach der angegebenen Schrittfolge zum Sprechstück.

118

◆ Bolero

Der Bolero ist ein spanischer Tanz im ³/₄-Takt, für den der Triolenrhythmus charakteristisch ist.

Maurice Ravel (1875–1937/62 J.)

hat einen berühmten *Bolero* für Orchester geschrieben (Uraufführung: Paris 1928). Dieser *Bolero* war als Ballett für eine Solotänzerin und 20 Tänzer gedacht. Durch das ganze Stück ist der Bolero-Rhythmus deutlich zu hören. Der Bass spielt immer eine Ostinato-Figur.

Maurice Ravel

Spiel-mit-Ostinato zu *Bolero*

M. Ravel, *Bolero* – gekürzte Fassung

C20

▶ Spielt zum Hörbeispiel C20 in vier Gruppen:

Rhythmus 1: körpereigene Instrumente

Rhythmus 2/3: Rhythmusinstrumente (Trommeln, Claves etc.), Klopfen mit Bleistiften oder Fingerspitzen auf den Tisch

Bass: Stabspiele/Keyboard/Pauken

Ausführung

Jede Rhythmus-Gruppe spielt im Lauf des Stücks jeden der drei Rhythmen. Die Bassstimme wird immer von derselben Gruppe gespielt. Auf ein Handzeichen des Dirigenten (Lehrer oder Schüler) wird gewechselt. Zwischen den Spiel-mit-Phasen sollen Pausen eingelegt werden, um besser zuhören zu können. Beginnt mit dem Mitspielen erst beim zweiten Themeneinsatz (Klarinette).

SING TOGETHER

Playback zu *Sing together*

C21

Im folgenden Kanon kommen Achteltriolen vor:

mündlich überliefert
Einrichtung: Gerhard Wanker
© Helbling

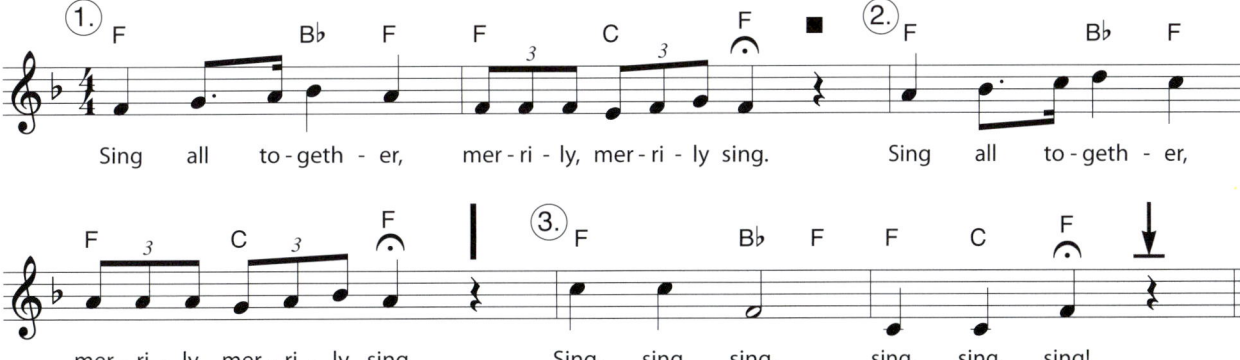

Melodisches Ostinato

47 Variation

Bei der **Variation** wird ein musikalisches Thema verändert. Je einfacher das Thema ist, desto mehr Veränderungsmöglichkeiten lässt es zu. Es soll leicht zu merken sein, eine klare Form und einfache Harmonien (Zusammenklänge) haben.

Wolfgang Amadeus Mozart hat in seinen Klaviervariationen KV 265 als Thema das französische Kinderlied *Ah, vous dirai-je, Maman* verwendet, das bei uns als Weihnachtslied sehr bekannt wurde.

AH, VOUS DIRAI-JE, MAMAN

A

Mor - gen kommt der Weih - nachts - mann, kommt mit sei - nen Ga - ben:
Ah, vous di - rai - je, Ma - man, ce qui cau - se mon tour - ment?

B

Rol - ler, Ted - dy, Schau - kel - pferd, Feu - er - wehr und Pup - pen - herd.
Pa - pa veut que je rai - son - ne com - me u - ne grande per - son - ne:

A

Weiß ge - nau, was je - des Kind ger - ne möch - te ha - ben.
Moi, je dis que les bon - bons va - lent mieux que la rai - son.

Deutsche Übersetzung
Ach Mutter, soll ich dir sagen, was mich quält? Papa will, dass ich vernünftig bin wie ein Erwachsener, aber ich meine, dass Bonbons mehr wert sind als die Vernunft.

▶ Singt die Melodie mit Text oder auf Tonsilben (dü, da) und prägt sie euch gut ein.

Radiospiel: Das Lied, das ihr singt, kommt im Radio. Auf ein vereinbartes Zeichen eines Dirigenten wird der Sender ein- oder ausgeschaltet. Das Lied muss bei „Aus" im Kopf weitergesungen werden, damit es bei „Ein" wieder richtig fortgesetzt werden kann.

Begleitsatz für Stabspiele zu *Ah, vous dirai-je, Maman*

Benötigte Klangbausteine: c, d, e, f, g, a, h
Bassstäbe: C, F, G

C22

Playback zu *Ah, vous dirai-je, Maman* – Begleitsatz

Multimedialer Spiel-mit-Satz

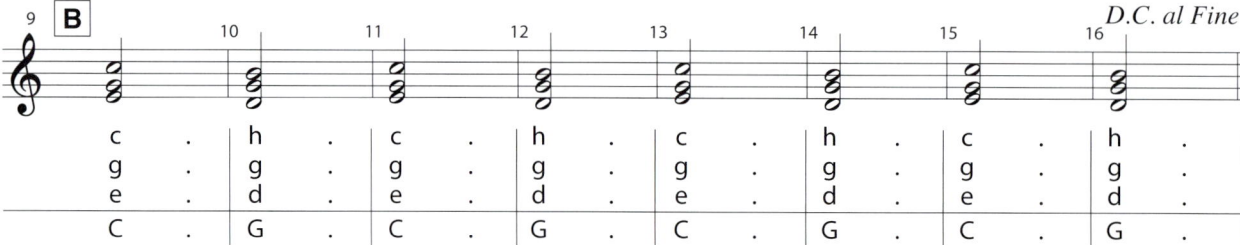

Variationsspektakel

Playback zu *Ah, vous dirai-je, Maman* – verschiedene Stilrichtungen

Bei diesem Hörbeispiel ist die Begleitung zu *Ah, vous dirai-je, Maman* in verschiedenen Stilrichtungen zu hören.

▶ Improvisiert zum Playback (Hörbeispiel C23).

Vokal
- Alle singen passend zum Playback auf Tonsilben und entfernen sich langsam von der Liedmelodie.
- Einer singt jeweils vier Takte vor – die anderen fahren fort.
- Einer singt jeweils vier Takte vor – die anderen fahren im Kontrast fort.

  Kontrastmöglichkeiten:
  hohe Töne – tiefe Töne, lange Töne – kurze Töne, viele Töne – wenige Töne, laute Töne – leise Töne, Melodie aufwärts – Melodie abwärts, lauter werden – leiser werden

Bewegung
- Einer gibt einen viertaktigen Bewegungsablauf vor – die anderen machen ihn nach oder setzen ihn fort.

Vokal und Bewegung
- Alle gehen im Raum herum und singen freie, passende Tonfolgen zum Playback.
- Jeder singt im Stehen frei zum Playback, wobei der Tonhöhenverlauf abwechselnd mit der re und li Hand oder mit beiden gleichzeitig angezeigt wird.
- Einer gibt vier Takte vor (Gesang und Bewegung) – die anderen machen dies nach.

Mozartvariationen

W. A. Mozart, *Zwölf Variationen über „Ah, vous dirai-je, Maman"* – Thema

Das Thema des französischen Kinderlieds *Ah, vous dirai-je, Maman* wurde in der Klavierfassung (Hörbeispiel C24) von W. A. Mozart durch Verzierungen kunstvoller gestaltet.

▶ Vergleicht die Kinderliedfassung *Ah, vous dirai-je, Maman* mit der Klavierfassung von Mozart. An welchen Stellen gibt es Unterschiede?

Variation

Figuralvariation

W. A. Mozart, *Zwölf Variationen über „Ah, vous dirai-je, Maman"* – 1. Variation

In der 1. Variation werden die Töne des Themas in der rechten Hand mit Figuren umspielt. Dies nennt man **Figuralvariation**.

Variation 1

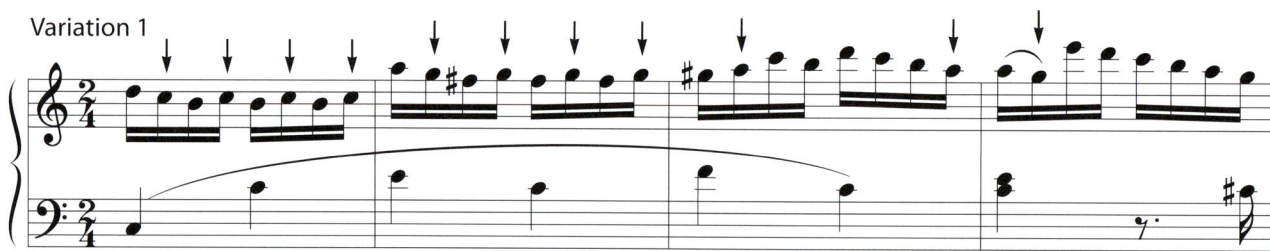

▶ Verfolgt die mit Pfeilen angegebenen Töne des Themas ↓.

Rhythmusvariation

W. A. Mozart, *Zwölf Variationen über „Ah, vous dirai-je, Maman"* – 5. Variation

In der 5. Variation wird das Thema in erster Linie durch den Rhythmus verändert. Dies ergibt eine **Rhythmusvariation**.

Variation 5

Charaktervariation

W. A. Mozart, *Zwölf Variationen über „Ah, vous dirai-je, Maman"* – 8. Variation

In der 8. Variation wird das Thema in Moll (Tongeschlecht) verarbeitet. Es hat dadurch vom Charakter her eine andere Wirkung. Dies bezeichnet man als **Charaktervariation**.

Variation 8

122

Ah, vous dirai-je, Maman im modernen Sound

W. A. Mozart, Zwölf Variationen über „Ah, vous dirai-je, Maman" (The Swingle Singers)

▶ Hört alle zwölf Variationen an, die in dieser Aufnahme von der weltbekannten Vokalgruppe **The Swingle Singers** virtuos interpretiert werden.

- Den ersten Teil jeder Variation könnt ihr im Notentext unten (Original) verfolgen.
- Welche der Aussagen treffen zu?

Thema

Variation 1

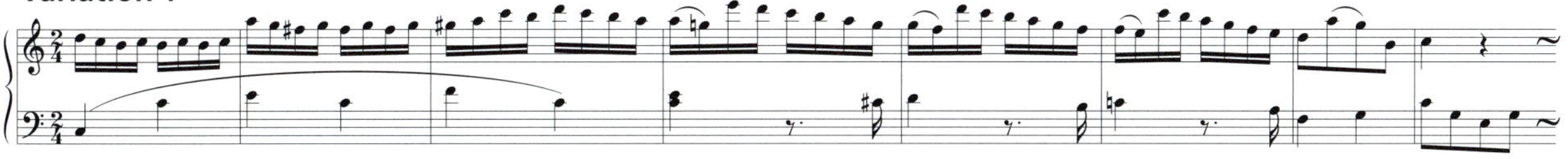

A Figuralvariation in der oberen Notenzeile   B presto   C adagio

Variation 2

A in der rechten Hand (oben) mehrstimmig   B Sechzehntelbewegung in der linken Hand (unten)   C pp

Variation 3

A Rhythmusvariation   B Triolen   C crescendo

Variation 4

A Triolen in der unteren Notenzeile   B obere Notenzeile mehrstimmig   C accelerando

Variation 5

A Rhythmusvariation   B ungerader Takt   C gezupfter Kontrabass

Variation 6

A obere Notenzeile mehrstimmig   B Auftakt   C Sechzehntelbewegung

Variation 7

[A] Sechzehntelbewegung   [B] C-Dur-Tonleiter in Takt 1 und Takt 2   [C] untere Notenzeile durchgehend einstimmig

Variation 8

[A] Charaktervariation   [B] Dur   [C] Moll

Variation 9

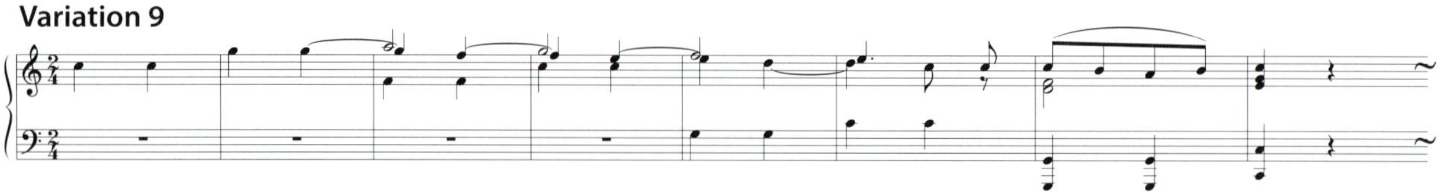

[A] ohne Schlagzeug   [B] Stimmen setzen nacheinander ein   [C] ritardando

Variation 10

[A] ungerader Takt   [B] presto   [C] durchgehendes Becken am Schlagzeug

Variation 11

[A] adagio   [B] ff   [C] Charaktervariation   [D] gefühlvoll

Variation 12

[A] Sechzehntelbewegung   [B] ungerader Takt   [C] presto

Quiz-Box 46

- Unterteilt man einen Notenwert in drei gleiche Teile, so spricht man von …
- Eine Achteltriole hat den Wert einer …
- Welcher Notenwert ist gleich lang wie eine Halbe-Triole?
- Wie lautet der Titel eines berühmten Werks von Maurice Ravel, das für seinen triolischen Rhythmus bekannt ist?

◆ **Mehr Fragen im MUSIKQUIZ**

Quiz-Box 47

- Für welche Besetzung hat Wolfgang Amadeus Mozart die Variationen über *Ah, vous dirai-je, Maman* im Original geschrieben?
- Wie nennt man eine Variation, wenn das Thema mit Figuren umspielt wird?
- Wie nennt man eine Variation, bei der der Rhythmus verändert wird?
- Wie nennt man eine Variation, bei der ein Dur-Thema in Moll verarbeitet wird?

THE TWELVE DAYS OF CHRISTMAS

Playback zu *The twelve days of Christmas*

Traditional

D1

1. On the first day of Christ-mas my true love sent to me a par-tridge— in a pear tree. 2. On the

sec-ond day of Christ-mas my true love sent to me two tur-tle doves and a par-tridge— in a pear

tree. 3. On the third day of Christ-mas my true love sent to me three French— hens,

two tur-tle doves and a par-tridge— in a pear tree. 4. On the fourth day of Christ-mas my

true love sent to me four call-ing birds, three French— hens, two tur-tle doves and a par-tridge— in a pear

tree. 5. On the fifth day of Christ-mas my true love sent to me five gold-en rings,

four— call-ing birds, three French hens, two— tur-tle doves and a par-tridge— in a pear tree.

Wh. so oft wie notwendig

6. On the— sixth day of Christ-mas my true love sent to me six—— geese a - lay - ing,
7. On the— sev-enth day of Christ-mas my true love sent to me sev-en swans a - swim-ming, (→6)
8. On the— eighth day of Christ-mas my true love sent to me eight—— maids a - milk-ing, (→7)
9. On the— ninth day of Christ-mas my true love sent to me nine—— la - dies danc-ing, (→8)
10. On the— tenth day of Christ-mas my true love sent to me ten—— lords a - leap-ing, (→9)
11. On the e - lev-enth day of Christ-mas my true love sent to me e - lev-en pip-ers pip-ing, (→10)
12. On the— twelfth day of Christ-mas my true love sent to me twelve—— drum-mers drum-ming, e-(→11)

five gold - en rings, four—— call - ing birds, three French hens,

two—— tur - tle doves and a par - tridge—— in a pear tree.

D.S.

125

Das Lied ist im englischsprachigen Raum weit verbreitet und erzählt von zwölf Weihnachtstagen (zwischen Weihnachten und dem Dreikönigstag), an denen die Menschen symbolische Geschenke erhalten, die für *biblische Inhalte* stehen.

A partridge in a pear tree
(ein Rebhuhn im Birnbaum)

Jesus Christus

Two turtle doves
(2 Turteltauben)

Altes und Neues Testament

Three French hens
(3 französische Hühner)

*die 3 göttlichen Tugenden:
Glaube, Hoffnung, Liebe*

Four calling birds
(4 zwitschernde Vögel)

die 4 Evangelien

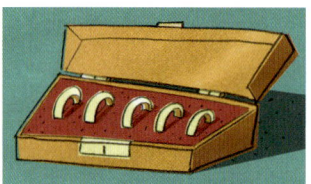

Five golden rings
(5 goldene Ringe)

*die ersten 5 Bücher des
Alten Testaments*

Six geese alaying
(6 Eier legende Gänse)

die 6 Tage der Schöpfung

Seven swans aswimming
(7 schwimmende Schwäne)

*die 7 Gaben des Heiligen
Geistes*

Eight maids amilking
(8 melkende Mägde)

*die 8 Seligpreisungen der
Bergpredigt*

Nine ladies dancing
(9 tanzende Frauen)

*die 9 Früchte des Heiligen
Geistes*

Ten lords aleaping
(10 springende Lords)

die 10 Gebote Gottes

Eleven pipers piping
(11 pfeifende Pfeifer)

die 11 treuen Apostel

Twelve drummers drumming
(12 trommelnde Trommler)

die 12 Glaubensbekenntnisse

The twelve days of Christmas (The King's Singers)

D2

Die **King's Singers** sind ein sechsköpfiges A-cappella-Ensemble (Vokalensemble ohne Instrumentalbegleitung) aus Großbritannien. Das Männerensemble wurde im Jahr 1968 gegründet.

▶ Die King's Singers singen mehrstimmig. Wie viele verschiedene Stimmen könnt ihr unterscheiden? Beschreibt die Unterschiede der Stimmen.

Musikinstrumente lassen sich nach der Art und Weise der Tonerzeugung in unterschiedliche Gruppen einteilen. Wesentlich ist für alle Instrumente, dass Schwingungen erzeugt werden und ein Resonanzkörper vorhanden ist, der diese Schwingungen verstärkt und besser hörbar macht.

Chordofone (Saitenklinger) sind Saiteninstrumente: Saiten, zumeist aus Kunststoff oder Stahl, werden gestrichen, gezupft oder angeschlagen.

▸ Welche der abgebildeten Instrumente kennt ihr? Wie werden sie gespielt? Was dient als Resonanzkörper?

Aerofone (Luftklinger) sind Blasinstrumente: Durch Anblasen wird eine umschlossene Luftsäule in einem Instrument, das aus Holz oder Metall gefertigt wird, in Schwingungen versetzt.

▸ Benennt die Instrumente rechts im Bild. Stellt fest, aus welchen Materialien sie gebaut werden und erklärt, wie die Tonerzeugung funktioniert.

▸ Findet passende Hörbeispiele zu den abgebildeten Instrumenten und lasst sie eure Mitschüler im Unterricht erraten.

◆ Instrumente selbst gemacht

Monochord
Mit einem Monochord (Einsaiter, einzelne Saite), das schon in der Antike verwendet wurde, könnt ihr experimentierend entdecken, wie man auf einem Saiteninstrument unterschiedliche Töne erzeugen kann.

Bauteile: Holzleiste, Nylonschnur, Ringschraube, der Länge nach halbierter Korken, Plastikdeckel

▸ Zupft die Saite des Monochords mit einem Finger und danach mit einem Plektrum (hartes Blättchen aus Plastik) und beachtet die unterschiedliche Klangfarbe. Verschiebt den Korken entlang der Holzleiste. Stellt fest, nach welchem Prinzip sich die Tonhöhe ändert.

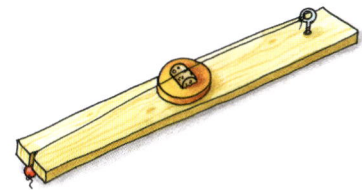

Flaschenorgel
Die grundsätzliche Funktionsweise eines Blasinstruments lässt sich mit folgendem Versuch leicht nachvollziehen.

▸ Füllt Glasflaschen gleicher Bauart (Dicke und Höhe) unterschiedlich mit Wasser und erzeugt durch Blasen an den Flaschenrand Töne. Was könnt ihr in Bezug auf die Tonhöhe feststellen und was lässt sich generell für Blasinstrumente daraus ableiten? Findet im Bild der Aerofone oben das Instrument mit einer ähnlichen Anblastechnik.

◆ Instrumentalensembles in verschiedenen Besetzungen

Der Begriff **Kammermusik** bezeichnet heute Musik für Ensembles in unterschiedlichen Besetzungen bis zu neun Ausführenden. Im Unterschied zur Konzertmusik großer Orchester ist Kammermusik musikalisch für kleinere Konzertsäle oder den privaten Gebrauch (z. B. Hausmusik) konzipiert.

Klaviertrio

Die Standardbesetzung besteht aus **Klavier**, **Violine** und **Violoncello**, manchmal ersetzen auch **Klarinette** oder **Querflöte** die Violine. Bedeutend war das Klaviertrio im 19. Jahrhundert. Der Komponist Robert Schumann (1810–1856/46 J.) bezeichnete das im Jahr 1840 uraufgeführte Klaviertrio in d-Moll op. 49 von Felix Mendelssohn Bartholdy (1809–1847/38 J.) als das „Meistertrio der Gegenwart": Vielleicht deshalb, weil der Komponist, anders als sonst üblich, die Instrumente als gleichberechtigte und selbstständige Partner verwendete.

F. Mendelssohn Bartholdy, Klaviertrio d-Moll, 2. Satz – Ausschnitt

D3

Bläserquintett

Traditionell setzt sich dieses Ensemble aus **Querflöte**, **Oboe**, **Klarinette**, **Fagott** und **Horn** zusammen. Ursprünglich wurde es zum Zweck der höfischen Unterhaltung (z. B. Freiluftkonzerte, Tafelmusik) eingesetzt. Paul Hindemith (1895–1963/68 J.) schrieb im Jahr 1922 für die Frankfurter Bläser-Kammermusikvereinigung die *Kleine Kammermusik für fünf Bläser*. Der tänzerische 5. Satz dieses Quintetts ist durch die Verwendung vieler Synkopen (Betonungsverschiebungen) rhythmisch sehr interessant.

P. Hindemith, *Kleine Kammermusik für fünf Bläser* op. 24/2, 5. Satz – Ausschnitt

D4

Jazztrio

In einem Jazztrio übernehmen verschiedene Instrumente die notwendigen Funktionen als Bass-, Melodie-, Akkord- und Rhythmusinstrument. Trios mit vielfältigen Besetzungen können z. B. folgende Instrumente umfassen: **Klavier**, **Kontrabass**, **Schlagzeug**, **Gitarre**, **Saxofon** und **Violine**.

▶ Hört im folgenden Hörbeispiel die Instrumente der drei Jazztrios heraus und schreibt sie in euer Heft.

Jazztrio-Medley, *Blue moon* (Stéphane-Grappelli-Trio), *I want to be happy* (Stan Getz & Oscar-Peterson-Trio), *Days of wine and roses* (Oscar-Peterson-Trio)

D5

◆ Die Instrumente des Orchesters

Die Fantasie op. 126 mit dem Untertitel *Erinnerung an Ernst* oder *Der Karneval von Venedig* hat Johann Strauß (Vater, 1804–1849/44 J.) geschrieben. Das Stück besteht aus Variationen für Orchester über das Lied *Mein Hut, der hat drei Ecken.*

▶ Verfolgt das Video bzw. das Hörbeispiel mithilfe der Tabelle. Achtet auf den Wechsel der Soloinstrumente.

J. Strauß (Vater), Fantasie op. 126 – Ausschnitt (Neujahrskonzert)

Übersichtstabelle

J. Strauß (Vater), Fantasie op. 126 – Ausschnitt (Neujahrskonzert)

D6

Zeit	Form	Instrumente
0:00	Einleitungsteil im ^{4}/4-Takt	
0:17	Thema im ^{3}/4-Takt (Mein Hut, der hat drei Ecken)	Violinen
0:40	1. Variation	Violinen
0:57	2. Variation	Oboe
1:15	3. Variation	Querflöten
1:32	4. Variation	Violoncelli / Harfe
1:49	5. Variation	Hörner / Violinen
2:05	6. Variation	Piccoloflöte
2:21	7. Variation	Oboe / Fagott
2:38	8. Variation	Trompeten / Querflöten
2:53	9. Variation	Violinen
3:11	10. Variation	Querflöte [und Klarinette]
3:26	11. Variation	Kontrabass
3:43	12. Variation	Solovioline / Fagott
4:00	13. Variation	Querflöten / Blechblasinstrumente
4:15	14. Variation	Oboe / Streicher
4:32	15. Variation	Klarinetten / Posaunen / Streicher
4:48	16. Variation	Hörner / Querflöten
5:04	Coda	tutti (alle)
5:31	Ende	

50 Musik hören und darstellen

Musik kann eine Quelle für Gefühle, Stimmungen, bildhafte Vorstellungen und Bewegungen sein. Einige Komponisten gestalten ihre Werke bewusst, um damit Außermusikalisches darzustellen und Gedankenbilder beim Hörer zu erzeugen. Mit kompositorischen Ausdrucksmitteln wie Melodie, Harmonie, Klangfarbe, Lautstärke, Tempo und Klangdichte malen sie geradezu „musikalische Bilder" oder geben Bewegungsimpulse.

◆ Musik in Bilder umsetzen

Der französische Komponist **Claude Debussy** vertonte im Klavierstück *Clair de lune* (Mondlicht) Stimmungen, die er mit dieser Situation verband und die im gleichlautenden Gedicht von Paul Verlaine beschrieben sind.

Arbeitsblatt *Clair de lune*

D7

C. Debussy, *Suite bergamasque*, 3. Satz, *Clair de lune*

▶ Stellt eure Empfindungen beim Hören des Stücks durch das Malen von Bildern dar. Zeichnet zuerst mit Wachsmalstiften eine realistische Landschaft bei Mondschein, danach eine von der Musik geleitete, abstrakte grafische Darstellung.

Ihr könnt allein arbeiten und Einzelbilder anfertigen oder zu zweit Partnerbilder malen: Dabei fängt einer an und der andere setzt fort. Im Verlauf des Musikstücks, das 4.13 Minuten dauert, sollt ihr mindestens sechsmal wechseln.

Bildvorlage *Clair de lune*

1. Hört den Beginn von *Clair de lune*, findet Wörter, die zur Musik passen und schreibt sie in euer Heft (Hauptwörter, Eigenschaftswörter, Zeitwörter).

2. Verwendet während des zweiten Hörens die Bildvorlage und berücksichtigt beim Malen die gefundenen Wörter.

3. Malt während des dritten Hörens auf einem leeren Din-A3-Blatt ein abstraktes (nicht gegenständliches) Bild. Lasst euch von der Musik leiten und bringt eure empfundenen Vorstellungen in Linien, Formen und Farben auf das Papier.

▶ Tauscht euch über eure Bilder aus, indem ihr beschreibt, welche Empfindungen die Musik bei euch ausgelöst hat und was davon auf eurem Bild zu sehen ist.

Claude Debussy (1862–1918/56 J.)

wurde durch die neue Kompositionstechnik der „Tonmalerei" einer der einflussreichsten Komponisten des 19. und 20. Jahrhunderts. Sein Einfluss ist noch heute in der Filmmusik und selbst im Jazz zu hören. Diesen neuen Musikstil, der nicht die Sache selbst, sondern den persönlichen Eindruck davon künstlerisch darstellt, nennt man **Impressionismus** (l' impression = der Eindruck).

◆ Musik in Bewegung umsetzen

Im Musikstück *Axel F* von **Harold Faltermeyer** ist ein durchlaufender dominanter Rhythmus zu hören.

H. Faltermeyer, *Axel F*

D8

▶ Setzt die stark rhythmischen Elemente in Bewegung um, indem ihr eine Maschine aus Menschen baut.

1. Beim ersten Hören stehen alle frei verteilt im Raum und finden zur Musik passende Bewegungen. Verwendet dabei verschiedene Körperteile und legt euch auf eine Bewegung fest, die ihr immer wiederholen könnt.

2. In Gruppen zu ca. 6 Personen wird eine Maschine aufgebaut:
   - Einer beginnt mit seiner zuvor gefundenen Bewegung, die er immer wiederholt.
   - Nach einiger Zeit schließt ein Zweiter an den Ersten an, indem er mit seiner eigenen Bewegung die Maschine weiterbaut.
   - Dies geht so lange, bis alle „Maschinenteile" in Betrieb sind.

3. Beim dritten Hördurchgang soll jede Gruppe ihre eigene Gestaltung finden: Einer der Gruppe ist Maschinenführer und steht außerhalb der Maschine, die anderen beginnen mit Einsetzen der Musik ihre gleichförmigen Bewegungen. Nun gibt der Maschinenführer Kommandos, auf die die Gruppe reagiert, z. B.:
   - stop = Maschine bleibt stehen
   - go = Maschine läuft
   - double time = Maschine läuft in doppelter Geschwindigkeit

Harold Faltermeyer (geb. 1952)

Dem in München geborenen deutschen Filmkomponisten gelang mit *Axel F*, der Titelmelodie des Films *Beverly Hills Cop*, 1984 ein Welthit. Er komponierte und produzierte u. a. auch die Filmmusik zu *Feuer und Eis*, *Asterix in Amerika* und *Didi – der Doppelgänger*. Aus seiner Feder stammen ebenfalls viele Titelmelodien zu Fernsehshows wie z. B. *Wetten, dass …?*

Quiz-Box 49

- Chordofone sind …
- Je länger die Saite eines Instruments, desto … der Ton.
- Bei Aerofonen entsteht ein Ton, indem …
- Die Standardbesetzung eines Klaviertrios besteht aus …

Quiz-Box 50

- Wie heißt die von Claude Debussy maßgeblich beeinflusste Musikrichtung?
- Das französische Wort „l'impression" heißt auf Deutsch …

◆ **Mehr Fragen im MUSIKQUIZ**

Zur Erinnerung

Bei der Aussprache des Vokals „U" sind die Lippen noch weiter vorgezogen als beim „O" und bilden eine kleine kreisförmige Öffnung. Die Zahnreihen sind geöffnet, die Zungenspitze liegt an den unteren Schneidezähnen, der Zungenrücken ist gewölbt, der Unterkiefer schiebt sich ein wenig nach oben.

▶ Der *U-Rap* enthält Wörter mit langem bzw. kurzem „U". Schreibt die U-Wörter heraus und sortiert sie nach Aussprache. Übt die Aussprache, bevor ihr den *U-Rap* zum Playback ausführt.

Playback zu *U-Rap*

D9

U-RAP

Text: Gerd Linke
© Helbling

Wenn die Mut-ter statt der But-ter nur ka-put-tes Hun-de-fut-ter voll Ver-druss be-sor-gen muss,

ist das rund-weg un-ge-sund und zur Lust ge-wiss kein Grund.

Doch be-hält sie gu-ten Mut, sie be-wahrt auch ru-hig Blut,

und nur ih-ren Bu-ben Knut bringt so was in pu-re Wut.

Und aus die-sem dum-men Grund kriegt den Schund der krum-me Hund, der nur

knurrt und et-was brummt, a-ber mun-ter dann ver-stummt.

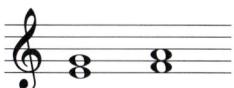

Eine **Terz** ergibt sich aus zwei Tönen, die entweder auf zwei benachbarten Linien oder in zwei benachbarten Zwischenräumen liegen. Z. B.:

Es gibt zwei Arten von Terzen:

a) große Terzen (4 Halbtonschritte)

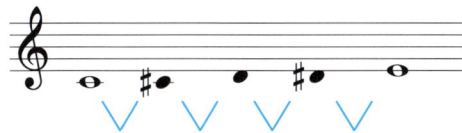

b) kleine Terzen (3 Halbtonschritte)

Ein **Dreiklang** besteht aus zwei übereinandergestellten Terzen. Es gibt vier Möglichkeiten, wie große und kleine Terzen angeordnet sein können. Die zwei häufigsten Formen der Anordnung ergeben den **Dur-Dreiklang** und den **Moll-Dreiklang**.

1. Dur-Dreiklang

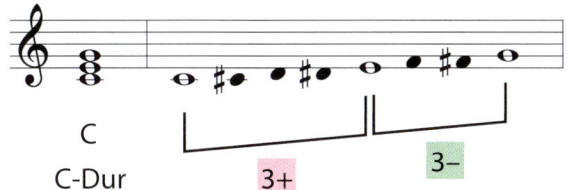

2. Moll-Dreiklang

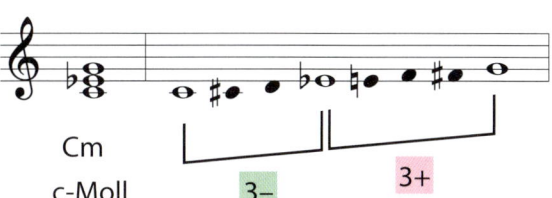

Lernspiel Look & click – Terzen und Dreiklänge

Es gibt noch zwei Möglichkeiten, wie man große und kleine Terzen kombinieren kann. Man erhält dann folgende Dreiklänge:

3. verminderter Dreiklang

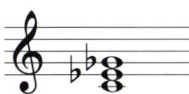

C-vermindert

4. übermäßiger Dreiklang

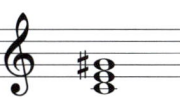

C-übermäßig

Dreiklänge im Überblick

Dur-Dreiklang	Moll-Dreiklang	verminderter Dreiklang	übermäßiger Dreiklang
3– kleine Terz 3+ große Terz	3+ große Terz 3– kleine Terz	3– kleine Terz 3– kleine Terz	3+ große Terz 3+ große Terz

▶ Löst die Aufgabenstellung zu Terzen und Dreiklängen auf dem Arbeitsblatt.

Arbeitsblatt Dreiklänge

DREIKLANGSMELODIE

D10

Playback zu *Dreiklangsmelodie*

Text und Musik: Gerhard Wanker
© Helbling

Melodie — Vorspiel

Begleitung

Am   Am   Em   Em   F   F   Dm   G

Lied

Hört mal her, das ist die Drei-klangs-me-lo-die, heu-te swingt sie wie noch

C   C   Dm   Dm   G   G

nie, noch nie.___ Wenn wir sin-gen, ob al-lei-ne, ob im Chor,

C   C   C   C   Dm   Dm

je-der gibt sein Bes-tes und singt vor.
Solist:
Hör die klei-nen Ter-zen, auch gro-ße geh'n zu Her-zen,
(la la la la la la, la la la la la la la.)

G   G   C   C   Am   Am   Em   Em

und jetzt noch die Ton-lei-ter und

1.–4.
dann geht's wie-der los!

5.
dann ist Schluss!

F   F   Dm   G   C   G   C

• Singt nebenstehende Tonfolge leicht und locker und lasst den Unterkiefer nach jeder Silbe fallen:

la la la la la la ...
mi mi mi mi mi mi ...
so so so so so so ...

134

▶ Singt und spielt das Stück mit Begleitinstrumenten (Stabspielen). Die Takte 13 und 14 können auch von einem Solisten auf Tonsilben gesungen werden (la, mi, so).

◆ Improvisation mit Dreiklang und Tonleiter

▶ Beim Improvisationsmodell unten füllt der Solist jeweils den zweiten Takt (Break) entweder nur mit den Dreiklangstönen oder mit allen Tönen der C-Dur-Tonleiter aus.

Playback zu *Improvisation mit Dreiklang und Tonleiter*

D11

Hinweise

- Die Solostimme kann mit einem Stabspiel oder auch anderen Instrumenten besetzt werden.
- Jeder Solist spielt Takt 2 mindestens viermal, bevor der nächste Solist an der Reihe ist.
- Die Einzelstimmen können mit vollständigen Stabspielen oder mit Klangbausteinen besetzt werden.
- Als Rhythmusinstrumente können Trommeln, Claves etc. oder auch körpereigene Instrumente (klatschen, schnipsen etc.) verwendet werden.

Unter **Lateinamerika** versteht man die amerikanischen Länder südlich der USA, in denen das Spanische oder das Portugiesische vorherrscht: Südamerika, Mittelamerika, die Karibik und Mexiko.

Die Musik Lateinamerikas ist geprägt durch die Vermischung verschiedener Traditionen, woraus neue musikalische Stile entstanden. Europäische Einwanderer trugen dazu ebenso bei wie die in die Neue Welt verschleppten afrikanischen Sklaven, aber auch die amerikanischen Ureinwohner.

Zu den bekanntesten Musikstilen Lateinamerikas zählen Samba (Brasilien), Calypso (Trinidad), Salsa (Kuba) und Tango (Argentinien).

◆ Oye como va

Tito Puente mit Timbales

Oye como va stammt von **Tito Puente** (1923–2000/ 77 J.). Tito Puente wurde als Komponist und Timbales-Spieler (Timbales = einfach bespannte Trommeln) weltberühmt.

Er war ein wichtiger Vertreter der Musikrichtung **Salsa**, die eine Mischung von afrokubanischer Volksmusik und lateinamerikanischem Jazz darstellt.

Standardbesetzung der Salsa
1–2 Leadsänger, 2–5 Blechblasinstrumente (brass instruments), Klavier, Bass, Congas, Timbales, Bongos, Cowbell und verschiedene kleine Percussioninstrumente.

Oye como va (deutsch: Hör, wie er klingt bzw. gespielt wird! – der Rhythmus ist gemeint) wurde mehrfach bearbeitet. In der Fassung von Carlos Santana (1970) wurde dieser Song weltberühmt.

Carlos Santana

Oye como va (Carlos Santana)

D12

136

Spiel-mit-Satz zu *Oye como va*

Multimedialer Spiel-mit-Satz *Oye como va* (Swing&Musical-Orchester Graz)

Einrichtung: Bernhard Gritsch · © Helbling **D13**

La Bamba ist ein mexikanisches Volkslied und wurde erstmals von Ritchie Valens im Jahr 1958 in einer populären Version auf Schallplatte aufgenommen. Seither gab es viele Einspielungen von verschiedensten Interpreten: *La Bamba* wurde ein Welthit der lateinamerikanischen Musik.

LA BAMBA

Playback zu *La Bamba*

Traditional aus Mexiko
Deutscher Text: Maria Schausberger
© Helbling

Lateinamerikanische Tänze haben das Zentrum der Bewegung im Becken:

- Beugt ein wenig eure Knie, um größtmögliche Bewegungsfreiheit im Becken zu haben. Geht zum Hörbeispiel D15 in ganz kleinen Schritten locker durch den Raum und bewegt dazu das Becken kreisförmig.

- Schreibt mit eurem Becken Ziffern und Buchstaben nach (siehe rechts).

- Die temperamentvollen Klänge ihrer Musik unterstützen Südamerikaner noch mit hohen und lauten Rufen. Ruft zum Hörbeispiel z. B.: „Brrr! Iiih! La Bamba! Olé! Arriba, arriba!"

- Singt die letzten acht Takte:

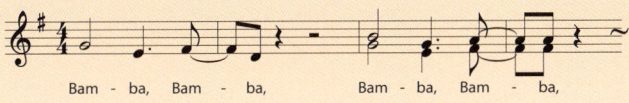

Bam - ba, Bam - ba,   Bam - ba, Bam - ba,

Bewegungsvorschlag zu *La Bamba*

La Bamba (Ritchie Valens)

D15

Strophe
frei vorwärts, rückwärts, seitwärts etc. zum zweitaktigen Grundrhythmus bewegen:

Refrain
den Refrain mitsingen und gleichzeitig mit dem Becken Ziffern und Buchstaben nachschreiben

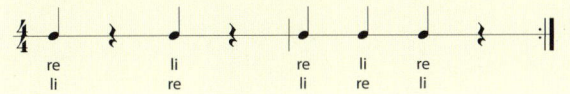

re   li   re   li   re
li   re   li   re   li

Ritchie Valens

wurde im Jahr 1941 in Los Angeles, Kalifornien, geboren. Sein Aufstieg zu Weltruhm erfolgte in den Jahren 1958/59. Ritchie konnte seinen Erfolg allerdings nur sehr kurz genießen, da er im 18. Lebensjahr bei einem Flugzeugabsturz auf tragische Weise ums Leben kam. Ein bedeutendes Zeichen seines Ruhms ist der Stern mit seinem Namen am sogenannten „Walk of Fame", einer Straße in Los Angeles, die an Weltstars aus dem Bereich des Films und des Showbusiness erinnert.

Quiz-Box 52

- Wodurch unterscheidet sich eine kleine Terz von einer großen?
- Welcher Dreiklang besteht aus einer großen und einer darüberliegenden kleinen Terz?
- Setzt man auf eine kleine Terz eine große Terz, so ergibt das einen …
- Wie nennt man einen Dreiklang, der aus zwei übereinanderliegenden kleinen Terzen besteht?
- Ein übermäßiger Dreiklang besteht aus …

Quiz-Box 53

- Wie heißt die Musikrichtung, die aus einer Mischung von afrokubanischer Volksmusik und lateinamerikanischem Jazz besteht?
- Von wem stammt das Musikstück *Oye como va*?
- *La Bamba* ist ein Volkslied und stammt ursprünglich aus …
- Wo befindet sich der „Walk of Fame"?

◆ **Mehr Fragen im MUSIKQUIZ**

54 Synkope

In jedem Takt gibt es betonte und unbetonte Taktteile. Die natürlichen Schwerpunkte sind in den folgenden Beispielen (^{2}/4-, ^{4}/4- und ^{3}/4-Takt) durch das Betonungszeichen > markiert.

▶ Klatscht die Notenwerte und stampft die Punkte:

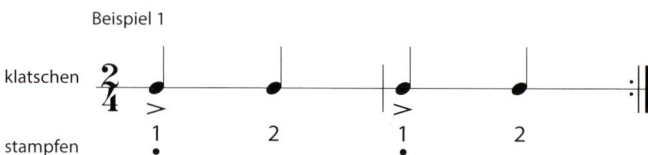

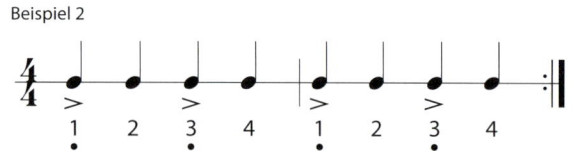

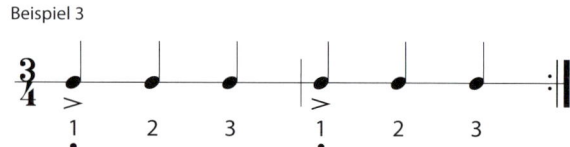

Ein Haltebogen hält zwei Noten mit gleicher Tonhöhe zusammen.
Man spielt nur die erste Note, hält sie aber bis zum Gesamtwert der verbundenen Noten aus. (Beim rechten Beispiel beträgt der Gesamtwert eine Halbe Note.)

Haltebogen

▶ Klatscht zwei Beispiele im ^{4}/4-Takt mit Betonungsverschiebungen:

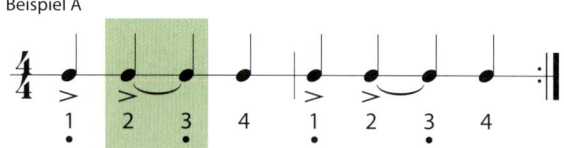

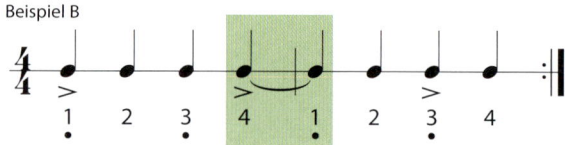

Eine Betonungsverschiebung, wodurch ein unbetonter Taktteil zu einem betonten wird, heißt **Synkope**.

▶ Wohin wurden bei den Beispielen A, B die natürlichen Akzente verschoben?

VIVA LA MUSICA
KANON MIT EINER SYNKOPE

Michael Praetorius

Vi - va, vi - va la mu - si - ca! Vi - va, vi - va la

mu - si - ca! Vi - va la mu - si - ca!

- Im Stehen: Nach dem Erklimmen eines Bergs lasst ihr erschöpft euren Atem ausströmen („fuuuuh"). Beim Einatmen blickt ihr in die Ferne. Hebt dabei eure Hand über die Augen, um sie vor der starken Sonne zu schützen.
- Ihr steht auf der Bergspitze und ruft laut und mit erhobener Stimme zum nächsten Gipfel: „Viva la musica!"
- Singt die ersten beiden Takte des Lieds und achtet besonders auf die stimmhafte, deutliche Aussprache des „V" bei „Viva" und des „M" bei „musica".

FREUDE, SCHÖNER GÖTTERFUNKEN

▶ Singt die Melodie mit dem Text und achtet dabei auf die **Synkope**.

1. Freu - de, schö - ner Göt - ter - fun - ken, Toch - ter aus E - ly - si - um,

wir be - tre - ten feu - er - trun - ken, Himm - li - sche, dein Hei - lig - tum.

Dei - ne Zau - ber bin - den___ wie - der, was die___ Mo - de streng ge - teilt; al -

- le Men - schen wer - den Brü - der, wo dein sanf - ter Flü - gel weilt.

Diese Melodie stammt aus dem 4. Satz der 9. Sinfonie von Ludwig van Beethoven. Erstmalig wurden hier bei einer Sinfonie Chor und Gesangssolisten eingesetzt. Der Text stammt von Friedrich Schiller (Ode *An die Freude*). Beethoven hat an der farblich markierten Stelle eine **Synkope** verwendet.

L. v. Beethoven, Sinfonie Nr. 9, 4. Satz – Ausschnitt

D16

▶ Lest beim Hören des Hörbeispiels D16 den Text mit und achtet darauf, wann ihr die Solisten bzw. den Chor hört.

O Freunde, nicht diese Töne!
Sondern lasst uns angenehmere anstimmen
und freudenvollere!

1. Freude, schöner Götterfunken,
   Tochter aus Elysium,
   wir betreten feuertrunken,
   Himmlische, dein Heiligtum.
   ‖: Deine Zauber binden wieder,
   was die Mode streng geteilt;
   alle Menschen werden Brüder,
   wo dein sanfter Flügel weilt. :‖

2. Wem der große Wurf gelungen,
   eines Freundes Freund zu sein,
   wer ein holdes Weib errungen,
   mische seinen Jubel ein!
   ‖: Ja, wer auch nur eine Seele
   sein nennt auf dem Erdenrund!
   Und wer's nie gekonnt, der stehle
   weinend sich aus diesem Bund! :‖

Die menschliche Stimme wird eingeteilt in:

hohe Frauenstimme = **Sopran**
mittlere Frauenstimme = Mezzosopran
tiefe Frauenstimme = **Alt**

hohe Männerstimme = **Tenor**
mittlere Männerstimme = Bariton
tiefe Männerstimme = **Bass**

In einem gemischten Chor gibt es gewöhnlich die Stimmlagen Sopran, Alt, Tenor und Bass.

◆ Playbacksingen

Bei Film- oder Fernsehaufnahmen nennt man das Übereinstimmen von Bild, Sprechton und Musik **Synchronisation**. Wenn ein Vollplayback (fertige Tonaufnahme) verwendet wird, muss der Sänger dazu die richtigen Mundbewegungen machen.

L. v. Beethoven, Sinfonie Nr. 9, 4. Satz – Ausschnitt

Beethoven setzte in seiner 9. Sinfonie vier Solistinnen und Solisten in den Stimmlagen Sopran (S) – Alt (A) – Tenor (T) – Bariton (Brt) ein.

L. v. Beethoven, Sinfonie Nr. 9, 4. Satz – Ausschnitt

D16

▶ Synchronisiert den Musikausschnitt (Hörbeispiel D16) für einen Film. Der Ton kommt von der CD, das Optische (Aufstellung, Mundbewegungen etc.) müsst ihr an die Musik anpassen.

Ludwig van Beethoven

Beethovens 9. Sinfonie

Eine Sinfonie ist eigentlich ein Instrumentalwerk für Orchester. In der 9. Sinfonie von Ludwig van Beethoven wurden aber zum ersten Mal in der Musikgeschichte auch vier Gesangssolisten und ein gemischter Chor eingesetzt. Das Hauptthema des 4. Satzes ist so eindrucksvoll, dass es im Jahr 1972 zur offiziellen Europahymne bestimmt wurde. Beethoven schrieb diese Sinfonie in völliger Taubheit drei Jahre vor seinem Tod in Wien. Das Autograf (Originalhandschrift) befindet sich in der Staatsbibliothek in Berlin.

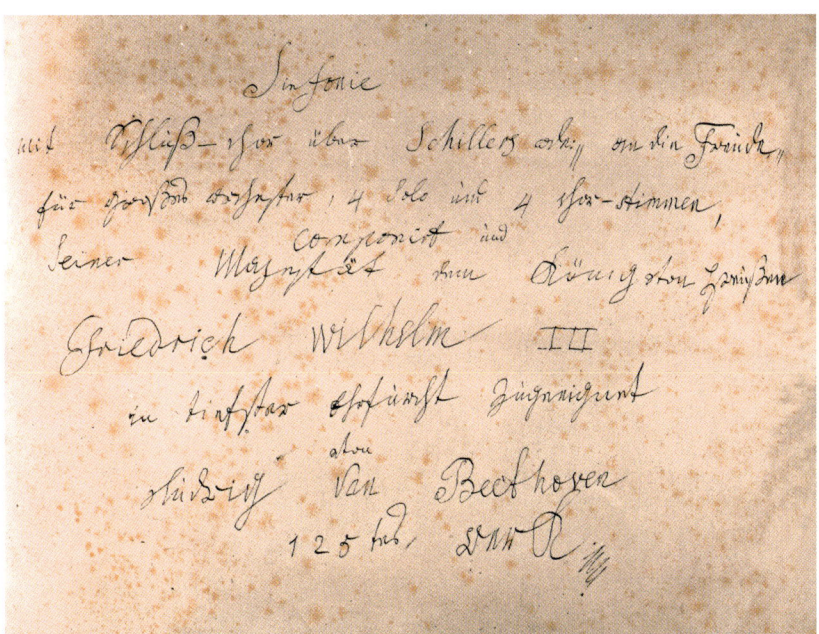

Beethovens Handschrift
Sinfonie mit Schlusschor über Schillers Ode „An die Freude" für großes Orchester, 4 Solo- und 4 Chorstimmen, komponiert und Seiner Majestät, dem König von Preußen, Friedrich Wilhelm III., in tiefster Ehrfurcht zugeeignet von Ludwig van Beethoven.

Friedrich Wilhelm III. von Preußen

Quiz-Box 54

- Wie wird die Betonungsverschiebung von einem betonten auf einen unbetonten Taktteil bezeichnet?
- Von wem stammt der Text der Ode *An die Freude*, die in der 9. Sinfonie von Ludwig van Beethoven verwendet wird?

Quiz-Box 55

- Welche Stimmlage bezeichnet die mittlere Frauenstimme?
- Wie heißt die männliche Stimmlage zwischen Tenor und Bass?
- Wie viele verschiedene Stimmlagen gibt es in der Regel in einem gemischten Chor?

◆ **Mehr Fragen im MUSIKQUIZ**

56 A-Rap

Zur Erinnerung

Bei der Aussprache des Vokals „A" ist der Mund geöffnet, ebenso die Zahnreihen. Die Zunge liegt flach am Boden des Mundraums, die Zungenspitze berührt die unteren Schneidezähne (Unterkiefer lockern – Kaubewegung). Beim „A" ist der Mundraum am weitesten geöffnet (Gähnstellung).

▶ Der *A-Rap* enthält Wörter mit langem bzw. kurzem „A". Schreibt die A-Wörter heraus und sortiert sie nach der Aussprache. Übt die Aussprache, bevor ihr den *A-Rap* zum Playback ausführt.

Playback zu *A-Rap*

D17

A-RAP

Text: Gerd Linke
© Helbling

Da im Saal gab's ein - mal ei - nen wahr - haf - ten Skan - dal!

In der Hal - le gab's Kra - wal - le mit Ge - kra - che und Ge -

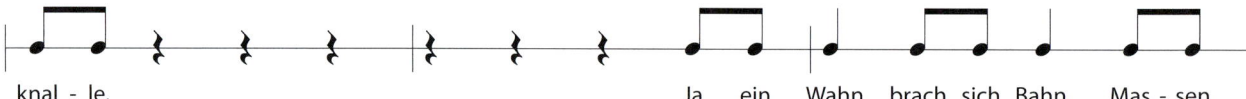

knal - le. Ja ein Wahn brach sich Bahn, Mas - sen

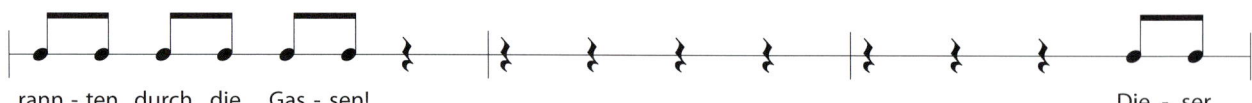

rann - ten durch die Gas - sen! Die - ser

Kampf und die - se Schlacht ras - ten gar die gan - ze Nacht!

Die **pentatonische Tonleiter** besteht aus fünf Tönen (griechisch penta = fünf). Kennzeichnend ist das Fehlen von Halbtonschritten.

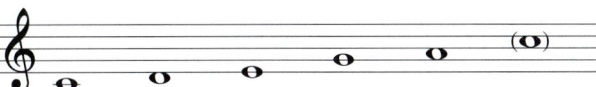

Diese Tonleiter wird häufig in der fernöstlichen Musik (z. B. China, Japan, Indien, Indonesien), aber auch in der Musik des Balkans und Nordeuropas verwendet. Charakteristisch ist der schwebende Klangeindruck, wie das folgende Hörbeispiel zeigt.

Midnight Crescent – Ausschnitt

D18

WAN SHIA
ABENDDÄMMERUNG

Playback zu *Wan Shia*

D19

Musik: Gen-Hu Wan
© Helbling

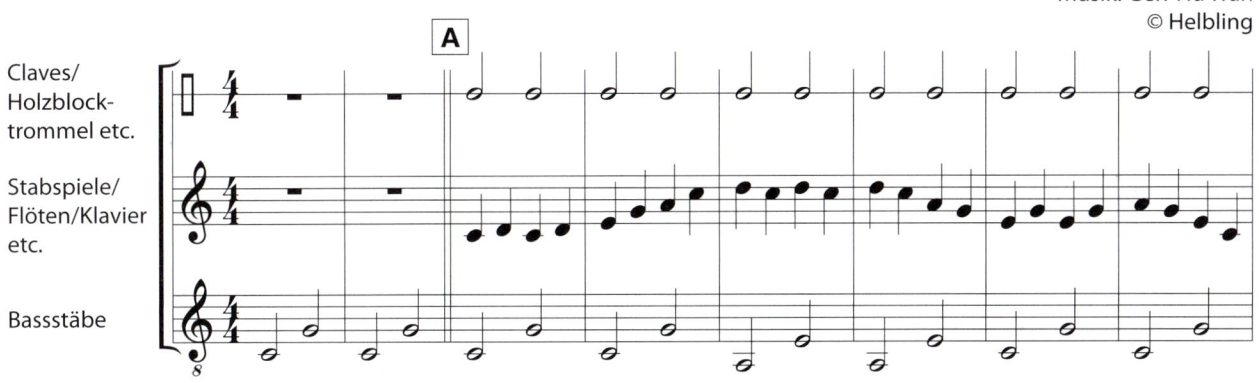

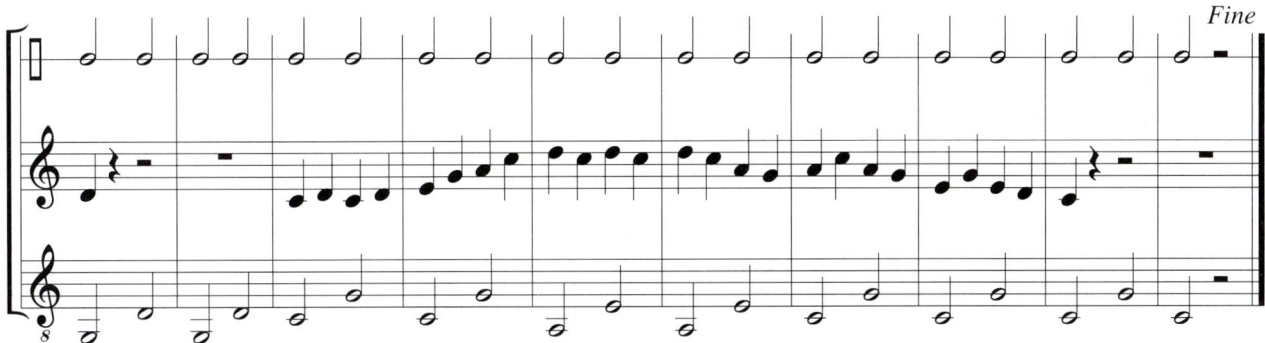

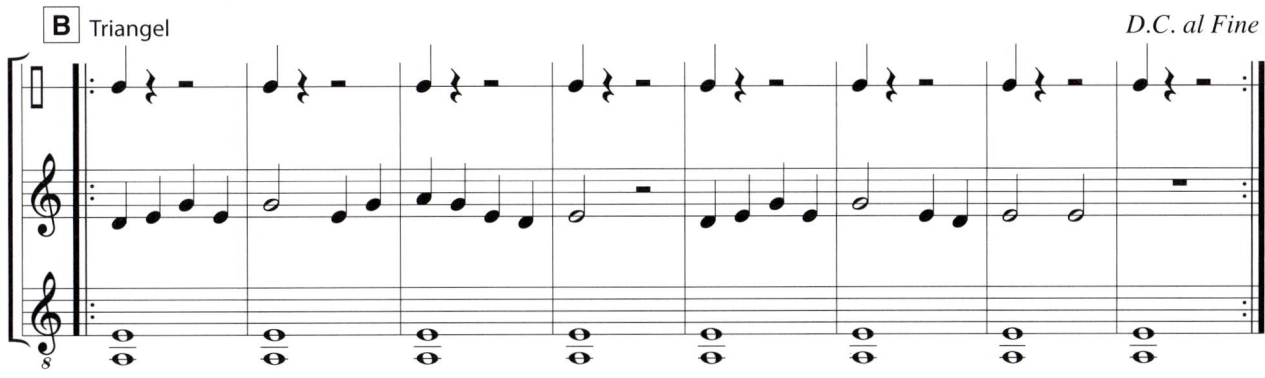

▶ Spielt *Wan Shia* (Ablauf: A–B–A) auf den vorhandenen Instrumenten mit oder ohne Playback (Hörbeispiel D19).

Die Melodie des Lieds *Land of the silver birch* ist auf der folgenden *pentatonischen Tonleiter* aufgebaut:

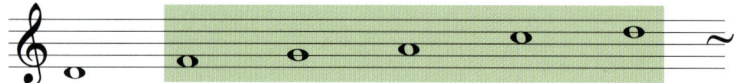

Im Lied wird der Ton d als Grundton verwendet (Moll-Pentatonik).

LAND OF THE SILVER BIRCH

D20

Playback zu *Land of the silver birch* – pentatonisch

D21

Playback zu *Land of the silver birch* – jazzig

aus Kanada, Autor unbekannt

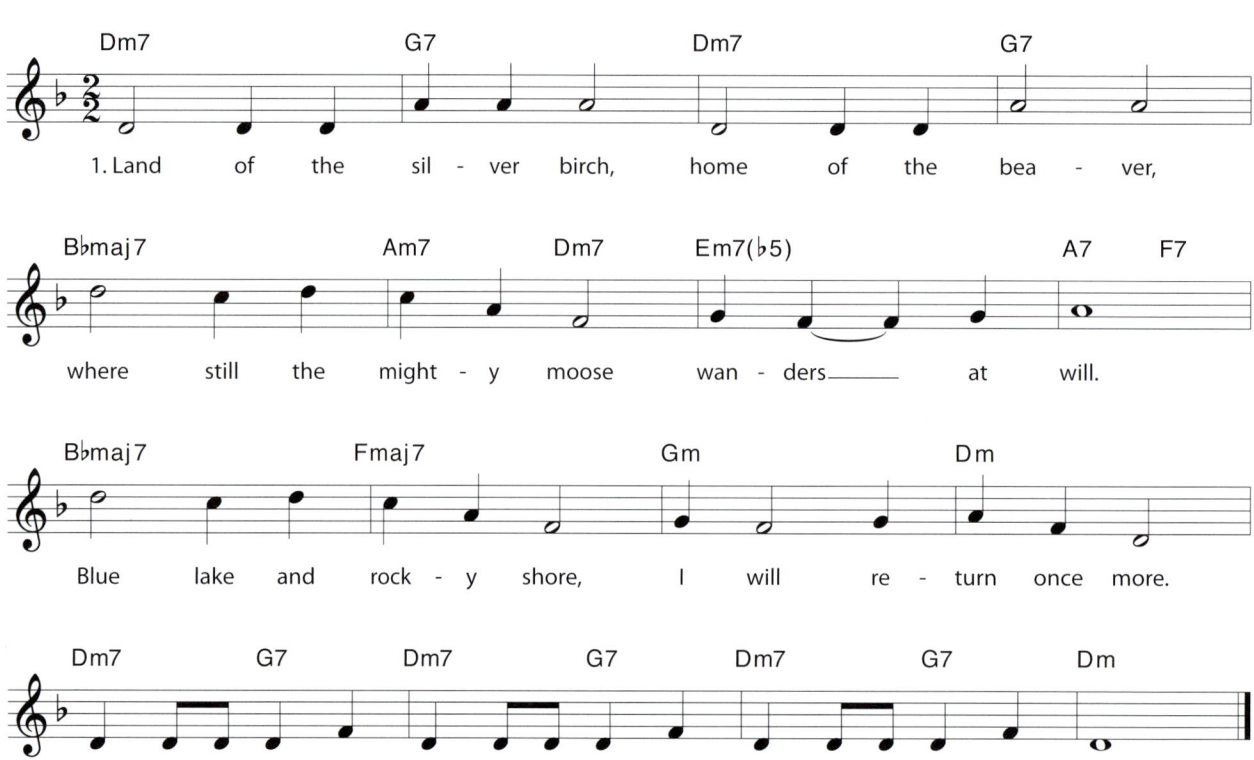

2. High on a rocky ledge,
   I'll build my wigwam,
   close by the water's edge
   silent and still.
   Blue lake ...

3. Down in the forest glade
   deep in the lowlands,
   my heart cries out for thee,
   hills of the north.
   Blue lake ...

Deutsche Übersetzung
1. Land der Weißbirke, Heimat des Bibers, wo noch der mächtige Elch frei herumstreift.
   Blaue Seen und felsige Küste, eines Tages werde ich zurückkehren.
2. Hoch auf einem Felsvorsprung werde ich mein Wigwam bauen, nahe am ruhigen und stillen Ufer.
   Blaue Seen …
3. Dort bei der Waldlichtung mitten im Tiefland ruft (sehnt sich) mein Herz nach euch – Berge des Nordens.
   Blaue Seen …

- Bewegt Oberkörper, Becken, Arme und Kopf wie Bäume im Wind.
- Im Stehen: Ausatmen, durch die Nase einatmen und auf „f" langsam ausatmen.
- Sprecht den Text der letzten vier Takte (Boom de de boom boom …) im richtigen Rhythmus.
- Singt die pentatonische Skala, die in diesem Lied vorkommt, auf verschiedenen Tonsilben (no, si, du etc.), um euch an diese Tonleiter zu gewöhnen:

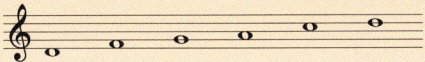

Instrumentalbegleitung für Stabspiele zu *Land of the silver birch*

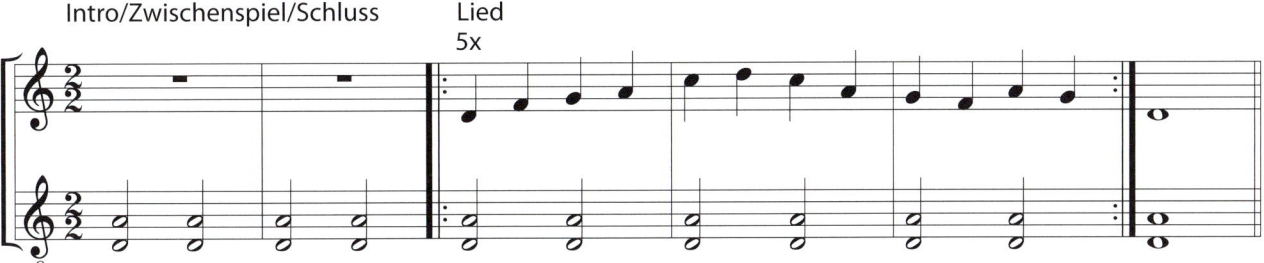

Hinweise

- Bei der Instrumentalbegleitung für Stabspiele werden nur Töne der pentatonischen Tonleiter verwendet (Hörbeispiel D20).

- Über dem Lied stehen Harmoniesymbole, die im Jazz verwendet werden (Hörbeispiel D21).

Quiz-Box 57

- Welche Tonleiter besteht aus fünf Tönen?
- Was ist für eine pentatonische Tonleiter kennzeichnend?

- In welcher Musik wird die pentatonische Tonleiter häufig verwendet?

◆ **Mehr Fragen im MUSIKQUIZ**

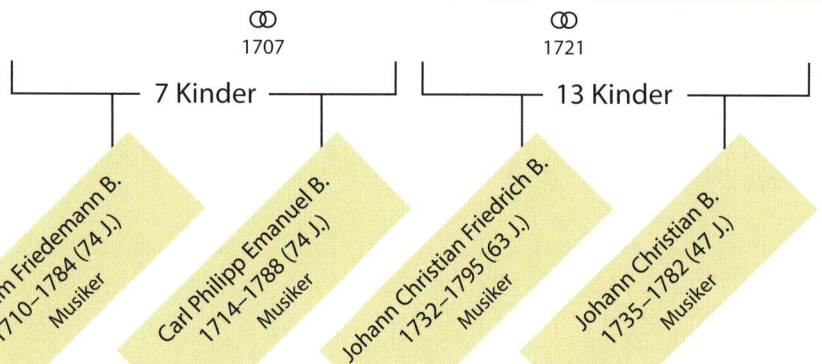

Johann Sebastian Bach

Maria Barbara Bach 1684–1720 (36 J.) 1. Frau (Cousine 2. Grades)	**Johann Sebastian Bach** 1685–1750 (65 J.)

Anna Magdalena Wilcken 1701–1760 (58 J.) 2. Frau

⚭ 1707   ⚭ 1721

7 Kinder   13 Kinder

Wilhelm Friedemann B. 1710–1784 (74 J.) Musiker

Carl Philipp Emanuel B. 1714–1788 (74 J.) Musiker

Johann Christian Friedrich B. 1732–1795 (63 J.) Musiker

Johann Christian B. 1735–1782 (47 J.) Musiker

◆ Biografischer Runder Tisch

▶ In einer Fernsehsendung wird das Thema „Bach, der größte Musiker aller Zeiten?" diskutiert. Ein Moderator führt durch das Gespräch und geht auf die Stichwörterkarten der drei mitwirkenden Personen (Experte, Anna M. Wilcken, J. S. Bach) ein. Entscheidet euch für eine Person, sucht zusätzliche Informationen aus Fachbüchern oder aus dem Internet und spielt die Sendung.

Moderator

Experte   ◯   Johann Sebastian Bach

Anna Magdalena Wilcken

Bach = größte Musikerfamilie der Musikgeschichte. Ausgezeichnete Musiker und Komponisten über mehrere Generationen.

Beethoven: „Nicht Bach, sondern Meer" soll er heißen.

Sechs Instrumentalkonzerte sind dem Markgrafen Christian Ludwig von Brandenburg gewidmet (Brandenburgische Konzerte).

Das Wohltemperierte Klavier = eine Sammlung von Klavierstücken in allen Dur- und Molltonarten.

Matthäuspassion = mit knapp drei Stunden Aufführungsdauer Bachs umfangreichstes Werk.

Sängerin und die zweite Frau von Johann Sebastian.

Mit seiner ersten Frau Maria Barbara hatte er sieben Kinder, mit mir 13. Sechs der 20 Kinder starben sehr früh.

Er schrieb für mich das *Clavierbüchlein für Anna Magdalena Bach*.

1685 in Eisenach geboren. Nach dem frühen Tod der Eltern in seinem 10. Lebensjahr aufgewachsen beim Bruder Johann Christoph (Organist in Ohrdruf).

Mit 18 Jahren Organist in Arnstadt.

Mit 22 Jahren Organist in Mühlhausen.

Mit 23 Jahren Hoforganist und Kammermusikus in der Kapelle des Herzogs Wilhelm Ernst von Sachsen-Weimar.

Mit 32 Jahren Kapellmeister am Hof in Köthen.

Vom 38. Lebensjahr bis zum Tod Kantor an der Thomaskirche in Leipzig (musikalische Gestaltung der Gottesdienste).

◆ Wichtige Stationen im Leben Johann Sebastian Bachs

Lüneburg
(16–17 J.)

Köthen
(32–36 J.)

Mühlhausen
(22–23 J.)

Eisenach
(0–10 J.)

Leipzig
(38–65 J.)

Weimar
(23–32 J.)

Ohrdruf
(10–15 J.)

Arnstadt
(18–22 J.)

◆ Bach und die Orgel

J. S. Bach war ein ausgezeichneter Organist, der die Kunst der Improvisation perfekt beherrschte. Er wurde auch öfter gebeten, eine Orgel abzunehmen, d. h. eine neu gebaute Orgel auf ihre Tauglichkeit zu überprüfen und sie freizugeben, so z. B. als 18-Jähriger in Arnstadt, wo er die Organistenstelle bekam. In Arnstadt entstand auch die berühmte Passacaglia für Orgel in c-Moll.

Passacaglia für Orgel in c-Moll

Eine Passacaglia ist eine Variationsform, meist über ein 8-taktiges Thema im Bass. Nach der unbegleiteten Vorstellung des Themas als Pedalsolo folgen 20 Variationen, wobei das Thema im Bass immer gleich bleibt.

▶ Während des Hörens kann das Thema vokal oder instrumental mitmusiziert werden.

J. S. Bach, Passacaglia in c-Moll – Beginn

D22

Passacaglia-Thema mit Textmerkhilfe

Das ist die Pas - sa - cag - li - a für Or - gel in c - Moll von Bach.

◆ Bach und das Klavier

Sein Hauptwerk für Tasteninstrumente ist das „Das Wohltemperierte Klavier", eine Sammlung von Klavierstücken in allen Dur- und Molltonarten. Außerdem schrieb er noch zwei- und dreistimmige Inventionen (Invention = musikalische Erfindung).

Invention Nr. 1 in C-Dur BWV 772

J. S. Bach, Invention Nr. 1

Rhythvention zu Invention Nr. 1 in C-Dur

▶ Führt die Rhythvention (Invention Nr. 1 – gekürzt) paarweise (Person 1, Person 2) zum Hörbeispiel D24 aus. Fingerspiel: Die Ziffern über den Noten kennzeichnen die Finger.

J. S. Bach, Invention Nr. 1 – gekürzt

Hinweis: Die Fingerspielversion kann auch mit Percussioninstrumenten ausgeführt werden.

◆ Bachs Orchestermusik

Die sechs Brandenburgischen Konzerte sind mehrsätzige Musikstücke, in welchen neben einem Streichorchester auch verschiedene Soloinstrumente eingesetzt werden.

Brandenburgisches Konzert Nr. 4, 2. Satz

In diesem langsamen Satz wechselt sich die Solistengruppe (Concertino) mit dem Orchester (Tutti) ab. Diese musikalische Gattung nennt man **Concerto grosso**.

Tutti	Concertino
1. Violine	Violine
2. Violine	1. Blockflöte
Viola	2. Blockflöte
Violoncello	
Kontrabass	
Cembalo	

▶ Die Tutti-Gruppe und die Concertino-Gruppe stellen sich im Klassenraum gegenüber auf. Zur Musik wird pantomimisch die Ausführung dargestellt. Achtet dabei besonders auf die Echowirkung.

J. S. Bach,
*Brandenburgisches
Konzert Nr. 4,
2. Satz – Ausschnitt*

D25

151

Das **Rondo** (dt. Rundgesang) ist eine musikalische Form, bei der ein gleichbleibender, mehrmals wiederkehrender Teil mit verschiedenen Zwischenteilen wechselt.

Der gleichbleibende, immer wiederkehrende Teil heißt **Refrain**, die wechselnden Zwischenteile nennt man **Couplets**.

◆ Kettenrondo

Ein **Kettenrondo** entsteht dann, wenn sich alle Zwischenteile (Couplets) voneinander unterscheiden.

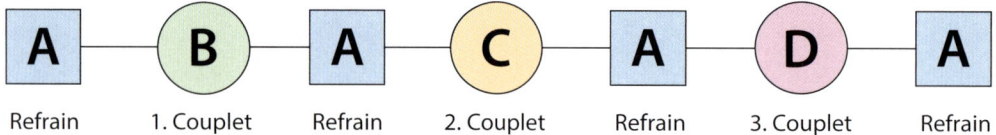

A	B	A	C	A	D	A
Refrain	1. Couplet	Refrain	2. Couplet	Refrain	3. Couplet	Refrain

WENNWANNWOWASWIEWER?!?

Text und Musik: Bernhard Gritsch
© Helbling

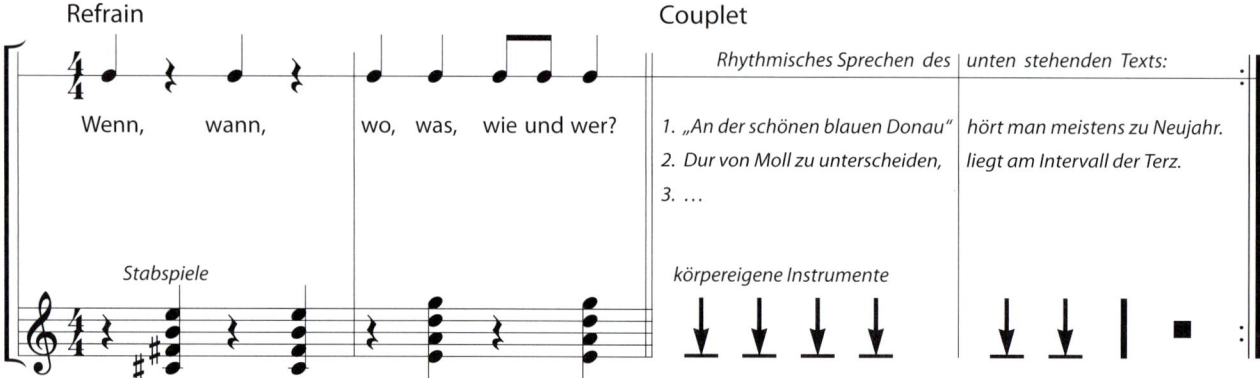

▶ Ausführung

Im obigen Sprech-Kettenrondo wird der Refrain von allen Schülern gesprochen und mit den entsprechenden Klangbausteinen begleitet.
Achtet auf Wortdeutlichkeit und lasst die Stabspiele nur kurz klingen, indem ihr sie nach dem Anschlagen abdämpft.
Die einzelnen Couplet-Teile werden allein (solo) oder zu zweit gesprochen, der Rest der Klasse begleitet leise mit den angegebenen körpereigenen Instrumenten.

Erfindet für die Couplets Sätze, die ihr rhythmisch in zwei Takten gut unterbringt (siehe Beispiele oben). Ihr könnt Namen von Komponisten, Liedern, Tänzen oder anderen Musikstücken, die ihr kennt, in den Text einbauen. Ihr könnt aber auch Texte erfinden, die nichts mit Musik zu tun haben.

Die Rondoform findet man häufig in der Instrumentalmusik.

◆ Johann Sebastian Bach: Violinkonzert in E-Dur

J. S. Bach (1685–1750/65 J.) hat den 3. Satz seines Violinkonzerts in E-Dur in der Form eines Kettenrondos geschrieben, wobei der Refrain immer 16 Takte lang ist (siehe Notenbild unten).

J. S. Bach, Violinkonzert E-Dur, 3. Satz – Refrain (2x)

▶ Die Melodie des Refrains wird von der Solovioline und der 1. Violine gespielt.
Im Hörbeispiel D26 hört ihr die Melodie des Refrains zweimal. Prägt sie euch beim Hören gut ein und lest im Notentext mit.

Formplan des Violinkonzerts in E-Dur, 3. Satz

J. S. Bach, Violinkonzert E-Dur, 3. Satz

Im 3. Satz kommen neben dem Refrain (A) vier Couplets (B, C, D, E) vor, die nicht immer gleich viele Takte enthalten. Im folgenden Formplan ist der Ablauf des gesamten 3. Satzes grafisch dargestellt:

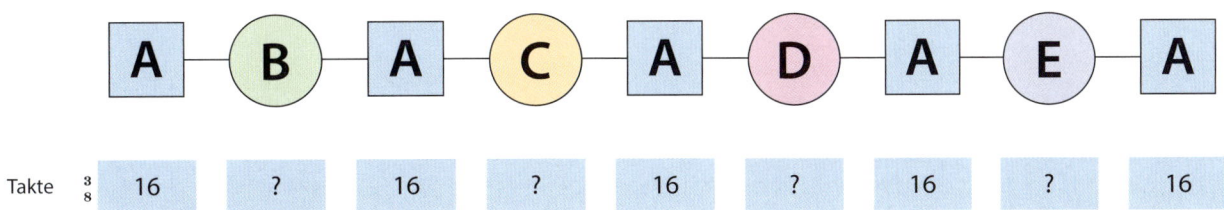

▶ Hört das Violinkonzert, zählt die Takte beim Refrain und den Couplets mit und schreibt die Taktanzahl bei den Couplet-Teilen in euer Heft.

Bewegungsgestaltung zum Violinkonzert in E-Dur, 3. Satz

▶ Gestaltet den 3. Satz des Violinkonzerts im Wechsel einer vorgegebenen Schrittfolge (Refrain – A) mit einzelnen Gruppen-Standbildern (Couplets – B, C, D, E).

153

Arbeitsschritte

- Aufstellung im Frontkreis:
  Erarbeitung der Schrittfolge zum Refrain (A)

A alle

Takt 1–4
4 kleine Schritte, li beginnend, nach vorne
(4. Schritt = Beistellschritt)

Takt 5–8
4 kleine Schritte, re beginnend, zurück
(4. Schritt = Beistellschritt)

Takt 9–12
mit 4 Schritten, li beginnend, ganze
Drehung nach li (4. Schritt = Beistellschritt)

Takt 13–16
mit 4 Schritten, re beginnend, ganze
Drehung nach re (4. Schritt = Beistellschritt)

B – **E** Gruppen

- Teilung der Klasse in die Gruppen B, C, D und
  E, die gemischt (frei verteilt) im Kreis stehen

- Die Schrittfolge zum Refrain (A) wird von allen
  ausgeführt. In den Couplet-Teilen überlegen
  sich die Mitglieder der Gruppen B, C, D und E
  jeweils für ihr Couplet ein Gruppen-Standbild
  (wie ein Foto).

- Nach vorheriger Absprache werden die Stand-
  bilder in der Kreismitte von den einzelnen
  Gruppen präsentiert. Dabei sollen sich diese –
  wie die Couplets – voneinander unterscheiden.

- Ausführung der gesamten Abfolge nach dem
  Formplan (siehe S. 153) zum Hörbeispiel D27:
  Wichtig ist, für die Aufstellung der Gruppen-
  mitglieder in der Kreismitte, das Gruppen-
  Standbild und die Rückkehr in den Frontkreis
  genau die Zeit eines Couplets zu verwenden.

◆ Bogenrondo

Neben dem Kettenrondo ist eine andere Rondoform in Musikstücken häufig anzutreffen, das
Bogenrondo. Es hat mit zwei Couplets folgende Form:

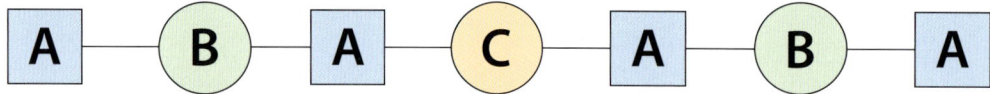

▶ Erklärt den Unterschied im Vergleich zum Kettenrondo.

Quiz-Box 58

- Wie viele Kinder hatte J. S. Bach mit seinen
  zwei Ehefrauen?
- In welcher Stadt wirkte J. S. Bach 27 Jahre als
  Thomaskantor?
- J. S. Bachs Hauptwerk für Tasteninstrumente
  heißt …

  ◆ **Mehr Fragen im MUSIKQUIZ**

Quiz-Box 59

- Was heißt Rondo im ursprünglichen Sinn?
- Wie heißt der gleichbleibende Teil beim Rondo?
- Wie heißt der wechselnde Zwischenteil beim
  Rondo?
- Wie nennt man ein Rondo, bei dem sich alle
  Couplets voneinander unterscheiden?

◆ Von Dur zu Moll

Wenn ihr den sechsten Ton einer Dur-Tonleiter als Grundton für eine neue Tonleiter nehmt, erhaltet ihr die **natürliche Moll-Tonleiter**.

Ganz- und Halbtonschritte:

1 - 1 - 1/2 - 1 - 1 - 1 - 1/2

Dur-Tonleiter

Moll-Tonleiter

Ganz- und Halbtonschritte: 1 - 1/2 - 1 - 1 - 1/2 - 1 - 1

▶ Stellt fest, zwischen welchen Stufen sich die Halbtonschritte bei der Dur- und Moll-Tonleiter befinden.

Wenn eine Dur- und eine Moll-Tonleiter gleiche Vorzeichen aufweisen, spricht man von **parallelen Tonarten**. Z. B.:

C-Dur	– a-Moll	kein Vorzeichen
F-Dur	– d-Moll	ein Be
G-Dur	– e-Moll	ein Kreuz

◆ Moll-Tonleitern

Es gibt drei Arten von Moll-Tonleitern.
Sie unterscheiden sich durch die Stellung der Halbton- ⋁ und Ganztonschritte ⌐⌐.
Bei der harmonischen Moll-Tonleiter kommt auch ein Eineinhalbtonschritt vor ⌐⋁⌐.

a) natürliche a-Moll-Tonleiter

Die Halbtonschritte sind zwischen den Stufen 2–3 und 5–6.

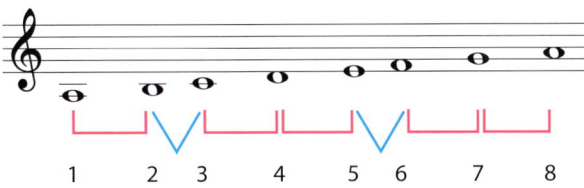

b) harmonische a-Moll-Tonleiter

Die Halbtonschritte sind zwischen den Stufen 2–3, 5–6 und 7–8. Ein Eineinhalbtonschritt ist zwischen den Stufen 6–7.

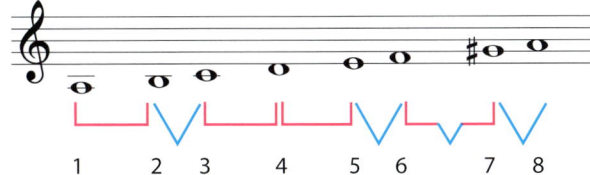

c) melodische a-Moll-Tonleiter

Die Halbtonschritte sind bei der steigenden Tonleiter zwischen den Stufen 2–3 und 7–8.
Die fallende Tonleiter entspricht der natürlichen Moll-Tonleiter.

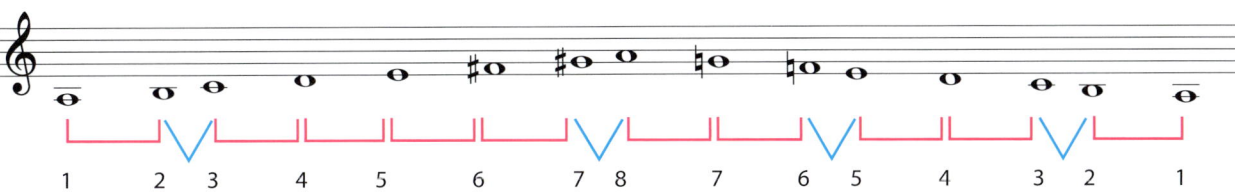

Lernspiel Look & click – Tonleitern

LADY AND MISTER COOL

Playback zu *Lady and Mister Cool*

D28

Text und Musik: Ines Reiger
© Helbling

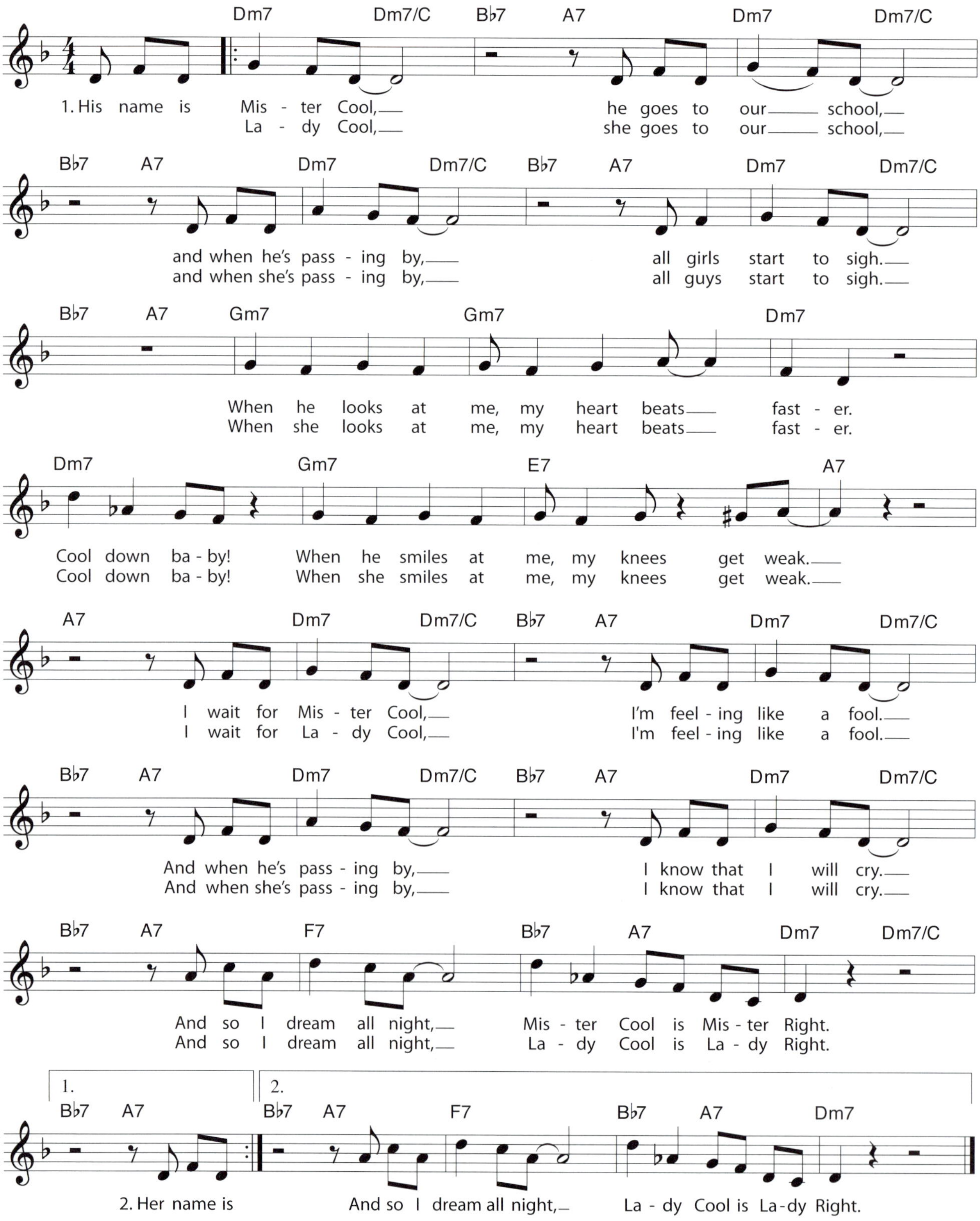

Dm7   Dm7/C   B♭7   A7   Dm7   Dm7/C

1. His name is   Mis - ter Cool,___   he goes to   our___ school,___
    La - dy Cool,___   she goes to   our___ school,___

B♭7   A7   Dm7   Dm7/C   B♭7   A7   Dm7   Dm7/C

and when he's pass - ing by,___   all girls   start   to   sigh.___
and when she's pass - ing by,___   all guys   start   to   sigh.___

B♭7   A7   Gm7   Gm7   Dm7

When he   looks   at   me,   my   heart   beats___   fast - er.
When she   looks   at   me,   my   heart   beats___   fast - er.

Dm7   Gm7   E7   A7

Cool down ba - by!   When he   smiles   at   me,   my   knees   get   weak.___
Cool down ba - by!   When she   smiles   at   me,   my   knees   get   weak.___

A7   Dm7   Dm7/C   B♭7   A7   Dm7   Dm7/C

I wait for Mis - ter Cool,___   I'm feel - ing like   a   fool.___
I wait for La - dy Cool,___   I'm feel - ing like   a   fool.___

B♭7   A7   Dm7   Dm7/C   B♭7   A7   Dm7   Dm7/C

And when he's pass - ing by,___   I know that   I   will   cry.___
And when she's pass - ing by,___   I know that   I   will   cry.___

B♭7   A7   F7   B♭7   A7   Dm7   Dm7/C

And so I dream all night,___   Mis - ter Cool is Mis - ter Right.
And so I dream all night,___   La - dy Cool is La - dy Right.

1.   B♭7   A7   **2.**   B♭7   A7   F7   B♭7   A7   Dm7

2. Her name is   And so I dream all night,___   La - dy Cool is La - dy Right.

◆ Frédéric Chopin (1810–1849 / 39 J.)

Frédéric Chopin wurde in Polen geboren und verließ seine Heimat mit 20 Jahren. Er trat bereits im Alter von acht Jahren das erste Mal als Pianist öffentlich in einem Konzert auf und galt als Wunderkind. Neben seiner Konzerttätigkeit, u. a. auch in Wien, schrieb er fast ausschließlich Musikstücke für das Klavier. Er verstarb bereits im Alter von 39 Jahren in Paris. Mitverantwortlich dafür waren nicht zuletzt eine anstrengende Konzertreise nach England und Schottland sowie sein allgemein kränkliches Wesen.

Frédéric Chopin

Prélude (dt. Vorspiel) nennt man ein kleines, meist einsätziges Musikstück für ein Tasteninstrument, das in seiner Form keinen strengen Regeln unterliegt.

Spiel-mit-Satz zu Chopins Prélude e-Moll, op. 28/4

F. Chopin, Prélude e-Moll, op. 28/4

D29

Benötigte Klangbausteine: c, cis, d, dis, e, f, fis, g, gis, a, b, h

4/4

1				2				3				4				5			
h	.	h	.	a	.	a	.	a	.	a	.	gis	.	g	.	g	.	fis	.
g	.	g	.	fis	.	fis	.	f	.	f	.	e	.	e	.	e	.	e	.
e	.	e	.	e	.	dis	.	dis	.	d	.	d	.	d	.	c	.	c	.

6				7				8				9				10			
fis	.	fis	.	fis	.	fis	.	f	.	f	.	h	.	c	.	h	h	h	.
e	.	dis	.	d	.	d	.	d	.	d	.	.	.	a	.	a	a	a	.
c	.	c	.	c	.	c	.	c	.	h	.	e	.	e	.	e	dis	e	.

11				12				13				14				15			
h	h	c	.	h	.	.	.	h	.	h	.	a	.	a	.	gis	.	gis	.
a	a	a	.	a	.	.	.	g	.	g	.	fis	.	f	.	f	.	e	.
dis	dis	e	.	dis	.	.	.	e	.	e	.	e	.	dis	.	dis	.	d	.

16				17				18				19				20			
d	cis	cis	c	h	c	h	h	c	.	h	c	h	h	c	c	h	h	h	h
g	g	b	a	.	a	g	g	a	.	.	a	.	.	a	a	.	.	.	a
e	e	e	e	.	fis	.	e	e	.	e	e	e	e	e	e	e	e	dis	dis

21				22				23				24				25			
c	c	c	c	h	h	h	h	c	.	.	.	h	.	h	.	h	.	.	.
g	g	b	a	a	gis	g	g	g	.	.	.	fis	.	fis	.	g	.	.	.
.	.	.	e	e	e	e	e	b	.	.	.	e	.	dis	.	e	.	.	.

Multimedialer Spiel-mit-Satz

Quiz-Box 60

- Auf welchem Ton einer Dur-Tonleiter kann man mit den gleichen Versetzungszeichen eine natürliche Moll-Tonleiter aufbauen?
- Wie viele Vorzeichen hat die Tonart a-Moll?
- Welche Moll-Tonleiter hat ein Be als Vorzeichen?
- Wie heißt die Paralleltonart von e-Moll?
- Für welches Instrument komponierte Frédéric Chopin hauptsächlich?

◆ **Mehr Fragen im MUSIKQUIZ**

61 I-Rap

Zur Erinnerung

Bei der Aussprache des Vokals „I" ist der Mund leicht geöffnet, ebenso die Zahnreihen.
Die Zungenspitze berührt knapp die unteren Schneidezähne. Der Zungenrücken wölbt sich gegen den harten Gaumen.

▶ Der *I-Rap* enthält Wörter mit langem bzw. kurzem „I". Schreibt die I-Wörter heraus und sortiert sie nach Aussprache. Übt die Aussprache, bevor ihr den *I-Rap* zum Playback ausführt!

Playback zu *I-Rap*

D30

I-RAP

Text: Gerd Linke
© Helbling

Auf der Fie - del spielt der Frie - del wie - der die - ses Lieb - lings - lie - del. Die Bri -

git - te, die - se Schi - cke, wid - met ihm nur bitt' - re Bli - cke. Nied - lich zieht ü - ber die Wie - se

hier die Lie - se. A - ber die - se setzt sich lis - tig wie der Blitz ne - ben Fritz auf die - sen

Sitz. In dem Win - kel, in dem stil - len, zir - pen schrill die flin - ken Gril - len. Auf der

Fich - ten spit - zen Zip - feln zwit - schern Fin - ken in den Wip - feln. Wie sonst

nie, in al - ler Stil - le, herr - schen Frie - den und I - dyl - le!

158

Wenn ein Komponist ein Musikstück schreibt, erfindet er zuerst ein Thema.
Dann hat er mehrere Möglichkeiten, dieses Thema zu verarbeiten:

als **Umkehrung**	=	Spiegelung des Themas (Melodie in die andere Richtung)
als **Krebs**	=	Thema von hinten nach vorne gespielt
als **Umkehrung des Krebses**	=	Thema von hinten nach vorne gespielt in der Spiegelung
als **Sequenz**	=	Wiederholung des Themas auf einer anderen Tonstufe

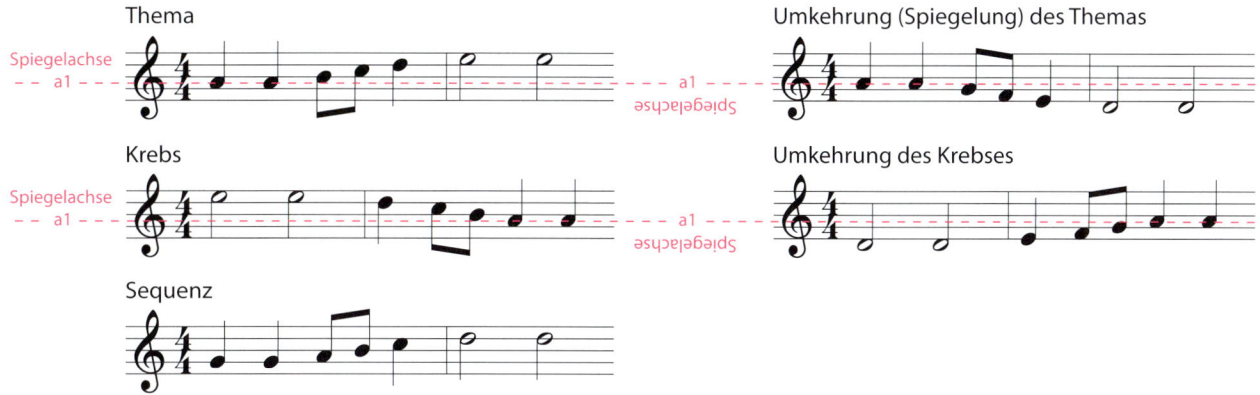

▶ Singt und spielt das Thema und seine Verarbeitungsmöglichkeiten.

◆ MotivitoM

In *MotivitoM* werden einige der oben angegebenen Verarbeitungsmöglichkeiten zu einem kurzen Musikstück zusammengefasst.

▶ Benennt die Verarbeitungsmodelle im Notenbild unten.

▶ Spielt oder singt die Melodie von *MotivitoM* und begleitet sie mit Instrumenten. Wiederholt das Stück mehrere Male und besetzt die Melodie jeweils mit anderen Instrumenten. Setzt auch verschiedene Lautstärken ein und benennt sie mit den Fachwörtern: forte, piano, crescendo usw.

▶ Schreibt nach dem obigen Muster euer eigenes Stück und spielt es gemeinsam.

Quiz-Box 62

- Wie nennt man die Spiegelung eines musikalischen Themas?
- Spielt man eine bestimmte Tonfolge von hinten nach vorne, dann nennt man das ...
- Wie nennt man die Wiederholung eines Themas oder Motivs auf einer anderen Tonstufe?

◆ **Mehr Fragen im MUSIKQUIZ**

63 Musiktheater

Ob Oper, Operette, Singspiel oder Musical – Musiktheater findet auf der Bühne statt und verbindet eine szenische Handlung mit Musik. Diese unterstützt die Stimmungen, den Ausdruck oder die Aussage der Szenen und verbindet die Texte der Rollen mit Gesang. Die Schauspieler sind also immer zugleich Sänger. Ein Musiktheaterstück besteht in der Regel aus mehreren Teilen (= **Akten**), die wiederum in **Szenen** eingeteilt werden. Auch die einzelnen Musikstücke unterscheiden sich je nach Textinhalt und Stellung im Gesamtstück: Eine Oper z. B. beginnt immer mit einer **Ouvertüre** als Eröffnung. Die Stücke, in welchen die Handlung fortgeführt wird, heißen **Rezitative**, die Stücke, in welchen die Figuren von ihren Gefühlen und Empfindungen sprechen, nennt man **Arien**. Besonders im Musical werden Tanz- und Bewegungschoreografien eingebunden. Anstatt Arien gibt es vielfach Songs.

◆ *Tanz der Vampire* – Ein Musical

In Anlehnung an den Film von Roman Polanski (geb. 1933) wurde die Musik von Jim Steinman (geb. 1947) und der Text von Michael Kunze (geb. 1943) geschrieben. Das deutschsprachige Musical wurde 1997 uraufgeführt. Nach monatelangen Spielzeiten in Musicaltheatern in Stuttgart, Hamburg, Berlin und Wien kehrte das Musical im Februar 2010 nach Stuttgart zurück.

Die Geschichte

Der Vampirexperte Professor Abronsius reist mit seinem Assistenten Alfred nach Transsylvanien. Der Professor will beweisen, dass es Vampire gibt. Nachts kommen sie in einem Gasthaus an. Man singt dort Lieder, um dem Knoblauch zu huldigen, weiß aber angeblich nichts von Vampiren. Als Sarah, die hübsche Tochter des Wirts Shagal erscheint, verliebt sich Alfred sofort in sie.

Am Abend wird Sarah von einem Grafen namens Krolock in den Wald gelockt. Shagal, der um seine Tochter fürchtet, folgt ihr nach und wird von Vampiren überfallen. Am nächsten Morgen wird seine Leiche von Bauern ins Wirtshaus gebracht.

Professor Abronsius nimmt sofort Hammer und Holzpflock, um ihm einen Pfahl ins Herz zu rammen. Diese Methode gilt als die einzige Waffe gegen Vampire. Shagal wurde überfallen und ist nun selbst Vampir. Er fleht um Gnade und verrät den Weg zum Schloss des Grafen Krolock.

Der Graf und dessen Sohn Herbert bereiten den beiden Forschern einen äußerst höflichen Empfang.
Bei der nächtlichen Suche nach Sarah stoßen Abronsius und Alfred auf die Schlossgruft und finden dort die Särge mit den beiden Vampiren Graf von Krolock und Herbert. Der Professor bleibt im Zugang zur Gruft stecken und Alfred ist nicht in der Lage, die Vampirkörper sachgemäß zu pfählen. Schließlich kann er wenigstens Abronsius befreien.

Von einer unbekannten Stimme angelockt, die Alfred für die seiner angebeteten Sarah hält, gerät Alfred in eine Falle von Herbert, der ihn „beißen" will. Nur knapp kann er ihm entkommen.

Gegen Abend besteigen Abronsius und Alfred den Schlossturm und begegnen dem Grafen, der beide dort einsperrt. Schließlich eröffnet Graf von Krolock den Mitternachtsball. Er stellt der Vampirgesellschaft sein neuestes Opfer vor: Sarah. Alfred und Abronsius, die aus dem Turm fliehen konnten und sich heimlich unter die Vampire gemischt haben, werden enttarnt, weil sie im Gegensatz zu den Vampiren in den Spiegeln des Ballsaals sichtbar sind. Beide schaffen es trotzdem, mit Sarah zu fliehen. Vampire hören jedoch nie auf, sich ihre Opfer zu suchen …

◆ Szenenstandbilder

▶ Lernt die Figuren und Szenen des Musicals (siehe nächste Seite) durch folgende Aufgaben kennen:

1. Szenen-Standbilder

Stellt in einer Gruppe ausgewählte Szenen der Geschichte in Standbildern nach, indem ihr für die Situationen und Rollen der Handlung eine passende Haltung einnehmt und dann einfriert (als würdet ihr ein Foto von der Szene darstellen). Präsentiert eure Szenen-Standbilder und spielt die dazugehörige Szenenmusik ein.

2. Rollentexte

Findet in einem weiteren Durchgang für jede der Rollen einen dafür typischen Satz, den ihr dann aus der Rollenfigur heraus in dem Standbild sprecht. Dieser Satz soll möglichst den Gedanken der Rollenfigur in der Situation ausdrücken.

3. Rollenfiguren

Um euch mit den Rollen des Stückes besser zu identifizieren, könnt ihr euch intensiver mit den Rollenfiguren beschäftigen. Ihr könnt

- Rollenkärtchen für die wichtigsten Figuren schreiben (Wo kommt sie her? Wie ist sie gekleidet? Welche Eigenschaften und Angewohnheiten hat sie?),
- mit den Rollenfiguren ein Interview durchführen,
- euch als eine der Rollenfiguren vorstellen.

Beispiel für eine Rollenkarte:

> ### Shagal
>
> *Ein grobschlächtiger, dicker Mann, der Wirt des Gasthauses im Dorf: Seine Haare sind zerzaust und er trägt Kleidung aus derbem Stoff. Er hat große Angst vor den Vampiren und davor, dass seine Tochter von ihnen gebissen werden könnte …*

4. Musik

Einige der Musicalsongs von *Tanz der Vampire* könnt ihr selbst singen und in die Szenen einbauen.

5. Handlungsideen

In einem weiteren Schritt könnt ihr eigene Handlungsideen zu den Szenen entwickeln und zu kleinen Spielszenen mit Dialogen und Szenenmusik ausbauen.

Quiz-Box 63

- Die Stücke in der Oper, in welchen Gefühle und Empfindungen ausgedrückt werden, nennt man …
- Eine Oper besteht aus verschiedenen …

- Das Eröffnungsstück einer Oper nennt man …
- Die Stücke in der Oper, in welchen die Handlung fortgeführt wird, nennt man …

◆ Mehr Fragen im MUSIKQUIZ

Szenen	Orte (Rollen)	Handlung

E1

Tanz der Vampire, Knoblauch – Ausschnitt

Professor Abronsius und Alfred erreichen Transsylvanien	Gasthaus (Abronsius, Alfred, Wirt Shagal, Tochter Sarah, Gäste)	Der Knoblauch als Mittel gegen Vampire wird von den Kneipengästen besungen. Abronsius und Alfred sind müde von der langen Reise. Sarah, die Tochter des Wirts Shagal erscheint und Alfred verliebt sich sofort in sie.

E2

Tanz der Vampire, Einladung zum Ball – Ausschnitt

Sarah wird von Graf von Krolock entführt	Badezimmer des Gast- hauses, Garten und Wald (Sarah, Alfred, Graf von Krolock)	Alfred hört eine Stimme und sieht Sarah im Bade- zimmer verschwinden. Dort verspricht ihr Graf von Krolock ein großes Fest und ein Geschenk, das er im Garten versteckt. Alfred folgt Sarah. Sie flüchtet in den Wald.

E3

Tanz der Vampire, Tot zu sein ist komisch – Ausschnitt

Shagal wird Opfer der Vampire und soll gepfählt werden	Wald (Shagal, Sarah, Bauern, Abronsius, Alfred)	Shagal will seine Tochter holen. Er wird von den Vampiren überfallen. Seine Leiche soll gepfählt werden, um nicht zum Vampir zu werden. Dies scheitert, weil er schon Vampir ist. Er fleht um sein Leben und verrät, wo sich das Schloss des Grafen befindet. Abronsius nimmt sich vor, Sa- rah zu suchen.

E4

Tanz der Vampire, Vor dem Schloss – Finale erster Akt – Ausschnitt

Empfang im Vam- pirschloss	Schloss des Grafen von Krolock (Abronsius, Alfred, Graf von Krolock, Herbert)	Der Professor und Alfred finden das Schloss des Vampirs. Ein überhöflicher Graf bittet Abronsius und Alfred herein. Beide schauen sich nach Sarah um, können sie aber nicht finden. Der Sohn des Grafen, Herbert, flirtet mit Alfred herum.

E5

Tanz der Vampire, In der Gruft – Ausschnitt

Die nächtliche Suche nach den Vampiren	Schlossgruft (Abronsius und Alfred)	Abronsius bleibt im Zugang zur Gruft hängen. Alfred öffnet die Särge von Krolock und Herbert, scheitert aber beim Pfählen.

E6

Tanz der Vampire, Für Sarah – Ausschnitt

Alfred hört wieder eine Stimme	Badezimmer des Schlosses (Alfred, Herbert)	Alfred folgt der lockenden Stimme Sarahs und gelangt ins Badezimmer. Sie schwärmt von der Großmut des Grafen und möchte nicht mit Alfred fliehen. Dieser schwört ihr seine ewige Treue.

E7

Tanz der Vampire, Tanzsaal – Ausschnitt

Mitternachtsball und Flucht	Ballsaal des Schlosses, Kutsche (Vampire, Graf von Krolock, Abronsius, Alfred, Sarah)	Als Vampire verkleidet mischen sich Alfred und Abronsius unter die Gäste des großen Vampir- balls. Sarah wird vom Grafen von Krolock als neues „Mitglied" vorgestellt. Abronsius und Alfred werden durch Spiegel, in denen sie als einzige zu sehen sind, enttarnt. Sie können jedoch mit Sarah fliehen. In der Kutsche sitzt Sarah neben Alfred. Als sie sich seinem Hals nähert, sieht man zwei sehr lange Eckzähne …

CARPE NOCTEM

Playback zu *Carpe noctem – Ausschnitt*

E8

▶ Singt das Stück zum Playback.

Em — *Vampire* — Em/D
Ü - ber Grä - ber und Ru - i - nen werd - den To - des - glo - cken halln.

Cmaj7 — Em/H — H Hsus4 H
Und al - le Teu - fel stei - gen hin - auf, und al - le En - gel müs - sen falln.

Em — Em/D
Wir sind hung - rig auf Ver - bre - chen. Wir seh - nen uns nach Blut.

Cmaj7 — Em/D — H — 3 —
Wir le - ben nur für uns - re Gier und nährn mit Gift uns - re Brut.

Hsus4 H Am — Am — C2 C
Die Welt im Ta - ges - licht hat kei - nen je - mals glück - lich ge - macht.

Am7 — D
Drum tauch ins Meer des Nichts, wo's im - mer dun - kel ist und kühl. Und

Em — C — C/D
wenn du von der Dun - kel - heit be - trun - ken bist, dann fühl, fühl die Nacht. Fühl die

G Em Cmaj7 — G Em
Nacht! Di - es ir - ae, Ky - ri - e. Li - be - ra me, Do - mi - ne! Di - es ir - ae, Ky - ri - e.

Gsus4
2x Fühl die Nacht!
4x wiederholen G 3x Fühl die Nacht!
Und lass sie
Was dir be -

Cmaj7
Re - qui - em da, Do - mi - ne! San - quim su - ga be - lu - a! De - bet pra - vum

4x Car - pe noc - tem, car - pe

nie vor - ü - ber - gehn! Fühl die Nacht! Schließ dei - ne Au - gen, um zu sehn!
stimmt ist, muss ge - schehn! Fühl die Nacht! Und lass sie nie vor - ü - ber - gehn.

ex - se - qua - ri. Car - pe noc - tem la - mi - a! De - cet di - em ex - se - cra - ri.

noc - tem, car - pe noc - tem, car - pe noc - tem.

Edvard Grieg

Henrik Ibsen, Norwegens größter Dichter, beauftragte den 30-jährigen Komponisten **Edvard Grieg** (1843–1907/64 J.), zu seinem Schauspiel *Peer Gynt* die Musik zu schreiben. Grieg hat versucht, die Musik dem jeweiligen Inhalt einer Szene anzupassen.

Diese Art von Musik nennt man **Bühnenmusik**.

Edvard Grieg hat einige Stücke aus der gesamten Schauspielmusik in zwei Suiten zusammengefasst (Suite = Aneinanderreihung von selbstständigen Instrumentalstücken zu einem geschlossenen Ganzen). Diese Stücke werden auch ohne das Schauspiel konzertmäßig aufgeführt und sind unter dem Titel *Peer-Gynt-Suite Nr. 1* und *Nr. 2 für Orchester* bekannt geworden.

Peer Gynt ist ein Abenteurer und Weltenbummler. Er ist ein Prahler und Aufschneider, der versucht, mit Lügengeschichten zu beeindrucken.

◆ Morgenstimmung

E9

E. Grieg, *Morgenstimmung* – Beginn

Bei diesem Hörbeispiel erklingt der erste Teil aus der Bühnenmusik zu *Peer Gynt*. Er trägt die Überschrift *Morgenstimmung*.

Zum Inhalt
Peer Gynt befindet sich bei dieser Szene in Nordafrika und beobachtet, wie die Sonne über der Sahara-Wüste aufgeht.

▸ Versetzt euch nun in die Rolle eines Bühnenbildners an einem Theater. Über die ganze Rückwand der Bühne soll ein Bild den Bühnenraum abschließen, das zur *Morgenstimmung* passt.
Hört den Musikausschnitt (Hörbeispiel E9) öfter an und entwerft auf einem Zeichenblatt ein dazupassendes Bild. Wie stellt ihr euch eine Morgenstimmung vor?

Zur Musik
Edvard Grieg verwendete in der *Morgenstimmung* folgendes Thema:

▸ Verfolgt beim Hören in der Taktleiste das Thema (vollständig/verkürzt), das von den angegebenen Instrumenten gespielt wird.

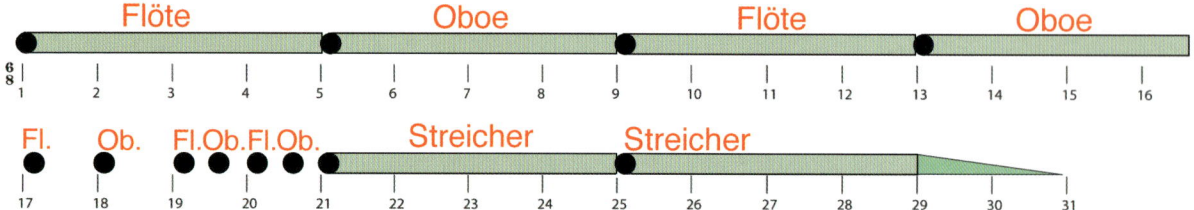

◆ In der Halle des Bergkönigs

Dieses Stück ist der vierte und letzte Teil
der Suite Nr. 1.

Zum Inhalt
Auf seinen Reisen durch die Welt kommt
Peer Gynt auch in das Land des Bergkönigs.
Er erlebt einen schrecklichen Alptraum.
Die wilden Töchter des Bergkönigs treten als
unheimliche Kreaturen (siehe Bild) auf, quälen
Peer und drohen ihm mit dem Tod, weil er eine
von ihnen verführt hat. Am Schluss schreien
sie alle zusammen zu den Orchesterschlägen:
„Tötet ihn!" Peer Gynt kann aber entkommen.

Zur Musik
Zu dieser Szene hat Grieg eine groteske Musik geschrieben. Ein viertaktiges Thema wiederholt sich
18 Mal. Es beginnt sehr leise und wird durch den Einsatz von immer mehr Instrumenten lauter und
lauter und auch schneller (Peers Angst wächst). Die Steigerung endet nach einigen Orchesterschlägen
im Fortissimo.

Choreografie mit Tüchern

E. Grieg, In der Halle des Bergkönigs

E10

Gestaltet das Stück *In der Halle des Bergkönigs* tänzerisch mit großen Tüchern (bunte Stofftücher/
Leintücher/Decken/Badetücher).

▶ **Vorübung zu Hörbeispiel E10**
- zu zweit hinter dem Tuch am Boden sitzen, das Tuch jeweils mit der Außenhand halten, mit der anderen Hand gegen das Tuch tupfen
- das Tuch im Stehen vor dem Körper halten und dahinter mit Seitstellschritten nach rechts gehen: Schritt seitwärts und Beistellen des anderen Fußes
- das Tuch im Stehen an allen vier Ecken waagrecht halten und wehen
- das Tuch in Hockhaltung an allen vier Ecken waagrecht über dem Boden halten und schütteln
- das Tuch jeweils mit der Außenhand vor dem Körper halten, sich nacheinander einwickeln (einer von links, einer von rechts) und nacheinander wieder auswickeln
- unter das Tuch legen und nicht mehr bewegen

▶ **Gestaltungsvorschlag**
- Einteilung in zwei Gruppen: Einser/Zweier in zwei Halbkreisen
- Je zwei Kinder nehmen ein Tuch, gehen in die Hocke, halten das Tuch gespannt vor dem Körper und führen die Choreografie (S. 166) aus.

Choreografie – Musikalischer Strukturplan

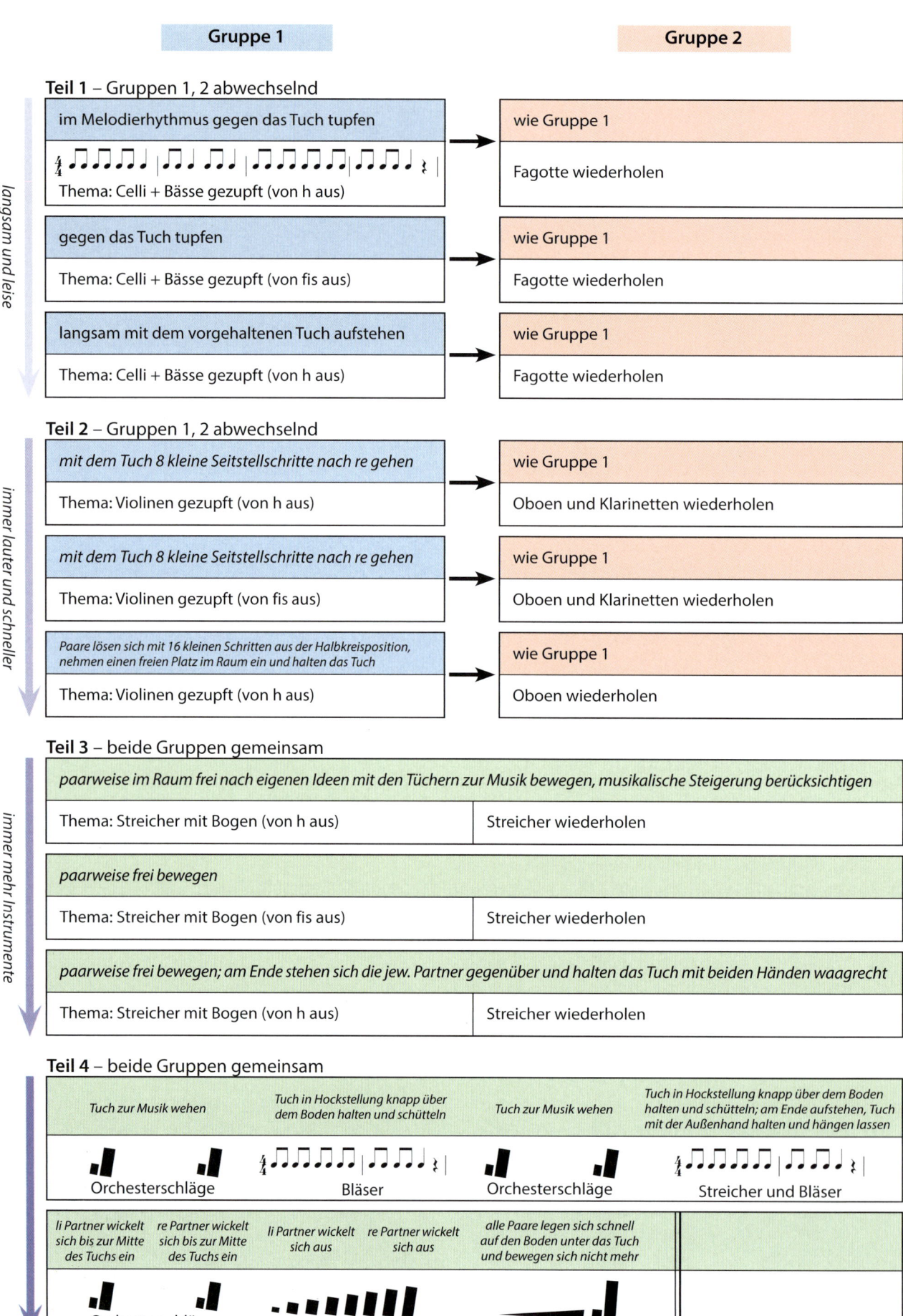

Gruppe 1	Gruppe 2

Teil 1 – Gruppen 1, 2 abwechselnd

langsam und leise

im Melodierhythmus gegen das Tuch tupfen	wie Gruppe 1
Thema: Celli + Bässe gezupft (von h aus)	Fagotte wiederholen

gegen das Tuch tupfen	wie Gruppe 1
Thema: Celli + Bässe gezupft (von fis aus)	Fagotte wiederholen

langsam mit dem vorgehaltenen Tuch aufstehen	wie Gruppe 1
Thema: Celli + Bässe gezupft (von h aus)	Fagotte wiederholen

Teil 2 – Gruppen 1, 2 abwechselnd

immer lauter und schneller

mit dem Tuch 8 kleine Seitstellschritte nach re gehen	wie Gruppe 1
Thema: Violinen gezupft (von h aus)	Oboen und Klarinetten wiederholen

mit dem Tuch 8 kleine Seitstellschritte nach re gehen	wie Gruppe 1
Thema: Violinen gezupft (von fis aus)	Oboen und Klarinetten wiederholen

Paare lösen sich mit 16 kleinen Schritten aus der Halbkreisposition, nehmen einen freien Platz im Raum ein und halten das Tuch	wie Gruppe 1
Thema: Violinen gezupft (von h aus)	Oboen wiederholen

Teil 3 – beide Gruppen gemeinsam

immer mehr Instrumente

paarweise im Raum frei nach eigenen Ideen mit den Tüchern zur Musik bewegen, musikalische Steigerung berücksichtigen	
Thema: Streicher mit Bogen (von h aus)	Streicher wiederholen

paarweise frei bewegen	
Thema: Streicher mit Bogen (von fis aus)	Streicher wiederholen

paarweise frei bewegen; am Ende stehen sich die jew. Partner gegenüber und halten das Tuch mit beiden Händen waagrecht	
Thema: Streicher mit Bogen (von h aus)	Streicher wiederholen

Teil 4 – beide Gruppen gemeinsam

Tuch zur Musik wehen	Tuch in Hockstellung knapp über dem Boden halten und schütteln	Tuch zur Musik wehen	Tuch in Hockstellung knapp über dem Boden halten und schütteln; am Ende aufstehen, Tuch mit der Außenhand halten und hängen lassen
Orchesterschläge	Bläser	Orchesterschläge	Streicher und Bläser

li Partner wickelt sich bis zur Mitte des Tuchs ein	re Partner wickelt sich bis zur Mitte des Tuchs ein	li Partner wickelt sich aus	re Partner wickelt sich aus	alle Paare legen sich schnell auf den Boden unter das Tuch und bewegen sich nicht mehr	
Orchesterschläge					

RAUCH IM WIND

G. Wanker, *Rauch im Wind*
Playback zu *Rauch im Wind*

E11/12

Text: Maria Schausberger · Musik: Gerhard Wanker · © Helbling

Am / **Dm7**
1. Ich le - be wie die Glo - cke, die ein al - ter Bett - ler zieht, ich

G7 / **Cmaj7**
bin das Wie - der - ho - lungs - zei - chen hin - ter ei - nem Lied. Ich

F / **Hm7(♭5)**
bin der Strick, auf dem das Nacht - hemd ei - ner Da - me hängt, das Ge -

Esus4 / **E7** / **Am** / **E7**
würz, das man ver - gisst, wenn man die Zu - tat mengt. Ich

Am / **Dm7**
bin der Hauch, mit dem man sei - ne Le - se - bril - le putzt, ich

G7 / **Cmaj7**
bin der Docht der Ker - ze, den man mit der Sche - re stutzt, als

F / **Hm7(♭5)**
zwei - te Sil - be liest man mich, vom Wie - de bin ich Hopf, ich bin der

Esus4 / **E7** / **Am** / **Am/G** / **F** / **Dm7**
Kes - sel - stein in ei - nem Topf. Refr.: Und mei - ne Träu - me sind wie——

G / **C** / **F** / **G** / **C** / **F** / **Dm7**
Rauch im Wind, Rauch im Wind! Und mei - ne Träu - me sind wie——

G / **C** / **1./2. Dm** / **E** / **Am** / **3. Dm** / **E7** / **Am**
Rauch im Wind, Rauch im Wind! 2. Ich Rauch im Wind!

167

2. Ich hänge wie ein Bild im Rahmen an der kahlen Wand,
   ich fühl' mich wie ein Lexikon, das keiner nimmt zur Hand.
   Ich bin der Bleistiftstrich, den man geschwinde ausradiert,
   und ein Apfelbaum, der einsam in der Kälte friert.
   Ich lebe wie das Schloss im Tor, das keiner öffnen will,
   ich bin der ungeles'ne Brief, geworfen auf den Müll.
   Ich bin der Knopf, der lange schon der alten Hose fehlt,
   die letzte Schachfigur, die nicht mehr zählt.

   Refrain

3. Ich fühl' mich wie das Loch im Strumpf, das keiner stopfen will,
   und wie ein Auto ohne Sprit, das nie erreicht sein Ziel.
   Ich stoße wie die Fliege an der Fensterscheibe an,
   bin Musik, die nicht erklingt und niemand hören kann.
   Ich bin der kleine Wecker, der schon lange nicht mehr weckt,
   ich bin das harte Ei, das man mit kaltem Wasser schreckt.
   Ich bin die Werbeschrift, die auf dem Fußabstreifer lag,
   ich bin der Wochentag, den keiner mag.

   Refrain

- Geht durch den Raum und ändert dabei eure Körperhaltung, indem ihr verschiedene Eigenschaftswörter darstellt: fröhlich, traurig, hastig, gemütlich, zielstrebig, nachdenklich, ängstlich ...

- Hakt die Hände vor der Brust ineinander, sprecht das Wort „zieht" und zieht dabei die Hände kräftig auseinander, wobei die Ellbogen etwas angehoben werden. Mit dem hörbaren Aussprechen des „t" die Spannung in den Händen lösen. (Öfter wiederholen!) Steigert die Schwierigkeit, sagt „zieht" zweimal hintereinander und schließt dann den Satz „Ein alter Bettler zieht." an. Verstärkt während des Sprechens den Zug in den Händen. (Diese Übung hilft uns beim Erlernen des „Abspannens", einem Vorgang, der eine reflexartige Einatmung auslöst. Das deutlich ausgesprochene „t" lässt Luft entweichen und unmittelbar darauf Luft einströmen.)

- Sprecht folgende Wörter aus dem Lied besonders deutlich und artikuliert. Auch dabei könnt ihr den Vorgang des „Abspannens" beobachten: Lied, hängt, mengt, putzt, stutzt, Wand, Hand, fehlt, zählt, weckt, schreckt.

- Singt die ersten acht Takte des Lieds und achtet wieder auf das „Abspannen".

Das Lied *Rauch im Wind* ist ein **Chanson**.
Chanson nennt man jene Gattung von Lied, bei der der Text literarisch anspruchsvoll ist.

◆ Über den Text

▶ Vergleich Textkommentar 1 mit Textkommentar 2 (siehe nächste Seite).
   - Wo sind Unterschiede?
   - Wo sind ähnliche Gedanken?
   - Welche Stellen aus den beiden Kommentaren sind für euch zutreffend?
   - Welche Meinung habt ihr zur textlichen Aussage?

Textkommentar 1

Manchmal im Leben gibt es Situationen, die uns traurig und nachdenklich stimmen. Man fühlt sich allein gelassen, überflüssig, nutzlos und unverstanden.

Rauch im Wind erzählt Gedanken und Gefühle, die Traurigkeit und Einsamkeit ausdrücken.

- Welche Gründe kann es geben, dass man weint und nicht mehr weiter weiß?
- Habt ihr an euch selbst schon erlebt, was das Lied vermittelt?
- Versucht, im gemeinsamen Gespräch Antworten auf folgende Fragen zu finden:
  Was kann helfen, Traurigkeit zu überwinden?
  Wie soll man einem Menschen begegnen, der in dieser Stimmung ist?

Textkommentar 2

Viele Menschen freuen sich, wenn sie dem Alltagsstress entfliehen und allein sein können. Man hat dann Gelegenheit, die Ruhe zu genießen und auch „kleine Dinge" im Leben wichtig zu nehmen.

Rauch im Wind erzählt von einem Menschen, der über sich und scheinbar unbedeutende Dinge nachdenkt.

- Was fällt euch ein, wenn ihr an „kleine Dinge" in eurem Leben denkt?
- Welchen Charakter haben Menschen, die solche Gedanken verdrängen?
- Versucht, im gemeinsamen Gespräch Antworten auf folgende Fragen zu finden:
  Was kann helfen, das Leben abwechslungsreich und nicht oberflächlich zu gestalten?
  Wie soll man einem Menschen begegnen, der den Sinn seines Lebens nur in „großen Dingen" sucht?

▶ Erfindet eigene Strophen zu *Rauch im Wind*.

◆ Liedinhalte

Bei den meisten Liedern ist zuerst der Text vorhanden, dann erst wird die Musik geschrieben. Viele anspruchsvolle Texte sagen ihre Botschaft nicht direkt, sondern umschreiben sie. Der Komponist versucht, mit seiner Vertonung den Inhalt des Texts zu treffen.

Im nebenstehenden Windmühlenrad findet ihr Themenbereiche, die in Liedern behandelt werden.

▶ Sprecht über diese Themenbereiche und sucht noch andere.

▶ Ergänzt das Windmühlenrad mit weiteren Themenbereichen.

▶ Welche Lieder hört ihr gerne? Habt ihr euch schon einmal über die Aussage eines Liedtexts Gedanken gemacht? Überprüft, ob die Inhalte jener Lieder, die ihr in eurer Freizeit hört, in die Themenbereiche des Windmühlenrads passen.

169

Viele Komponisten schreiben Werke für einen bestimmten Anlass. Meist gibt es einen Auftraggeber, der die Komposition bestellt und auch bezahlt. Früher waren dies oft Kaiser, Könige, Fürsten etc., heute sind es oft entweder der Staat oder verschiedene Musikfestivals. In Programmheften findet man häufig den Zusatz „Auftragswerk des(r) …".

◆ Feuerwerksmusik

Die *Feuerwerksmusik* wurde von **Georg Friedrich Händel** (1685–1759/74 J.) für ein Fest im Green Park in London geschrieben. Den Auftrag dazu erteilte ihm das englische Königshaus anlässlich der Unterzeichnung des Friedens von Aachen, mit der 1748 der österreichische Erbfolgekrieg beendet wurde. Das Orchester zählte damals an die 60 Musiker. Da das Stück im Freien aufgeführt wurde, verwendete Händel bei dieser Aufführung nur Blasinstrumente und Pauken, obwohl er das Stück auch für volles Sinfonieorchester geschrieben hatte.

In der *Feuerwerksmusik* werden folgende Blasinstrumente verwendet: Trompete, Horn, Oboe, Fagott.

Die Trompete
ist ein Blechblasinstrument. Der Ton entsteht, wenn man durch die zusammengepressten Lippen Luft hindurchbläst. Die Tonhöhe hängt sowohl von der Spannung der Lippen als auch von der Rohrlänge des Instruments ab, die durch Ventile verändert werden kann.

Das Horn
gehört auch zur Familie der Blechblasinstrumente. Die Rohrlänge wird durch Ventile verändert, die der Spieler mit der linken Hand betätigen muss.

Die Oboe
ist ein Holzblasinstrument. Die zwei Blättchen des Mundstücks werden so zusammengepresst, dass ein Ton entsteht, wenn man Luft durchbläst (Doppelrohrblatt). Die Oboe hat einen leichten, aber durchdringenden, näselnden Klang. Nach dem Stimmton (a1) der Oboe werden alle Orchesterinstrumente gestimmt.

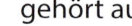

Das Fagott
ist das tiefste Holzblasinstrument und gehört wie die Oboe zur Familie der Doppelrohrblattinstrumente. Die gesamte Rohrlänge beträgt ca. 2,5 Meter.

Die *Feuerwerksmusik* besteht aus sechs Teilen. Menuett 1 und Menuett 2 sind zwei Teile daraus.

E13–27

G. F. Händel, *Feuerwerksmusik*, Menuett 1 – Einzelstimmen

▶ Bei den Hörbeispielen E13–27 hört ihr jede Stimme einzeln. Verfolgt sie in der Partitur und prägt euch den Klang der Instrumente ein.

Trompete 1 / Horn 1

Trompete 2 / Horn 2

Trompete 3 / Horn 3

Pauken

Oboe 1 / Violine 1

Oboe 2 / Violine 2

Viola

Fagott / Violoncello / Kontrabass

G. F. Händel, *Feuerwerksmusik*, Menuett 1

E28

Beim Hörbeispiel E28 hört ihr alle Stimmen gleichzeitig. Das Stück wird dreimal gespielt und ist folgendermaßen instrumentiert: 1. Streicher – 2. Holzbläser – 3. alle Bläser/Streicher/Pauke

E29

G. F. Händel, *Feuerwerksmusik*, Menuett 2

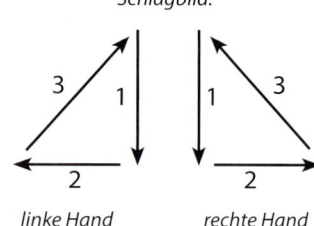

Schlagbild:

linke Hand   rechte Hand

▶ Dirigiert zum Menuett 2 im ³/4-Takt.
Hört zuerst zu und setzt mit dem Dirigieren
erst im Takt 9 ein.

Spiel-mit-Satz zu Händels *Feuerwerksmusik*

E30

G. F. Händel, *Feuerwerksmusik*, Menuett 1 – Menuett 2 – Menuett 1 (ohne Wiederholung)

Arbeitsblatt *Menuett 1 und 2*

▶ Schreibt für beide Menuette eine eigene Spiel-mit-Stimme für Rhythmusinstrumente in euer
Arbeitsblatt. Im Menuett 1 ist der Rhythmus vorgegeben, den ihr mit verschiedenen Instrumenten
ausführen könnt. Verwendet dabei folgende Zeichen:

      ⊘ = Trommel (klatschen)

      ✗ = Claves (mit dem Bleistift auf den Tisch klopfen)

      △ = Triangel (mit einem Löffel seitlich leicht auf ein Glas schlagen oder schnipsen)

Im Menuett 2 könnt ihr auch den Rhythmus selber wählen. Bestimmt vorher, mit welchen
Instrumenten ihr den gefundenen Rhythmus spielt.

Menuett 1

Menuett 2

◆ Georg Friedrich Händel (1685 Halle–1759 London/74 J.)

Georg Friedrich Händel war der Sohn eines Arztes und musste auf Wunsch des Vaters auch einen bürgerlichen Beruf erlernen. Er begann ein Jurastudium, war jedoch gleichzeitig als Organist erfolgreich. Mit 18 Jahren kam er als Geiger an die Hamburger Oper, wurde dort aber auch als Cembalist und später als Kapellmeister eingesetzt. Als Komponist hatte er die Möglichkeit, dort seine Opern selbst aufzuführen.

Mit 26 Jahren wurde er Hofkapellmeister in Hannover. 1714 wurde der Kurfürst von Hannover als George I. zum König von England gekrönt. Händel ging als sein Hofkomponist nach London und wirkte dort bis zu seinem Lebensende. Mit 66 Jahren erblindete er. Als englischer Staatsbürger ist er in der Westminster-Abbey im Sektor der Schriftsteller beigesetzt.

Georg Friedrich Händel

Hörquiz

G. F. Händel, *Feuerwerksmusik*, Menuett 1 – Hörquiz

E31–37

Bei den Hörbeispielen E31–37 hört ihr jeweils die ersten acht Takte des Menuetts 1 aus der *Feuerwerksmusik*, von jedem Instrument einzeln gespielt.

▶ Ordnet jedem Hörbeispiel das richtige Instrument zu und schreibt die Lösungen in euer Heft. Orientiert euch dabei an der Partitur auf S. 171.

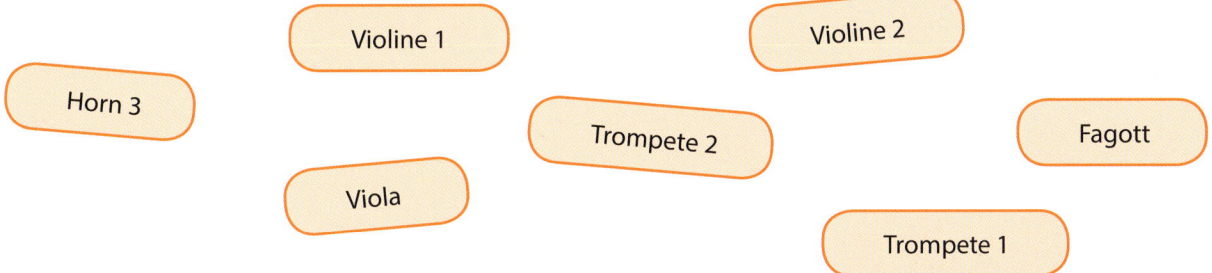

Quiz-Box 64

- Wie heißt der Dichter, der Edvard Grieg beauftragte, zu seinem Schauspiel *Peer Gynt* die Musik zu schreiben?
- Wer ist Peer Gynt?
- Wie heißen die zwei bekanntesten Stücke der *Peer-Gynt-Suite*?
- Wo befindet sich Peer Gynt beim Musikstück *Morgenstimmung*?

Quiz-Box 66

- Welches Werk komponierte Georg Friedrich Händel anlässlich der Friedensunterzeichnung zu Aachen 1748?
- Zu welcher Instrumentengruppe gehört das Fagott?
- In welchem Land machte Georg Friedrich Händel seine große Karriere?
- Georg Friedrich Händels Grab befindet sich …

✦ **Mehr Fragen im MUSIKQUIZ**

Zur Erinnerung

Bei der Aussprache des Vokals „E" ist der Mund leicht geöffnet, ebenso die Zahnreihen. Die Zungenspitze ist etwas breiter als bei den anderen Vokalen und berührt die unteren Schneidezähne. Der Zungenrücken ist gewölbt. Beim „E" darf der Mund nicht zu sehr in die Breite gezogen werden.

▶ Der *E-Rap* enthält Wörter mit langem bzw. kurzem „E". Schreibt die E-Wörter heraus und sortiert sie nach Aussprache. Übt die Aussprache, bevor ihr den *E-Rap* zum Playback ausführt!

Playback zu *E-Rap*

E38

E-RAP

Text: Gerd Linke
© Helbling

Re - si, die - ses Le - be - we - sen, kann nur re - den, doch nicht le - sen, macht nur

Feh - ler, im - mer mehr, re - ge Leh - rer feh - len sehr! Vor den Re - cken, die sie

ne - cken, möch - te sie sich gern ver - ste - cken, denn der E - sel, der Re - né, tut ihr

oft ver - hee - rend weh! Zu dem Sepp, dem net - ten, fet - ten, kann sie

sich am bes - ten ret - ten. Der ist e - del und dis - kret, weil er auf die Re - si steht!

Der afrikanische Kontinent mit seinen vielen Völkern und mehr als 1500 Sprachen weist auch musikalisch eine große Vielfalt auf. In Europa und in den westlichen Ländern ist vor allem die Musik aus Westafrika mit ihren typischen Trommelensembles (Djembé, Dununba, Sangpan, Kenkeni, verschiedene Glocken) und den zumeist recht schwierigen Rhythmen bekannt.

Gesangsstücke aus dem afrikanischen Raum werden häufig im Wechsel zwischen einem Vorsänger und einem Chor aufgeführt und rhythmisch mit Händeklatschen, Stampfen oder Rhythmusinstrumenten begleitet.

◆ Ein Lied aus Guinea

Guinea liegt in Westafrika und beheimatet etwa 20 verschiedene Ethnien (Völker, Stämme), darunter die Baga.

Das Lied *Baga Giné* erzählt von einer Frau, die zunächst nicht tanzen will, dann aber von der Musik so gefesselt ist, dass sie einfach tanzen muss.

BAGA GINÉ – DIE BAGA-FRAU

Playback zu *Baga Giné*

E39

Traditional aus Guinea

Hinweis: Solo- und Chorstellen können bei jeder Wiederholung wechseln, d. h. das, was solistisch gesungen wurde, wird vom Chor übernommen und umgekehrt.

Aussprache: wie geschrieben

Deutsche Übersetzung
Tanzt sie wohl den Tanz? Oder tanzt sie den Tanz nicht? Eee! Na sowas! Die Baga-Frau tanzt sogar im Auto! Eee!

Arrangement: Famoudou Konaté
© Institut für Didaktik populärer Musik, Oldershausen
geringfügig verändert: Bernhard Gritsch

Rhythmisches Begleitpattern zu *Baga Giné*

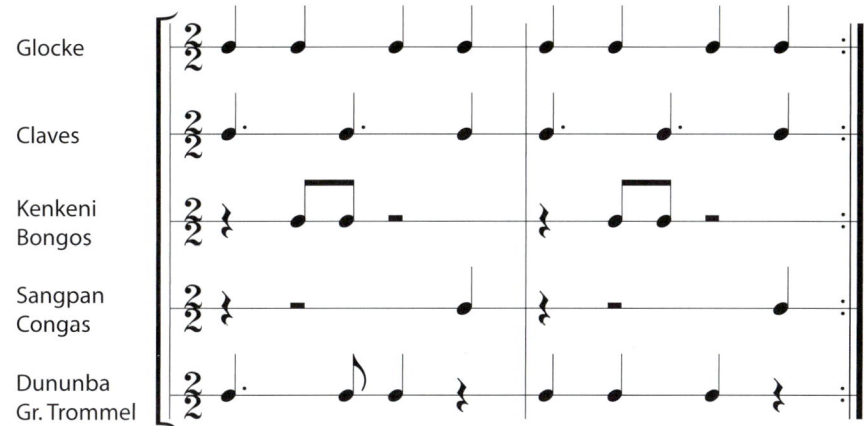

Pata Pata

Seit jeher hat sich die Musik verschiedener Regionen und Kontinente gegenseitig beeinflusst und teilweise miteinander vermischt. Waren früher vor allem Völkerbewegungen (z. B. Reisende, Auswanderer, Sklaven) für eine Verschmelzung verschiedenartiger Musik maßgeblich, spielt heute die weltweite mediale Verbreitung von Musik (Radio, Fernsehen, Tonträger, Internet) eine entscheidende Rolle.

Die afroamerikanische Musik ist ein Beispiel für die Verbindung von Musik aus verschiedenen Kulturen. Die Musik der aus Europa Eingewanderten vermischte sich mit jener der nach Amerika verschleppten afrikanischen Sklaven. Diese Musik beeinflusste wiederum die musikalischen Entwicklungen auf dem afrikanischen Kontinent, wie das folgende Beispiel zeigt.

M. Makeba, *Pata Pata*

E40

Miriam Makeba

wurde 1932 in Johannesburg (Südafrika) geboren. Bereits als 17-Jährige hatte die schwarze Sängerin mit der Gesangsgruppe Manhattan Brothers erste Erfolge in ihrem Heimatland.
Unermüdlich kämpfte sie seither als Künstlerin gegen die Benachteiligung der schwarzen Bevölkerungsgruppe gegenüber den Weißen, vor allem in Südafrika. Als Botschafterin der Republik Guinea konnte sie ihre Anliegen auch bei den Vereinten Nationen (UNO) in New York vorbringen.
Sie starb 2008 an den Folgen eines Herzinfarkts, den sie während eines Konzerts erlitten hatte.

Miriam Makeba schrieb Texte in der Sprache der Xhosa (schwarze Bevölkerungsgruppe in Südafrika), aber auch in Englisch. Sie baute in ihre Lieder rhythmische Gestaltungselemente aus dem afrikanischen Kontinent

Miriam Makeba

ein und benutzte in ihrer Musik Instrumente, die ebenso in der Rock- und Popmusik Amerikas verwendet werden (z. B. Gitarre, Schlagzeug, Bass). Mit dem Stück *Pata Pata* wurde sie weltberühmt.

Ein besonderes Markenzeichen für die Musik des afrikanischen Kontinents ist die freie, spontane Gestaltung von Teilen eines Musikstücks (Lied, Tanz). Dies bezeichnet man als **Improvisation**. Im folgenden Tanz zu *Pata Pata* gibt es Gelegenheit, freie Gestaltungselemente einzubauen.

Quiz-Box 68

- Für welchen Teil Afrikas sind die Trommelensembles, bestehend aus Djembé, Kenkeni, Sangpan, Dununba und Glocken, typisch?
- Miriam Makeba stammt aus ...

- Wie heißt ein weltbekannter Song Miriam Makebas?
- Der musikalische Begriff für die freie, spontane Gestaltung von Teilen eines Musikstücks heißt ...

◆ **Mehr Fragen im MUSIKQUIZ**

Tanzanleitung zu *Pata Pata*

Ausgangsstellung

Frontkreis, Arme hängen locker herab

Grundschritt über 4 Takte

Takt 1
1. Viertel: re Fuß seitwärts ohne Gewicht
2. Viertel: Schlussschritt (re Fuß beistellen)
3. Viertel: li Fuß seitwärts ohne Gewicht
4. Viertel: Schlussschritt (li Fuß beistellen)

Takt 2
1. Viertel: Fußspitzen nach außen drehen, dabei leicht die Knie beugen, Hände (Handinnenflächen zeigen zum Boden) mitdrehen – Bild 1
2. Viertel: Fußspitzen schließen, dabei die Knie wieder strecken, Hände mitdrehen – Bild 2
3. Viertel: wie 1. Viertel
4. Viertel: wie 2. Viertel

Bild 1

Bild 2

Takt 3
1. Viertel: re Knie heben und vor dem li Bein kreuzen – Bild 3
2. Viertel: re Fuß re seitwärts ohne Gewicht – Bild 4
3. Viertel: re Knie hoch (abwinkeln) – Bild 5
4. Viertel: Schritt re vorwärts

Bild 3

Bild 4

Takt 4
1. Viertel: Kick mit li Fuß vorwärts, gleichzeitig in die Hände klatschen – Bild 6
2. Viertel: Schritt li rückwärts
3. Viertel: Schritt re rückwärts
4. Viertel: Schlussschritt (li Fuß beistellen)

Tanzteile

Intro (4 Takte): zur Musik wippen
a (4 Takte): Grundschritt für alle
b (4 Takte): Solo: Zwei im Kreis gegenüberstehende Schülerinnen/Schüler wechseln den Platz und bewegen sich dabei frei zur Musik.
c (8 Takte): allgemeiner Platzwechsel mit freien Bewegungen zur Musik, am Ende wieder Frontkreis

Bild 5

Bild 6

Tanzablauf

Taktanzahl	4	4	4	4	4	4	4	8	4	4	4	4	4	4	8	4	4	4	4	4	4
alle	Intro	a	a	a	a	a	a	c	a	a	a	a	a	a	c	a	a	a	a	a	a
Solo				b	b						b	b						b	b		

◆ Country Music

Mit **Country Music** wird die ländliche, weiße Volksmusik in den Vereinigten Staaten von Amerika (USA) bezeichnet. Sie hat ihren Ursprung in der Musik der Siedler aus Europa (vor allem aus England, Irland, Schottland, aber auch aus Deutschland und Frankreich), die seit der Entdeckung Amerikas durch Christoph Kolumbus immer wieder in die Neue Welt aufbrachen. Die verwendeten Instrumente sind daher den europäischen ähnlich: z. B. Fiddle, Mandoline und Gitarre.

Im Laufe der Zeit vermischte sich die ursprüngliche Country Music mit anderen Musikrichtungen in den USA. Aus der Verschmelzung von Country Music mit Elementen des Jazz und des Blues entstand der **Bluegrass** (engl. blaues Gras). Der Name verweist auf die blaugrünen Blätter einer Grassorte (Wiesen-Rispengras), die vor allem im US-Bundesstaat Kentucky, dem Geburtsort des Bluegrass, verbreitet ist.

Das folgende Stück, das virtuos interpretiert wird, ist ein typisches Beispiel für Bluegrass.

E41

The New York City Ramblers, *You better get right little darlin´*

▶ Schreibt in euer Heft, welche Angaben für das Lied zutreffen.

A	Elektrogitarre		D	mittleres Tempo
B	Wechsel Strophe–Refrain		E	Solo für Fiddle
C	mehrstimmiger Gesang		F	Mundharmonika

◆ Country and Western

Einen bedeutenden Schritt weg von der ursprünglichen Volksmusik tat die Country Music um die Mitte des 20. Jahrhunderts. Zu dieser Zeit entdeckten die großen amerikanischen Schallplattenfirmen und die Filmindustrie Hollywoods diese Musikrichtung. Beide waren überzeugt, mit dieser Musik vor allem bei der weißen Bevölkerung Nordamerikas ein großes Geschäft machen zu können.

E42

J. Denver, *Take me home, country roads*

Der „singende Cowboy" wurde Markenzeichen vieler Western-Filme und die Musikrichtung erhielt einen neuen Namen: **Country and Western**. Die Songs, die diese „Cowboys" sangen, hatten jedoch mit der ursprünglichen Country Music kaum etwas zu tun. Lediglich die verwendeten Instrumente (z. B. Banjo, Gitarre) erinnerten noch an die Country Music.
Country and Western ist letztlich eine für den Verkauf produzierte Schlagermusik. Einer der bekanntesten Vertreter dieser Musikrichtung ist **John Denver** (1943–1997/53 J.), der mit dem Titel *Take me home, country roads* einen Welthit landete.

John Denver

◆ Yankee Doodle – Für Freiheit und Unabhängigkeit

In den Jahren 1775–1783 führten die englischen Kolonien in Nordamerika Krieg gegen das britische Mutterland, um ihre Unabhängigkeit zu erreichen. Auslösendes Moment waren überhöhte Steuerforderungen der Engländer gegenüber ihren Kolonien. General Washington wurde mit dem Oberbefehl über die amerikanischen Truppen betraut und führte diese zu glorreichen Siegen. An dieses Ereignis erinnert das Lied *Yankee Doodle*, das um das Jahr 1775 entstand.

Unabhängigkeitserklärung der amerikanischen Kolonien im Jahr 1776

YANKEE DOODLE

Playback zu *Yankee Doodle*

E43

Traditional aus den USA

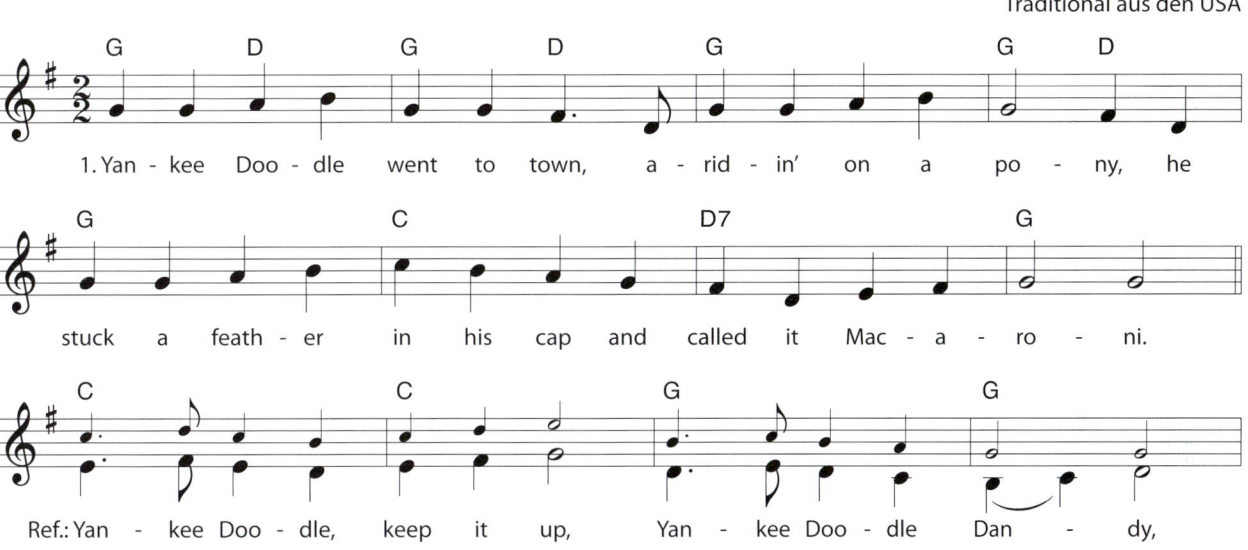

1. Yan - kee Doo - dle went to town, a - rid - in' on a po - ny, he
stuck a feath - er in his cap and called it Mac - a - ro - ni.
Ref.: Yan - kee Doo - dle, keep it up, Yan - kee Doo - dle Dan - dy,

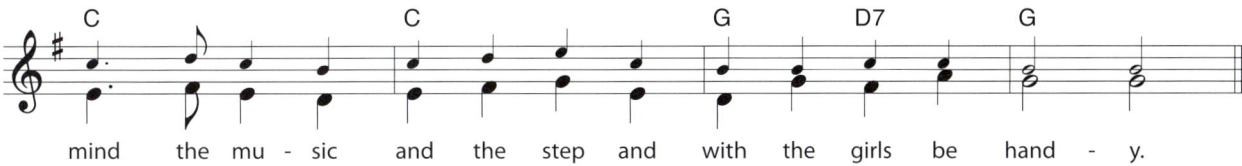

mind the mu - sic and the step and with the girls be hand - y.

2. Father and I went down to camp, along with Captain Gooding,
   and there we saw the men and boys as thick as hasty pudding.

3. There was Captain Washington upon a slapping stallion,
   a-giving orders to his men, I guess it was a million.

4. Then we saw a giant gun, large as a log of maple,
   upon a deuced little cart, a load for father´s cattle.

5. Every time they shoot it off, it takes a horn of powder,
   it makes a noise like father´s gun, only a notion louder.

6. I can´t tell you half I see, they kept up such a smother,
   so I took my hat off, made a bow and scampered home to mother.

7. Yankee Doodle is the tune, Americans delight in,
   t´will do to whistle, sing or play, and just the thing for fightin´.

Rhythmisches Ostinato
zu *Yankee Doodle*

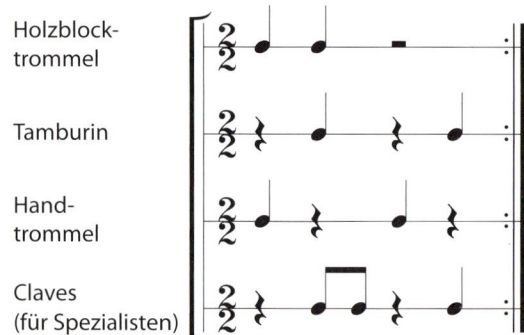

Holzblock-
trommel

Tamburin

Hand-
trommel

Claves
(für Spezialisten)

◆ Square Dance

Square Dance (engl. square = Quadrat) ist ein beliebter US-amerikanischer Volkstanz und verweist mit seinem Namen auf die typische Grundaufstellung der Tänzerinnen und Tänzer in einem Quadrat mit jeweils vier Tanzpaaren, die einander gegenüberstehen.

Der Square Dance beruht ursprünglich auf traditionellen europäischen Tänzen, die im Zuge der Auswanderung in die USA von den Siedlern mitgenommen und miteinander vermischt wurden. Markant für den Tanz sind festgelegte Tanzfiguren, die alle Tänzerinnen und Tänzer kennen und die ein so genannter „Caller" (Rufer, Tanzmeister) so zeitgerecht ansagt, dass sie von den Tanzpaaren korrekt ausgeführt werden können.

Gestaltet euren eigenen Square Dance

Playback zu Yankee Doodle

E43

▶ Erstellt mit Tanzfiguren, die für den Square Dance typisch sind, euren eigenen Square Dance und führt ihn zum Hörbeispiel E43 aus.

Ablauf des Square Dance

Jeder Square Dance beginnt mit dem Ruf „Square up!". Damit fordert der Caller die Tänzer auf, ein Square mit vier Tanzpaaren zu bilden. Je zwei Paare stehen einander gegenüber, Mädchen rechts von den Jungen. Jede Tanzfigur dauert so lange wie eine Strophe mit Refrain.

Nun werden folgende Tanzfiguren in beliebiger Reihenfolge vom Caller angesagt und jeweils 2x getanzt.

Forward and back (vorwärts und zurück)
Jeweils 2 gegenüberstehende Tanzpaare gehen, li beginnend, 4 Schritte nach vor (4. Schritt = belasteter Beistellschritt) und dann 4 Schritte, li beginnend, zurück zur Ausgangsposition (4. Schritt = Beistellschritt), dann die anderen beiden Paare. Hände sind nicht gefasst. (Bild 1)

Bild 1

Circle left and circle right (Kreis links und Kreis rechts)
Jungen und Mädchen haben sich an den herabhängenden Händen gefasst, leicht nach li gedreht und gehen, li beginnend, im Uhrzeigersinn 8 Schritte (8. Schritt = Beistellschritt und leicht nach re drehen) und dann, re beginnend, mit 8 Schritten gegen den Uhrzeigersinn zur Ausgangsposition. (Bild 2)

Bild 2

180

Do sa do (Rücken an Rücken)
Jeweils 2 gegenüberstehende Tanzpaare gehen,
li beginnend, mit 4 Schritten aufeinander zu, die Tänzer
rechtsschultrig aneinander vorbei und mit 4 Schritten
zurück zur Ausgangsposition, dann die anderen beiden
Paare. Hände sind nicht gefasst.
(Bild 3)

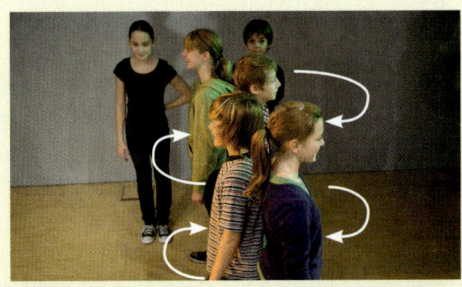
Bild 3

Single file promenade left and right
(Einzelreihen-Promenade links und rechts)
Mädchen und Jungen haben sich nach li gedreht und
gehen hintereinander (Mädchen hinter Jungen),
li beginnend, mit 8 Schritten im Uhrzeigersinn
(8. Schritt = Beistellschritt und nach re drehen) und
dann hintereinander (Jungen hinter Mädchen),
re beginnend, mit 8 Schritten gegen den Uhrzeigersinn
zur Ausgangsposition. Hände sind nicht gefasst.
(Bild 4)

Bild 4

Star left and right (Stern links und rechts)
Jungen drehen sich nach re, bilden mit den ausge-
streckten li Händen einen Stern im Kreisinneren und
gehen mit 8 Schritten, re beginnend, gegen den
Uhrzeigersinn (8. Schritt = Beistellschritt, nach li drehen,
Handwechsel), bilden mit den ausgestreckten re
Händen einen Stern und gehen mit 8 Schritten,
li beginnend, wieder zur Ausgangsposition. Mädchen
bleiben am Platz stehen.
(Bild 5)

Bild 5

Weave the ring (einen Kreis weben bzw. eine Kette bilden)
Mädchen und Jungen aller 4 Tanzpaare drehen sich ihrer
Partnerin/ihrem Partner zu (Mädchen im Uhrzeigersinn, Jungen gegen den Uhrzeigersinn) und gehen mit 32 Schritten
abwechselnd rechts- und linksschultrig aneinander vorbei
zur Ausgangsposition. Hände sind nicht gefasst.
(Bild 6)

Bild 6

Tipps für die Arbeitsweise
- Übt zunächst die Tanzfiguren einzeln ohne und mit Musik (Hörbeispiel E43, Playback zu *Yankee Doodle*).
- Verbindet dann einzelne Tanzfiguren miteinander.
  Bestimmt einen Caller, der den endgültigen Tanzablauf vorschreibt: Dieser sagt jeweils die
  kommende Tanzfigur während der viertaktigen Einleitung und den viertaktigen Überleitungen
  des Hörbeispiels mit den englischen Originalausdrücken an. Die Paare wippen währenddessen am Platz.
- Findet auch weitere Tanzfiguren und tanzt sie zu *Yankee Doodle*.

Quiz-Box 69

- Als Country Music bezeichnet man …
- Wie nennt man die Musikrichtung, die durch den „singenden Cowboy" Markenzeichen vieler Western-Filme wurde?

- Welches Lied erinnert an den Unabhängig-keitskrieg der US-Kolonien gegen das britische Mutterland im 18. Jahrhundert?

◆ **Mehr Fragen im MUSIKQUIZ**

Auch das nächste Lied stammt aus Nordamerika. Es ist ein Spiritual (→ Seite 67). Die fehlerhafte englische Rechtschreibung ergibt sich aus dem Dialekt der Sklaven.

O MARY, O MARTHA

E44

Playback zu *O Mary, o Martha*

Traditional aus den USA

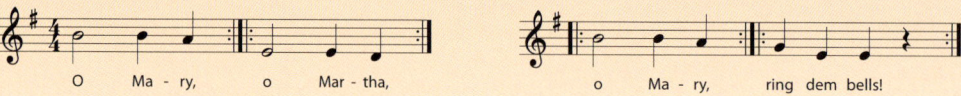

- Locker stehen und leise auf 2 und 4 einen gleichbleibenden Grundrhythmus schnipsen oder klatschen. Ein „Luftschlag" auf 1 und 3 soll dabei helfen, den Rhythmus nicht zu verlieren.

- Zum Schnipsen/Klatschen singt der Lehrer jeweils einen Takt vor, die Schüler singen nach. Die Vorstellung. dass vor dem „O" ein „H" gesungen wird, hilft, mit der Stimme weich einzusetzen.

◆ Grafische Notation

Für viele Komponisten des 20. Jahrhunderts stieß die traditionelle Notenschrift an ihre Grenzen. Auf der Suche nach neuen Möglichkeiten, musikalische Ideen schriftlich festzuhalten, wurde die herkömmliche Notenschrift um grafische Zeichen oder auch schriftliche Anweisungen und Vorschläge für Aktionen erweitert oder überhaupt gänzlich durch sie ersetzt.

Bei grafisch notierten Musikstücken sind die Gestaltungsmöglichkeiten größer, da bildliche Symbole bei weitem nicht so exakt wie die traditionelle Notenschrift festlegen, wie ein Werk zu spielen ist.

Im Lauf der Zeit hat sich eine große Vielfalt an verschiedenen grafischen Zeichen entwickelt. Im Folgenden seht ihr grafische Notenbilder für drei verschiedene Grundtypen von Klängen:

Punktklänge
E45

Punktklänge
sind sehr kurze, rasch verklingende Töne oder Geräusche.

Schichtklänge (Cluster)
E46

Schichtklänge (Cluster)
bilden Töne, die nahe beieinanderliegen und gleichzeitig erklingen.
Das grafische Zeichen für den Cluster ist der schwarze Balken.

Bewegungsklänge
E47

Bewegungsklänge
sind Schichtklänge (Cluster), die sich in der Tonhöhe nach oben oder unten bewegen.

▶ Beantwortet folgende Fragen:

- Welche Instrumente eignen sich zur Erzeugung der oben angeführten Klänge?

- Wie könnte man die Klänge mit der Stimme produzieren?

▶ Musiziert gemeinsam die einzelnen Felder mit verschiedenen Instrumenten/Stimme.

◆ Vokalkomposition – Insekten

E48

A. Schaufler, *Insekten*

In der Partitur des Chorstücks *Insekten* wurden mehrere Arten der Notation verwendet.

▶ ▪ Besprecht zuerst die verschiedenen Notationsarten in diesem Stück.
   ▪ Hört das Chorstück *Insekten* und verfolgt dabei das Notenbild.
   ▪ Führt das Stück selbst aus.

INSEKTEN

Text: Gerd Linke · Musik: Anselm Schaufler
© Helbling

Feld 1

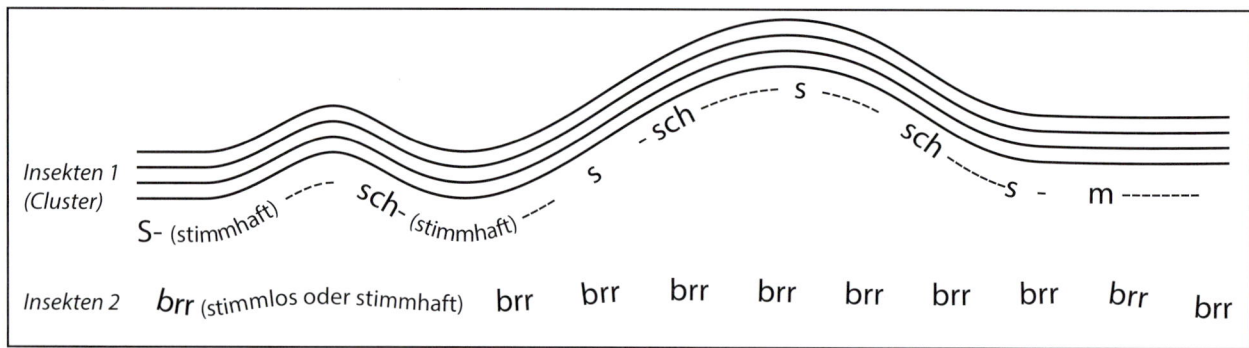

Feld 2

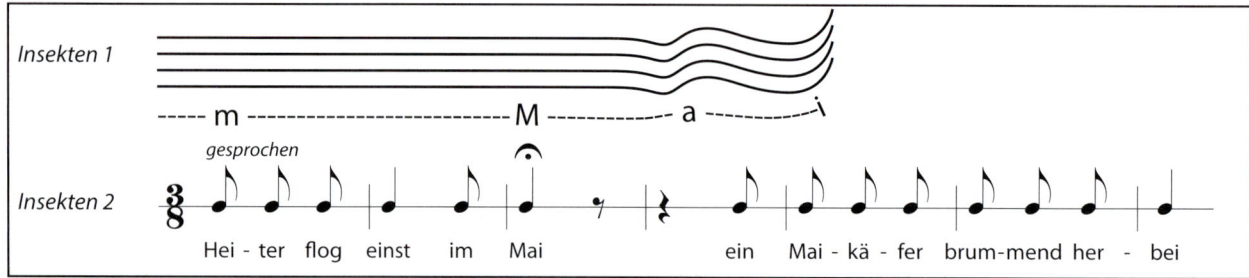

Feld 3

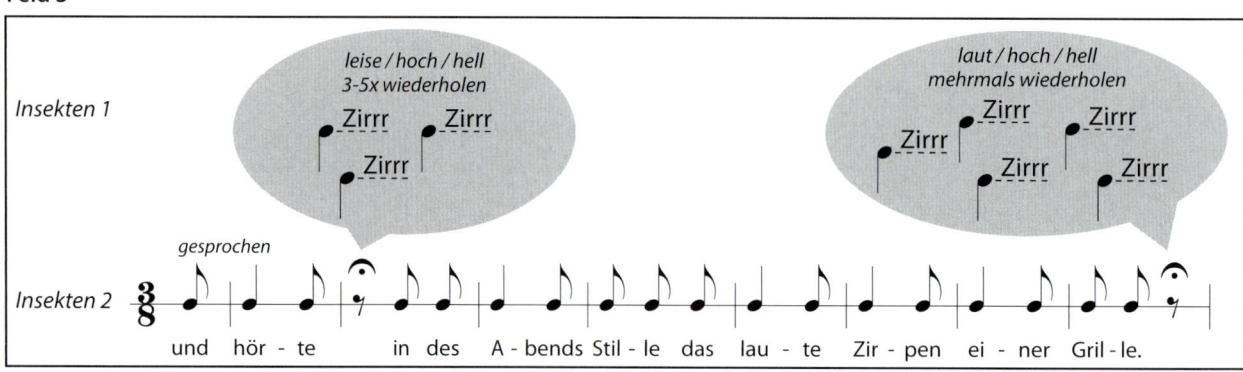

Feld 4

Feld 5*

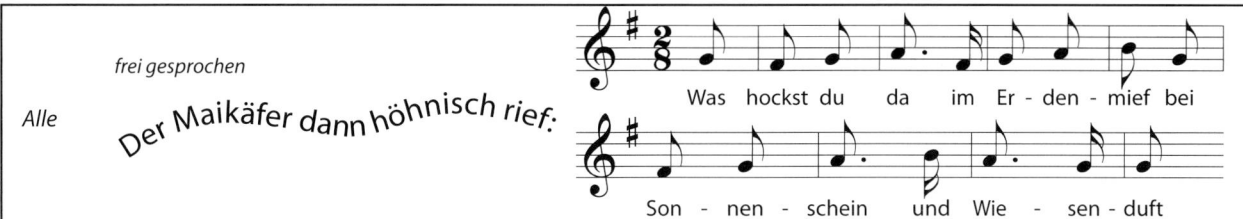

Alle — *frei gesprochen* — Der Maikäfer dann höhnisch rief:

Was hockst du da im Er - den - mief bei
Son - nen - schein und Wie - sen - duft

Feld 6

mit beiden Händen einen Hohlraum vor dem Mund bilden und mit tiefer Stimme hineinsprechen; erst gemeinsam, dann im Kanon; Spannung steigern, hauchig beginnen und im ff enden

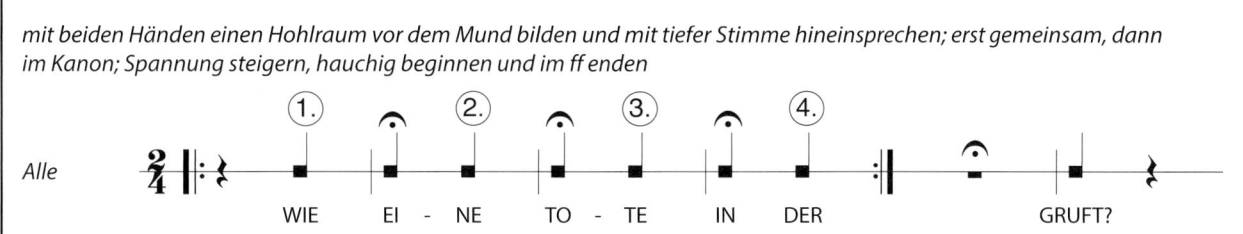

Alle

WIE EI - NE TO - TE IN DER GRUFT?

Feld 7*

Bei jeder Wiederholung endet eine Stimme auf einer anderen frei gewählten Tonhöhe des „Kräää-Clusters".

Alle

mindestens 4x

Die Bie - nen sum - men froh im Licht, die   *Kräääääää --------------------------*

Feld 8

Insekten 1:
  den Satz in frei gewählter
  Melodie gesprochen
Insekten 2:
  Kräää-Cluster

Doch   weiter kam   der Käfer nicht.
  Kräääääää   *Krää*   *Krää*

denn leider fraß   ihn eine   die zufällig in seiner
  Krää   *Kräääääääähe*   *Näääääääähe.*

Feld 9*

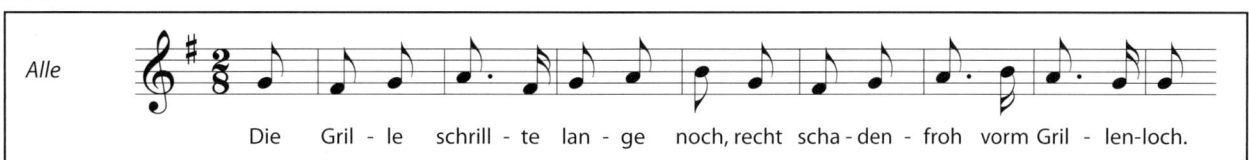

Alle

Die Gril - le schrill - te lan - ge noch, recht scha - den - froh vorm Gril - len-loch.

Feld 10

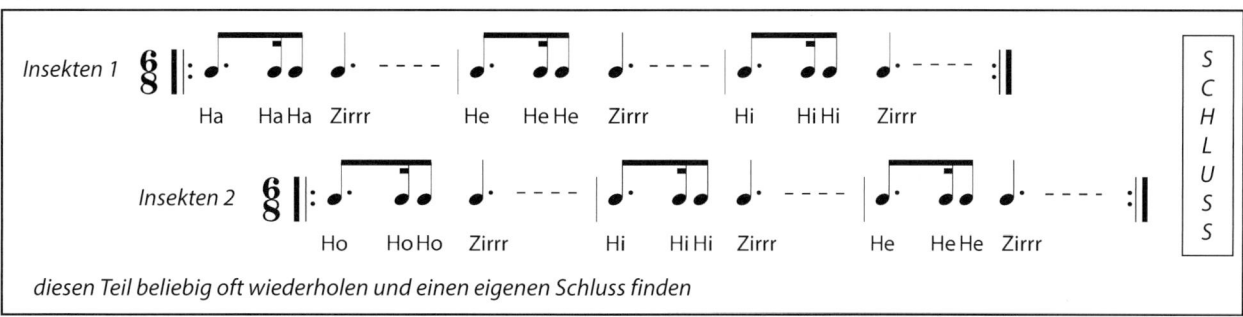

Insekten 1

Ha HaHa Zirrr   He HeHe Zirrr   Hi HiHi Zirrr

Insekten 2

Ho HoHo Zirrr   Hi HiHi Zirrr   He HeHe Zirrr

S
C
H
L
U
S
S

diesen Teil beliebig oft wiederholen und einen eigenen Schluss finden

*) Anmerkung: In den Feldern 5, 7 und 9 kann der Anfangston/können die Anfangstöne zur Tonhöhenangabe von einem Instrument vorgespielt werden.

Arbeitsblatt *Komposition*

▶ Schlüpft in die Rolle eines Komponisten und entwerft selbstständig eine grafische Partitur.

- Verwendet die Notationsformen von S. 183 oder erfindet neue grafische Zeichen.

- Eure Komposition soll ca. 40 Sekunden dauern. Gebt ihr einen Namen.

- Setzt die Stimme (Geräusche, Sinnlossilben, verschlüsselte Sätze etc.) verschiedenartig ein.

Eurer Fantasie sind keine Grenzen gesetzt. Erläutert die Partitur euren Mitschülern und spielt sie gemeinsam.

Quiz-Box 70

- Was beschreibt man in der Neuen Musik mit dem Begriff Punktklänge?
- Was sind Bewegungsklänge?
- Was ist ein Cluster?

♦ **Mehr Fragen im MUSIKQUIZ**

◆ Instrumentalkomposition – Exchange

Exchange (dt. Austausch) ist ein Werk des österreichischen Komponisten **Richard Dünser** (geb. 1959). Der Titel verrät bereits die Idee der Komposition: Die verschiedenen Instrumente (Bläser, Schlagzeug und Streicher) sollen miteinander musikalisch sprechen und Ideen austauschen.

Zeichenerklärung

——————————	leiser, liegender Ton
►	sforzato (plötzlich verstärkt, stark betont)
∼∼∼∼∼	glissando auf und ab
↕	hoher, scharfer Ton
←▼	mittlerer, scharfer Ton
↕	tiefer, scharfer Ton
∼∼∼∼∼∼∼	Triller, Wirbel (Schlagzeug)
◣	crescendierender (lauter werdender) Liegeton
∴	kurze, harte Töne – Lautstärke je nach Größe (je größer desto lauter)
○○	nachklingende Töne – Lautstärke je nach Größe (je größer desto lauter)

186

▶ Hört das Hörbeispiel E49 und lest in der grafischen Partitur mit. Die römischen Zahlen I–XVI bedeuten 16 Einsätze, die der Dirigent gibt.

 Multimediale Hörpartitur

 R. Dünser, *Exchange*

E49

EXCHANGE

Musik: Richard Dünser
© Richard Dünser

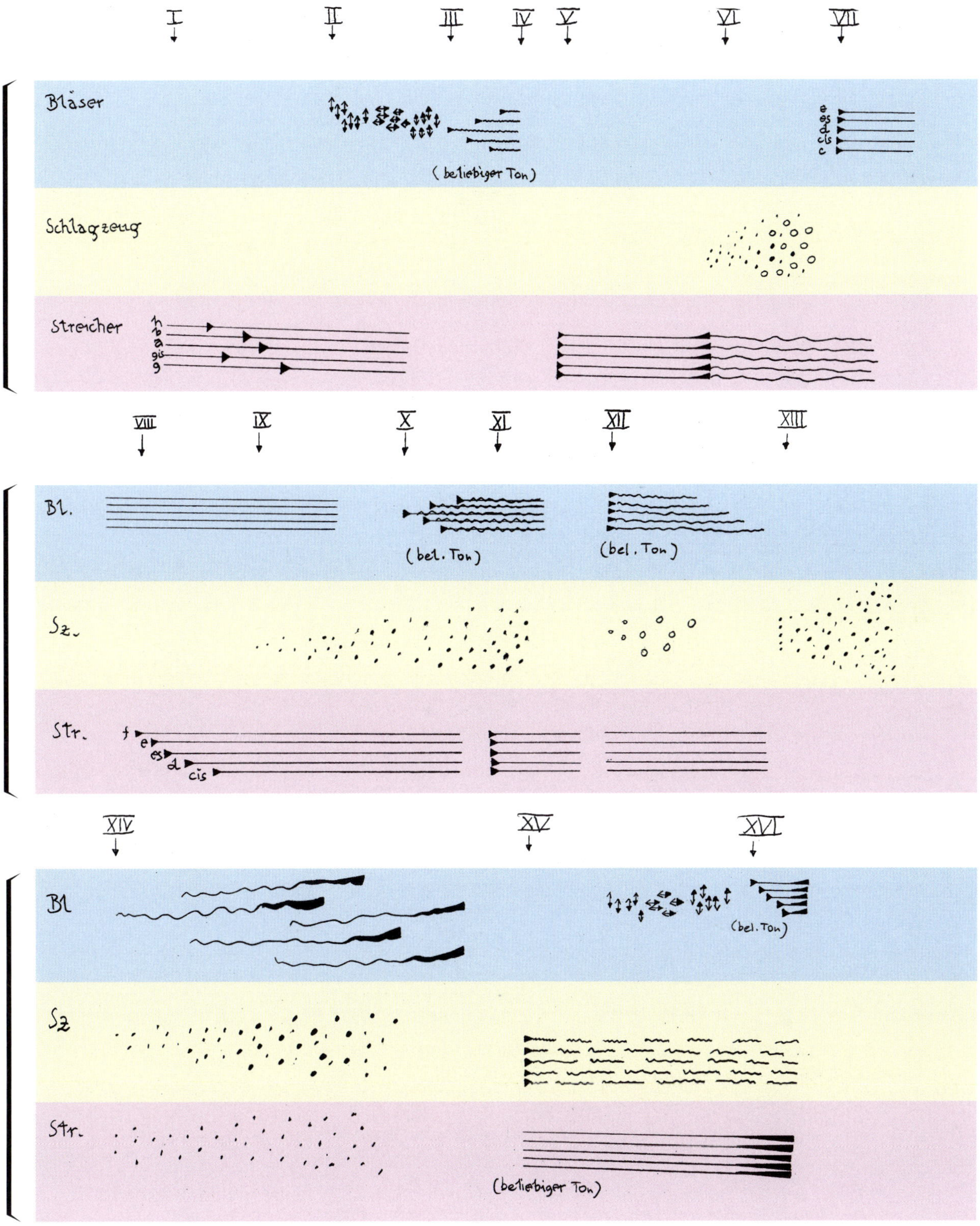

SUZIE AND JOHNNY

E50

Playback zu *Suzie and Johnny*

Text und Musik: Ines Reiger
© Helbling

C7   F7   C7   D7   G7

1. Su – zie is a danc – ing queen, she likes to dance all night!—
Su – zie likes to twist—— and rock, with John – ny on her side.——
2. John – ny is a danc – ing king, he likes to dance all night!—
John – ny likes to twist—— and rock, with Su – zie on his side.——

C7   F7   D7   G7   C   C

When her John – ny takes—— her hand, her eyes shine so bright.
Sing – ing, swing – ing through—— the night and ev' – ry – thing's right.
When his Su – zie takes—— his hand, his eyes shine so bright.
Sing – ing, swing – ing through—— the night and ev' – ry – thing's right.

Fmaj7   G7/F   Em7   A7   Dm

La la la la la la la la la la la la la

G7   Cmaj7 Dm7   C7/E   C7 Fmaj7   G7/F   Em7

la la la la la la la—— la. La la la la la la la

A7   D7   D7   Gsus4   G7   G7

la la la la la la la la la la la la pa pa da.

C7   F7   C   D7   G7

1. Su – zie is a danc – ing queen, she likes to dance all night.——
2. John – ny is a danc – ing king, he likes to dance all night.——

C7   F7   D7   G7   C   C   *D.C.*

1./2. Sing – ing, swing – ing through—— the night and ev' – ry – thing's right.

Coda

D7   G7   C   C   D7   G7   C   C

Ev' – ry – thing's right, ev' – ry – thing's right, pa pa da.

◆ Verzeichnis der Hörbeispiele

Multimedia-Verzeichnis

CD-ROM   Schülerbuch Seite

Musikquiz   (Das Musikquiz bezieht sich auf die Quizboxen am Ende jedes Kapitels und ist deshalb keiner bestimmten Seitenzahl zugeordnet.)

Lernspiele

Multimediale Spiel-mit-Sätze

Multimediale Hörpartituren

◆ Sachverzeichnis

◆ Personenverzeichnis

◆ Liedverzeichnis

Quellenverzeichnis

Illustrationen
Eike Marcus, Berlin: 11, 14, 17, 19 (oben), 23, 30, 32, 37, 47, 49, 51, 55, 71, 82, 83, 84, 85, 89, 90, 92, 99, 100, 104, 106, 109, 113, 126, 132, 142, 144, 158, 169, 174
Gerrit Hansen, Tökendorf: 6
Inkje Dagny von Wurmb, Stuttgart: 19 (unten), 127 (Mitte), 136 (oben)
Gerhard Wanker: 93

Bildnachweis
actionpress: 128 (unten rechts); AKG-Images: 73 (Mitte), 143 (unten), 165 (oben); Christophe Alary: 86 (Jazz: links); Giuliano Bausano: 86 (Popmusik: links oben); Brandon Cirillo: 83 (Oper: rechts unten), 131; Corbis: 43 (oben), 73 (oben), 130, 149 (rechts unten), 127, 136 (Mitte); dpa Picture Alliance: 43 (unten), 82 (links oben), 83 (2. Absatz links unten), 149 (Mitte und links unten, rechts oben und Mitte), 160 links und rechts, 161; Dresdner Kammerchor: 82 (links unten); European Broadcasting Union: 101; Face to Face: 45; Vital Julian Frey: 69 (oben); Getty Images: 178 (oben, unten); Bernhard Gritsch: 57 (1–5); Helbling: 11 (1–10), 24 (links), 35 (Mitte); Becky Lai: 83 (Oper: rechts, unten); La Tangerina: 86 (Jazz: rechts oben); John Marsh: 80 (links unten); MITO Settembre Musica: 82 (Sinfonische Musik: rechts oben); C. F. Peters GmbH & Co. KG: 54; Photodisc: 64, 69 (links, rechts unten), 94, 96 (2–5), 107, 170 (Instrumente); Polydor: 86 (Popmusik: Mitte); Dieter Puntigam: 83 (Volksmusik: rechts oben); Steve Rideout/Flickr.com: 164 (unten); Morton Roberts/AKG: 108 (oben); Franz Schmuck: 57 (6–11); Schwabinger Klaviertrio: 128 (oben rechts); shlomp-a-plompa/Flickr.com: 83 (Oper: links unten); shutterclicks/Flickr.com: 168; Sonor: 11 (11, 12); Zen Sutherland: 80 (rechts unten); Haags Uitburo: 86 (Jazz: rechts unten); Haags Uitburo/Flickr.com: 176; ullstein: 67, 149 (links oben); Kerem Unterberger: Cover, 5, 6, 10, 13, 14, 15, 40, 44, 45, 56, 65, 78 (unten), 79, 80 (oben), 82, 83 (2. Absatz links oben), 98, 108 (unten), 114, 116 (oben), 136 (unten), 139 (oben), 147, 154, 165 (unten), 177, 180, 181; Weimarer Bläserquintett: 128 (Mitte links); Wikipedia: 18, 21, 28, 35, 39, 72 (oben, unten), 78 (oben), 82 (Sinfonische Musik: rechts unten); 116 (unten), 119, 136 (unten), 143 (oben links und rechts), 148, 157, 164 (unten), 170 (oben), 173, 179; Wittner GmbH & Co. KG: 24 (rechts); Yamaha: 96 (oben); 170 (Trompete);

Noten
S. 36: Gar finster ist's im tiefen Wald © Schott Music GmbH & Co KG, Mainz; S. 38: Fröhlich ist die Weihnachtszeit © Karl Heinrich Möseler Verlag, Wolfenbüttel; S. 54: Aria © C. F. Peters GmbH & Co KG, Frankfurt/Main; S. 70: Zauberlied © Fidula Verlag, Boppard / Rhein; S. 89: Kookabura © 1934 and renewed 1989. Larrikin Music Publishing Pty Ltd., Sydney; S. 91: Tancuj – Tanz nur © Artia Verlag, Prag; S. 91: Exchange © Richard Dünser; S. 163: Carpe noctem © 1997 Edition Butterfly

Dieses Unterrichtswerk umfasst:

Schülerbuch
ISBN 978-3-86227-072-9
HI-S6657

Lehrerband
ISBN 978-3-86227-073-6
HI-S6658

Hörbeispiele und Playbacks auf 5 CDs
ISBN 978-3-86227-074-3
HI-S6659CD

Multimedia-Box (DVD + CD-ROM)
ISBN 978-3-86227-075-0
HI-S6660DVD

Impressum

Redaktion Martin Kugi, Ralf Schilling
Satz Heinz Hanuschka, Innsbruck; Roman Bold & Black, Köln
Illustration Eike Marcus, Berlin
Layoutkonzeption Schröder Design, Leipzig
Umschlaggestaltung Werbeagentur Marinas, Innsbruck
Notensatz Maria-Elisabeth Birbin, Neumarkt / Wallersee
Druck Gorenjski tisk storitve d.o.o. Kranj

ISBN 978-3-86227-072-9
HI- S6657
1. Aufl. A1² 2018
© 2011 Helbling, Innsbruck • Esslingen • Bern-Belp
Alle Rechte vorbehalten